博士教你走進心經最深的境界

讀心經找回自己

260個字，破解人生真相

原書名：與近代知識分子談心經

張之嵐◎著

般若波羅蜜多心經全文

　　觀自在菩薩。行深般若波羅蜜多時。照見五蘊皆空。度一切苦厄。舍利子。色不異空。空不異色。色即是空。空即是色。受想行識。亦復如是。舍利子。是諸法空相。不生不滅。不垢不淨。不增不減。是故空中無色。無受想行識。無眼耳鼻舌身意。無色聲香味觸法。無眼界。乃至無意識界。無無明。亦無無明盡。乃至無老死。亦無老死盡。無苦集滅道。無智亦無得。以無所得故。菩提薩埵。依般若波羅蜜多故。心無罣礙。無罣礙故。無有恐怖。遠離顛倒夢想。究竟涅槃。三世諸佛。依般若波羅蜜多故。得阿耨多羅三藐三菩提。故知般若波羅蜜多。是大神咒。是大明咒。是無上咒。是無等等咒。能除一切苦。真實不虛。故說般若波羅蜜多咒。即說咒曰。揭諦揭諦。波羅揭諦。波羅僧揭諦。菩提薩婆訶。

心經的真理

　　《心經》是經典中的經典，在這短短的兩百六十個字裏面，它博大而深遠的包含了宇宙的真理與人類的人生哲學。《心經》的目的並不是在談「心」的問題或是相關的諸多事宜，而它所立論的則是佛教最深層，也是最根本的精髓，那就是「空」的思維與哲理。

　　《心經》字字珠璣，它全文中沒有任何一個字是形容詞，沒有任何一個虛字，每一個字都有無上的智慧。雖然它是易於誦讀的，但是，知識分子們更應該追求的是它那遼闊無比的「空」之境界與那眼光獨到的特異思維。事實上，《心經》已經不僅僅是宗教，也不僅是哲學，而是昇華到了生命的藝術，每一個人都應該要能知能行的生命藝術。它不但使生命豐富，而且能使生命自在無比。

　　家兄之嵐 (錚) 博士不但 是一位可敬的科學家，也是一位傑出的發明家，也是一位作家，他將日常生活中對於《心經》領悟出來的道理，清楚、仔細而明白的詮釋了這部不易被一般人所解讀的經典，諸位有幸能夠閱讀此書不但是一種善的因緣，更是福慧無比。

張台萍博士於華盛頓大學

康達維 (David Knechtges) 博士。

美國人文與科學院院士

同序於 2014 年元月

3

之嵐自序

1. 正識經名

　　《心經》是唐三藏法師玄奘所譯，它的全名是《般若波羅蜜多心經》又稱《般若心經》，而一般則又再簡化為《心經》這兩個字。它是佛教經論中，文字最為簡煉，而內容又最為豐富的一部典藉，而且它也是在社會上流傳最廣，影響最大的一部佛典，許多人都會「用心」的去背誦它，故而大家又都簡稱它為《心經》。但是，《心經》的主旨不是在談「心」，它共有兩百六十個字整的經文，在這裏面沒有任何一個字是「心」字。事實上，《心經》論述的是佛教最高的精隨，也就是「空」的立論。正如經曰：「五蘊皆空」、「色不異空。空不異色。色即是空。空即是色」。「諸法空相」等等。它的立論包含了整個佛教的最高思想與精神之所在。相對的，《般若波羅蜜金剛經》又簡稱為《金剛經》，則才是真正在談人們之「心」的問題。故《金剛經》在一開始的時候長老「須菩提」就直接的破題問「世尊」曰：「應云何住？云何降伏其心？」，自此之後《金剛經》所有經文的內涵，都是針對這個主題在談「心」的問題。因此，我要特別提出這樣的一種認知，諸位在起步剛開始的時候是不得不慎始的。這部《心經》，在文字的量上，雖祇不過二百六十個字整而已。但是，它所包含的意義，不但廣闊，而且是「超越」

的，它收攝了整部《大般若經》六百卷的思維重點，而其涵蓋之廣，則可說是如來的集成。故而，如何以近代的思維與方式，正確的解讀《心經》的內涵，則是需要有大氣度與大思量的。

2.跨越千年的感應

常人見佛家多談「空」，便以為「空」是否認了「物質」的存在，也否定了「精神」的存在，甚至是否定一切的存在。因為，在《心經》一開始就講「五蘊皆空」的深層思維與哲理，然後又接著談到了「色即是空，空即是色」，它不但破除了「物識」，也一併的破除了「心識」。常有人說，如果否認了「物質」的存在，也否認了「心識」的存在，那不就是否定了「一切」的存在嗎？而如果世間的一切都是可以被否定的，那不被否定的又是什麼？難道這個人世間沒有一點真實的事嗎？即是如此，那我們來到這個人世間的意義又在那裏？

事實上，《心經》並沒有要否定甚麼？所有的經典裏也從沒有要否定甚麼？更不是要否定一切。我們一般人總是會有許多的「妄心」與「妄想」或「妄念」。所謂「妄心」與「妄想」或「妄念」都是屬於「不正當」與「不正常」的「心」與「想」或「念」。佛教不是否認

它們的存在，而是要我們去「破除」那些「非分」的「妄心」與「妄想」或「妄念」。「破除」與「否認」在意義上是完全不相同的。我們一般人總是會有許多的「妄心」與「妄想」或「妄念」，佛教並不否定這些存在的事實。但是，它告訴我們，這些「非分」與「不正當」的「心」與「想」或「念」，必然會給我們帶來無窮的苦難與災禍。並因而進一步的希望引導我們得以真正的提高生命的層次，達到更高偕也更完美的境界。

　　我們也不可以偏執於「完」與「無」之論，甚至於否定了一切，那便成了「頑空」，也是「完空」。佛家言「空」，說的是宇宙萬事皆為「無常」，而宇宙一切的「事」與「物」都是由因緣相待相合、而生而成，沒有獨立不變的「自性」。也就是說，宇宙一切的「事」與「物」皆沒有可以依憑「自我」而自生與自成的。正如，我們沒有一個人可以依靠自己一個人而生下來，也沒有任何人可以依自己一個人而成就一切。所謂「諸法因緣生，諸法因緣滅」，宇宙永遠是相依的，更重要的是，宇宙中沒有永恆不變的「事」、「物」與存在。

3. 宇宙之道

　　生前做好事，死後就可以在「六道輪迴」中，再世為人。這樣的說詞，在古代民智未開的時候或還可以有一些說法或相信的人。即使是古代的知識分子也不會有如此的想法。事實上，世事是沒有絕對的好壞與善惡的，總因人時地物之變幻與遷移而變動不已。以前認為是對的，今日則可能認為是不對。同樣的，今日認為是對的而未來則可能認為是不對。好壞之不能確立，如何能報列輪迴？再說現在的世界七十億人口中，有誰說得出他

上輩子是甚麼變的？當然不可能。怎麼從沒人說他上輩子是老虎、獅子、大象、鯊魚、老鷹還是可以活兩百歲的海龜變的？

　　「六道輪迴」不在天上，也不在地下，就在人間。什麼是「餓鬼道」？一個人若是貪不知所止，他不在別處，就在「餓鬼道」裏。什麼是「畜生道」？一個人若是只知有兩種慾望，那兩種慾望呢？那就是只有「食慾」及「性慾」，他就輪迴在「畜生道」裏。所以說，這「六道輪迴」不在天上，也不在地下，就在人世間裏天天的在輪迴。一個人若是愉悅自在，當然是可以超越「六道輪迴」的，就連「天道」都不去。若是想說死後要升天界享受快樂，這其實是一種扭曲、變形而又自私的思想，更是一種極端的「享樂主義」。若果宇宙中真是有可以極端享樂的地方，試問，那由誰來「供應」這些享樂？難道又是另一階層的人嗎？這世界上所有的事都是相對應的。有白天，就有夜晚。白天有多長，黑夜就有多長，這全是相對的。就以佛教認為影響世人最深遠的「業力」而言，亦不認為人類短短的數十年的生命業因，豈有可能造就那麼大的「無限」業果與業報？

　　宇宙有其運作之道，而人世則是千方百態，紛紅億萬。那麼若要問：「你為甚麼要信佛？」許多人會立即的回答道：「是想要得到解脫！」如此我則想再問：「是什麼把你綁住了？」許多人也許一時就回答不出來了。問題的本質其實並不難，是甚麼把你綁住了？你就應該去親自把它解開就是了。窮困了就應該努力工作，生病了就應該找醫生，考試不如意那就應該多讀書才是。如果不去面對問題而解決問題，只是想靠佛來解決你的問題、或是接替你的問題，藉以使自己規避問題的存在，那就是對自己不負

責任，當然不可能解決問題的。

《心經》的格局與思維是遠大而且是無與倫比的，是一部「智慧的經典」。它不但是在教導我們如何對待自己的「心」，更重要的是在談比「心」層級更高的「空」觀。所以，真正能懂《心經》的人，他會在各方面都是要高一層的。「空」的層面不但涵蓋到了整個宇宙人生，當然要比單純的「心」的問題來的博大深遠。整部《心經》精簡到沒有一個贅字，也就是說在《心經》裏面，沒有一個字是多餘的，沒有任何人可以刪減其中任何一個字而意義不變的，它是宏觀的「人類生命學」之基石。

對於佛教而言，一般人都是由「信」字開始，也就是由「信佛」而逐漸的啟始，而終至深信不移。進而就開始想要「學佛」了，「學佛」是比較困難的。佛陀一生活了八十歲，您若是想要「學佛」，則敢問您要學哪一個年齡的佛陀？三十歲的您若是想學七十歲時的佛陀，則恐自己是否真有能力做如此般的超越？但若是七十歲的您而想學三十歲時的佛陀，則問，何時可達？何日當達？至於想要「成佛」的人士，那可能是絕大多數的人所不敢想的，甚至認為那是大逆不道的事。事實上，這「信佛」、「學佛」與「成佛」表面上看起來是一件事，也確實是可以成為一件事情，但若沒有相當的睿智，則恐由原本的一件事，變成了全然不同與彼此相互隔

絕的三個層級。而佛陀卻是人類有史以來，第一個以畢生之力，排除種姓制度，並竭盡的滅除階級制度與不平等對待人。

我們不要一輩子都在「學佛」，因為，那將永遠都是跟在後面，而且久了以後就會越學越走樣，越學越不像。這世界上沒有任何一個人，可以全然的放棄自己而去模仿或是全學別人。身為萬物之靈的人類，我們應該常常回到自身，回到真正的內心，如此才能看到真正的自我。而如果一個人從來就沒有見過真正的自己，也從來不認得甚麼是真正的自我，那麼，他的人生其實就不是他自己在活，而是活在一個不屬於自己的人生。事實上，這才是生命的最大不幸，因為他不知道自己是誰，而卻為那個不知道是誰的人，活了一輩子，豈不哀哉。

所謂：「自性成佛」，佛不在天邊。懂得「自性」的人就是佛。「自性」這兩個字用得太好了。最後一切都必須回到自己的心性上面，我們做人，做的正是自己，不必捨棄自己而另做他人。所以，知識分子應當把自己提升到「成佛」的階段。希望的是，每一個人都能將自己比做是「佛」。也就是說，希望每一個人都能把自己看做是「佛」。人人皆能成佛這是好事，能夠將自己看做是佛，把自己當成是佛，絕對沒有甚麼不可以，更不是膽大妄為或大逆不道。千萬不要把佛陀神格化了，佛是一種至高完美的人格與智慧。想想看，如果這個世界人人都是佛，那才是真正的成為人間天堂。

4. 父親的教誨

父親自幼就親自教導我、並要我背誦《古文觀止》裏面的一些好文章，而我今日能有幸用得上，實是端賴父親之所賜。我還記得第一篇背誦的古

文是唐朝時代劉禹錫所著的「陋室銘」：

「山不在高，有仙則名；水不在深，有龍則靈。斯是陋室，惟吾德馨。苔痕上階綠，草色入簾青；談笑有鴻儒，往來無白丁。可以調素琴，閱金經；無絲竹之亂耳，無案牘之勞形。南陽諸葛廬，西蜀子雲亭。孔子云：「何陋之有？」

小時候雖然不懂人世間的世事道理，但卻到今天我還能一口氣的背完它。父親當時也教了我一些兵法書，諸如《孫子兵法》、《尉繚子兵法》《素書(張良)、黃石公兵法)》等也因而奠定了我古詩與文學的基礎。行年漸長，在專業上我選擇了電機工程的「光電」為最高學位的志願。希望，藉此可以涉及並學習到上自宇宙天文下自地理的知識，並期望以所學的專業可以使我的思維與視野寬廣而深入並受惠不盡。但是，如今我則是致力於結合近代的科學的認知與佛教的心性，做為我思想上與哲學上的根本依脈與依託。

科技並不等同於生命，若要論及生命的哲學與心靈的認知科學，它卻不是純粹可以使用文字得以描述的，而科學也確實可以提升我們進入更深一層的領域與認知。我們的生命是活在宇宙的這個「時間」與「空間」裏面，

而對於「時間」與「空間」的認知，畢竟還是與生命是息息相關的。早期的人類對於時間與空間認為是完全不同且不相干的兩件事情。時間好像是一直的在前進，而空間則永遠的停留在原地。但近代的科學卻告訴我們，它們是一體的。時間的變異會改變空間的結構，同樣的，空間的變異也會改變時間的速率。宇宙在 137 億年前誕生的時候，同時產生了「時間」與「空間」，這真是太美妙了。因為：

「時間給了宇宙未來，」

「空間給了宇宙存在。」

如果宇宙只有時間而無空間，則宇宙只會有未來而無物質的存在。反之，若宇宙只有空間而無時間，則只會有物質的存在卻沒有未來。宇宙的確是不可思議的，正因為它同時存在了時間與空間，如此，宇宙才會有物質的存在，而同時也才會有未來可以去得了，也才會有生命的現象的存在。

學佛的真正目的除了是要「放心」之外，更要利益眾生。天地之於眾生，是使眾生可以得利於化育之功。但是，後天的缺失與災難，對人類而言，則是天地造化無以為依。此時，就需要以佛的智慧與慈悲，來救濟與普渡一切眾生。所以，佛教講求的重點是先要「利己」，再而「利他」。許多人以為信了佛教之後，就要一心要獻身佛陀，而放棄了自己的再精進，如此則豈有能力利益他人或眾生？而這也不是佛陀的目的，如此，那就荒廢了在這宇宙中，屬於自己唯一的生命，也是最可惜的事了。

5. 生命的抉擇

　　這也許是我個人從小的薰陶就喜歡在不受任何的拘束之下，天馬行空的想像，而對所接觸的事情也總想研究出一個道理來。因為這個個性，也使我走上了科學的路。科學是追根究底的、是窮理致知的，事實上，科學也是真理的發掘者，它要找出的是宇宙中一切事物的道理。許多人說科學是無情的，也許真的是如此，因為，當它在面對「真理」的時候，是不會將人情與世故放在前面的，而它唯一的信念與理念就是「真理」這兩個字，而其它的都不在意內。事實上，探求真理也的確成為我這一生之中最高的志業與理想，也是我最大的樂趣。

　　但是，我要更真切的說，科學絕對不是無情的。相反的，他們是有情的一群人。為甚麼呢？科學的人士在他的本性、思維、性情與素養上，就是喜歡面對自然，面對真理，是深深的喜愛著這大自然的一切，深深的著迷於宇宙重現那無可限量的極限時空與真理，這一點是我個人的體性，也是我個人常能深自體會而引以為悅的。

　　在我開始要進入高中的時候，在一個夏天晚餐後的黃昏，偕父親在台南市南方的車路墘糖廠內的「虎山國民小學」裏散步，父親在散步談天中的一句話，卻影響了我的一生，直到今天我仍記憶猶新。早期的糖廠是日本人在台灣規畫得最主要的生產事業，而且規畫得非常完整。所謂「非常完整」的意思是在廠區內所有的設備一應俱全，它是一個完整而且是可以單獨運作的小型社會。例如說，它有屬於糖廠自己的鐵路系統，俗名又稱為「小火車」，實在是好懷念啊！它有自己的自來水系統，諸位想想，在八十多年前的糖廠宿舍內，每一家就都有自來水可以使用，那是多麼的進

步啊！它有自己的電力系統，也就說，糖廠自己本身的發電，除了供應整個工廠與相關系統使用外，同時也共應整個台糖宿舍使用，所以，它並不仰賴台灣電力公司的供電，相反的，常有多餘的電力可以賣給台灣電力公司使用。

講到這裏，我要就糖廠的整體動力系統的規劃與設計讚嘆不已，即使以二十一世紀今日的科技與環保的眼光來看，它仍有太多可以值得我們學習的地方，也實在是不得不佩服八十多年前那些工程師們的規畫與智慧。整個廠區所有一切動力的來源不是煤炭，也不是石油，竟然是生產蔗糖時候所產生的廢品，這個廢品又稱之為甘蔗渣。甘蔗經由小火車運進糖廠後，倒入大型的輸送槽內，經由高速大型的多重馬達帶動數十把巨刀，將整車的甘蔗瞬間打成纖維渣，再由輸送帶送至四個超大型的動力轉輪裏，將所有的纖維渣內的水分，經過四次完全的軋乾。軋乾之後的甘蔗渣很多人認為它是殘渣，是廢物，沒有用了。那就大錯特錯了，八十多年前的那些工程師們就懂得大自然循環的道理，甘蔗渣可以做為燃料，燒鍋爐產生蒸氣而發電，所以整個糖廠與宿舍區的電力完全來自廢物利用。許多人一定見過糖廠那又高又大的煙囪，就是用來發電的鍋爐煙囪，在七零年代之前，它可能都是台灣最高的人工建築物，凡是靠近它而看過他的人一定會中生難忘的。而甘蔗渣的另一個用途就是用來做為建材的甘蔗板，在七零年代以前，都是台灣要主要的建材之一。它不需要砍樹，而是廢物的再生與利用，想想看，現代的人們真的應該好好的學一學糖廠當年的設計，就懂得避免過度消耗珍貴的大自然資源。然而，今日的人類，卻竭盡一切所能的在消耗這大地之母，看在眼裡，十分心痛。

如果提到台糖的冰棒幾乎就很少人不知道了，各位想想看，在七、八十多年前的糖廠宿舍內就有各式各樣的冰棒可以吃，是不是匪夷所思，但這是真實的，因為我就是從小時候就是這樣一路上來的，直到現在的今天，還有些糖廠的冰棒聞名全台，而它的設備也一直的沿用到現在。糖廠的宿舍內有屬於自己的幼稚園，小學校，運動場、游泳池、網球場、籃球場、棒球場、福利社、交通車等等，它具備了所有的生活機能。想想那個時代是我的天堂歲月，也有着說不完童年與故事。

　　剛才說了，在我要進入高中的時候，很清楚的記得，是在一個夏日的黃昏時刻，我偕父親在小學校的林間散步，正走到一棵大榕樹下，父親問我：「將來想考那一科系啊？」在我讀書的那個年代，沒有甚麼甄選，或是可以像現在填寫那麼多的志願，一切全憑聯考的分數決定，聯考的好處是它的公平性是從來沒有人質疑的。於是我毫不猶豫的回答說：「爸爸！

跟您一樣，是機械系。」父親當年是北京大學機械工程系畢業的。而我從小就喜歡拆拆弄弄，任何東西到了我手上，肯定是要先拆開一遍，然後再裝回去，對於機械不但喜歡，而且道理也能通。所以，我也一直以為我會走機械這條路。

　　這個時候我與父親正走到了大榕樹下，父親他抬起頭來看著我說道：

　　「應該選電機工程系會比較適合於你。」這的答案遠超出於我個人的預期之

外，所以我也看著父親問道：「為甚麼呢？」父親接著說道：「電與機械的結合，在未來的時代裏，它的遠景與發展將是無可限量的，而未來也會是電機的時代，人類的一切與『電』將會是密不可分的，它的未來將是不可限量。而你的個性，將會非常適合這個領域。」

對於我要考大學的科系的談話，就在這三分鐘裏決定了，而我這一生也感覺到無比欣悅一直的走了下來，更是我這一生中引以為傲的。

甚麼我會以「光電」做為我最後的志業呢？真正的原因不是就業的問題，也不是光電的高薪。而真正趨使我深入光電這門科學的原因，則是我內心中強烈無比的一種趨使，我想要能夠深入的了解宇宙。而「光」與「電」是為一體，是我們這個「光宇宙」的一切極限。所以，它必然可以讓我真正的在智能上昇華，而得以進一步的體悟生命哲學與生命在宇宙中的究竟，讓生命能有更為深入的認知與定位。直到今天我都深深的慶幸，我的興趣是可以完全與生命結合，這是最快樂的事。而也深自無比的感謝父母親的教導與指引。我從小就像孫悟空一般，沒有一刻鐘是停得下來的。但是，他們所講的每一句話，我卻都會深深的銘記心中，朝向目標。

6. 人生的意義

人類其實是一種非常奇特的動物，在這地球上大概也只有人類會去想到生命的意義。這千古以來有太多的人會問，人生的意義究竟是什麼？而自古以來也就有着太多不同的說法。所以，也就有太多的不同「目的」存在。其實，要定義生命的意義也不是難事，那要看我們是如何在看待自己？每一個人的人生皆不相同。事實上，人生的意義就在「人生」這兩個字上

面，生命是一種過程，不是為了某種目的而存在。生命的意義也只有當我們自己可以為生命自主與自我認知的時候，才可以談到我們個人存在的生命意義。生命的意義也是與時代的背景有關的，古代的臣子會認為能為帝王或皇上盡忠才是生命最大的價值與意義。但是，現代早已經沒有人會以為是如此，也絕不會還有人認為那是對的。就另外的一個層面而言，生命的意義是教育出來的結果，它是會隨著時代而改變的，這一點是不可以不知道，有些人並不知道這一點，而一直的在追求古人的價值，這就是食古而不化了。所以，人生的意義就是要自己去寫，自己去創造，自己去開拓，那才會有意義。

那麼，如果說得究竟一點，究竟我們的生命是有意義，還是沒有意義？若是有意義則生命的意義又何在？是的，我們的生命當然是有意義的，不然我們活著做甚麼？但是，生命的意義每一個人都會是不同的，所以，當然也是無法是一致的。因為我們無法去尋求別人的生命意義，來做為自己的生命意義，也無法去過別人的日子或是過別人的生活與別人的理想。剩下唯一可行的，就是過自己的日子，實踐自己的規劃與理想，每個人都必須過屬於自己的日子。然而，能夠規畫自己的生命，能夠因而活出自己，能夠將自己的潛能與特質盡量的發揮出來，而不負此生，這才是最重要的，也才是此生此刻自我的生命意義。整部的《心經》是在談「空」，但是，這個「空」卻與我們的「心」息息相關，這個「空」不但是宇宙的真理，也是提升我們生命意義與境界的「智慧的經典」，我們真該好好的珍惜它。

感謝李錫東總經理能夠給我這個寶貴的機會與諸位見面。同時，更要深深的感謝內人「子卿」給了我最佳的生活與書香環境，她也是我個人

這一生中最大的成就與摯愛，她給了我許多非常珍貴的建議與卓見，並能夠經常與我彼此相互切磋與探討。對於道理的探討的確是一件非常愉悅的事，每有增益，內心中總是喜悅異常，可見得若能以正確的佛陀思想並普及人間，那將是一個多麼美好、多麼喜悅的一種人生啊！而若是人人都能以「佛」而自居，則將會是多麼美好的一個世界與夢想啊！

2013 年冬至於臺北

之嵐自序

第 1 章 　 2014 序曲

第 2 章 　 心經的啟蒙

第 3 章　心經的超越思維

第 4 章　心經的人生智慧

第 5 章　超越時間與空間的存在

第 6 章　跨越千古鴻溝

第 7 章　觀自在菩薩

第 8 章　行深般若波羅蜜多時

第 9 章　照見五蘊皆空，度一切苦厄

第 10 章　色即是空

第 11 章　受想行識

第 12 章　諸法空相

第 17 章　無無明亦無無明盡

第 18 章　無苦集滅道

第 19 章　以無所得故

1
二〇一四序曲

1.1 序曲的意義

「序曲」這兩個字多是指在歌劇或舞劇等，在開幕前演奏的短曲，所以又稱「開場音樂」。「序曲」這兩個字有其獨到與特殊的涵義，而且所能涵蓋的意義的確是非常的好，在一般我們常用的辭彙中，幾乎沒有其他詞句可以與它相比擬或是可以取代它的。事實上，它的作用並不是僅僅代表音樂的開始而已，而是綜合性的在敘述全劇發展的重點與關鍵，而其內涵除了包含該音樂或舞劇中所代表之「主角旋律」之外，它也是整個「貫場」的縮影。在佛教中所慣用「緣起」做為一個起始，在意義上是表示「因

緣而起」或是「事物之因待緣而起」的意思。所以，「緣起」只是一個因緣而起的起點而已，但這並不能代表整個的主體或貫場主題的意義，更不能成為整個主體的「濃縮」。但是「序曲」這兩個字所代表的意義就不太一樣了，它除了可以有緣起的意義之外，更重要的是，它是整個「貫場」的縮影，也是整體關鍵與精髓之所在。

　　剛剛提到了主題「旋律」這兩個字，一般多以為「旋律」是代表音樂迴旋的音

律的意義。事實上，它並不是僅僅代表音樂而已，而是我們每一個人生活在這個世界上，都必然會有屬於自己獨一無二的「生命旋律」。是的，我用的是「獨一無二的生命旋律」這幾個字。生命是無可替代的，每一個人在這宇宙中都是獨一無二的。所以，這種「生命的旋律」就不是單指因緣而已了。如果我們把自己的眼光與視界放得遠一點來看，這世界上所有的一切，不論是個人的、群體的、哲學的、思維上的、經濟的等等，都有屬於它自己獨特的旋律存在於這個世界上。所以，如果我們能在這短短的一生之中，找到了屬於自己的「生命旋律」，那不但是找到了真正的知音，更重要的是找到了全然屬於自己的生命的那種「生命旋律」，並進而陶醉其中，那才是生命的最上層意義，也是生命無可比擬的喜悅。

　　既然提到了序曲，這世界上有一首極為有名的序曲，就必須稍微的提一提了，那就是舉世聞名的《1812 序曲》。它是俄羅斯浪漫樂派作曲家，柴可夫斯基（1840-1893）在 1880 年所創作的作品，為了紀念當時俄國人民擊敗拿破崙大軍的入侵，而贏得俄法戰爭的勝利。該作品是在序曲中配以大炮的轟然之聲而聞名。在一些重要的慶典與演出中，尤其是在戶外隆重演出的時候，都會想盡一切辦法在樂曲之中起用真實的大炮參與共同演奏。

　　該序曲在公元 1882 年 8 月 20 日於莫斯科的救世主大教堂進行首演，在樂隊的演奏之中同時加入了真實的大炮與救世主大教堂的鐘聲，而讓所有在場的人士熱血沸騰，熱淚盈眶。但是，留下最高紀錄的則是在美國維吉尼亞州的演奏，至今尚沒有人能打破該項紀錄，因為當時的演奏會上，

它使用了第五炮兵連所保存的 24 門口徑不同的 19 世紀的古代大砲，並在演奏中成功的配合樂曲的節拍，依旋律而準時的擊發了該 24 門古代大砲，讓在場聽眾幾近於瘋狂的狀態，也因而堪稱冠絕古今。可惜的是，這世界上能夠演奏該序曲的國家與樂隊越來越少了，因為，能夠保存古砲的國家本來就不多，而古砲的保存不但也越來越少，更困難的則是如何能向保存單位借出來，那才是不容易。能夠看到真正的古董已經很難了，而要再想借出來，而還要拿出來使用，那就難上加難了。我有的時候在想，如果有能力的人，能夠讓世人再次的聽得到這一類的絕響，那不但是難得與難再，那更是一種無比的福分。

1.2 如果只是理想？

　　既然這個章節的名稱定名為「序曲」，那麼，就讓我們開門見山把事情弄清楚，所以我直接的提問道：「你學佛的動機是什麼？」這個問題雖然問得很直接，但也非常的真實而實際。至於它的答案，則可能有千百個，是因人而異的。但是，我更要問的是：

　　「身為近代的知識分子，你學佛的目的究竟是什麼？」

　　我們不必談所有的人們，那意義不大，但是，對近代知識分子而言，可能就不太一樣了。說到「動機」這兩個字，其實並沒有甚麼不好。人類是一種具有行為能力的動物，而每一個人行為的背後也一定都會有「目的」

的存在。即使是最輕鬆而沒有任何壓力的散步，人們也都知道散步是有益健康的，所以可以看到許多人是為了健康的目的在散步。沒有「目的」的行為常會被認為是沒有意義的。也許有些時候我們會自認為心中十分清淨而無雜念，在那輕風明月之下盡情的享受著，但是別忘了，享受那輕風明月的本身就是一種目的。輕輕的風，拂面而過，明月高掛，清涼如水，這種的享受是絕大多數的人所渴望的而希求的。諸位想想看，你有多久沒有好好的看過明月了？又有多久沒有在清涼的月夜下享受著輕風拂面的那種感覺？

　　具有目的之行為並不是只有人類才會有的現象。事實上，地球上所有的「生物」的存在與生存都有它們各自所屬的「目的」存在。在高高藍天上遨翔的蒼鷹，人們羨慕牠依伴著白雲，自由自在而悠閒輕鬆的迎風於藍天之上。但是，諸位應該可以理解，牠們不是在天上悠閒的散步，更不是在上面觀賞與讚嘆那美麗的山川。牠們是在尋找食物，不要被牠優雅的外表所惑，那輕鬆的外表之內，卻有著飢餓的身軀與那鳥巢內嗷嗷待哺的小鷹。

　　現在談到「學佛」的問題，「學佛」的目的當然就是要學佛陀。這話固然是說得不錯，但其實是等於沒說。因為，沒有人可以說得出該要從佛陀的哪個地方，或是哪個時期，或是哪些行為與言論及思想開始學起。同樣的，這問題也不是如一般書籍上所說的那個樣子，要我們能成為一個覺悟真理者，覺行圓滿者，或是理智與情感和能力都同時達到最圓滿境地的人格。同時也是大智、大悲和大能的人，也是佛教修行之最高果位。這樣

的說法，同樣的是意義不大。道理其實很簡單，因為如果沒有實施的細節，則該從何做起？所以，太高的格局就讓我們根本做不到。而這一切也只能讓人仰望而流於空泛之談。這個現象正如我們常說的《禮運大同篇》裏的「天下為公」的道理一般。「天下為公」當然是人類社會的最高理想與境界。但是同樣的，它沒有實施細節，故而只能掛在高堂之上，而成為人人都能琅琅上口的一句話，但是，該如何去實施、如何去落實，這才是關鍵性的要點。人類五千年的歷史，沒有哪一個時期，也沒有哪一個國家曾經實現過「天下為公」的理念，這就是理想之所以為口號的道理。

對一個近代的知識分子而言，在你學佛的同時，當先問一問自己，你學佛的動機與目的究竟是什麼？如果只是為了好玩，那我奉勸您應當去玩別的，這個世界上好玩的東西太多了，「佛」絕對不是您可以玩得動的。而如果您是想要得到生命的道理與其所稟賦的意義，那我則真心的希望您能多接近佛，更重要的是多深入的研究佛，那也許您應該從上一本書《與近代知識分子談佛》開始看起，然後再進一步的跟著本書進入較深層次的探討與相關的思維，那將會有相當豐碩的收穫。

1.3 你要學佛的甚麼？

　　請注意這個章節的名稱，我要談的是「你要學佛的甚麼？」而不是一般人在問的：「你為甚麼要學佛？」所以層次略高了些。關於為甚麼要學佛的問題，每個人都可以有自己的原因與答案，有些人是為了「有所求」，每天燒香拜佛祈求平安。讓自己的心有所附屬，的確是可以獲得安寧與祥和的，這是很好的。我們不能說「有所求」就是不好。要知道，我們每個人，不論是生理上的需求，或是心理上的需求，都是「有所求」。這是現實的問題，許多人會說「有所求」的人們，他們是有目的的，是有求於他人的，

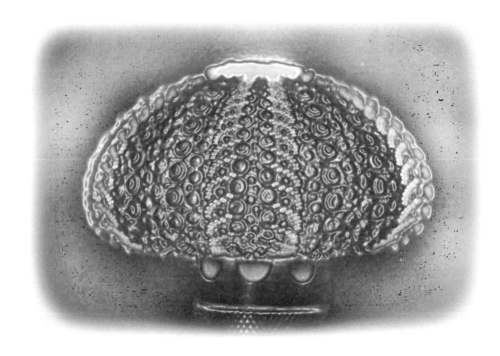

所以，在某些方面說來是一種被拘束與限制的人生。但是，我要說是，有這種想法的人，才真是思維偏頗，心性狹隘的一種人性與態度。人類的社會全然的是建立在「供需」的基層上面。我們從出生以來，所有的一切都是仰賴他人的供應才能存活下來。同樣的，我們的一生也應該要提供出無數的奉獻給其他的別人，給這個社會才是。所以我說，我們絕對不能說別人是「有所求」就是不好。如果真有人到處在宣揚他是「無所求」的人生。那麼，我只想問他一句話，他每天吃的白米飯是從哪裡來的？可是他自己種出來的嗎？

學佛、學佛，所有的佛教的弟子們都在學佛。同樣的，我要問各位，佛陀的一生活了八十一歲，你要學甚麼時候的佛？也許有人會說，可以這樣問法的嗎？我則說，有甚麼不能如此問的呢？如果你是三十歲的年輕人，你不可能學得到高齡八十歲時候佛陀的心性，而是應該學三十歲時候的佛陀。當然，如果你自認為三十歲時候的你，就已經有了八十歲時候佛陀的心性智慧，當然這是一種超越，其實也未嘗不可的。因為，佛陀從來也沒有說過，後來的世人只可以追隨他，而不可以超越他。當然，也許會有人說，學佛是超越年齡的，佛理可以遍及整個宇宙，所以，年齡不是問題。當然，這麼說並沒有甚麼不可以。但是，必須要有一個先決的條件，那就是必須是要有超越的心性與智慧才行。佛教不同於其他拜神的宗教。就拜神的宗教而言，它們沒有心智上的困擾，只要能夠叩拜，不論男女老幼都可以拜，所以它沒有年齡上的區別，也沒有這個問題。但是，佛教就不是這樣的了。因為，佛教是一種智信，是講理的。更何況佛理至深，不

是每一個人都能融會貫通的。

放下年齡的問題不談，我佛弟子們都想要學佛。如此，我則要問：

「你要學佛的甚麼？」

也就是說，你想學佛的哪一個部分？也許有人會說，所有佛的一切我都要學，這樣的口氣與雄心壯志的確是不小。但是，這就必然產生了兩個重要而根本的問題。首先是，佛陀的一生活了八十一歲，你有可能學得完嗎？其次是，如果諸位你所有的一切生命與時間都在學佛，若是如此，那麼我要進一步的再問：

「如果你所有的一切都在學別人。那麼，甚麼是你？你是甚麼？」

事實上，我們學佛，有一個觀念一定要很清楚的知道，那就是每一個人在這個世界上都是唯一的，不要說是這個世界上了，即使是整個宇宙，我們每一個人也都是唯一的，我們的生命是宇宙萬億年的唯一。我們就來在這宇宙中微小幾無的一瞬間。在這之前沒有你，而在這之後也同樣的不會有你。如果諸位，你一心一意的或是全心全意的在學著他人，日以繼夜的苦思模仿著他人。所以，我才要問諸位：「甚麼是你？你是甚麼？」放棄了「自己」而一心一意的全然的要學「佛」。事實上，這至少也是犯了「三毒（貪、嗔、痴）」中的「貪」與「痴」的這兩種無明。我們常常告誡別人不可以有「貪」念，也不可以有「痴」想。其實，這種的無明，我佛弟子同樣是常常習有，而且是自我的深執而不自知。

1.4「心」才是學問之所在

　　學佛、學佛，我們真正應該要學的究竟是甚麼？答案是「放下」。我們真該要學的是如何把這一切「放下」！全世界所有的學問都是在教人如何「獲取」，如何「得到」。唯獨佛教是在教人如何「放下」？「放下」甚麼？是要我們把「心」放下。這才是人類真正睿智的所在，也才是人類真正最需要的。佛陀真正教導我們的是「心」。當所有的學問都是在教人類如何「獲取」與「佔有」的時候，他們卻沒有告訴我們應該如何處理我們自己的「心」。他們忘了，「心」才是一切的根本，常言說得好：「人者心之器」，我們的身體也只是我們「心」所在的器物而已。而「喪心病狂」就是罵人喪失了心性而舉止荒謬如狂。「心」的問題才是我們人類真正大學問的所在。

　　我們大多都可以很明顯的看得出來，也感受得出來，人類已經真正的進入了「掠奪」的時代，這不但是一個掠奪的時代，而且也是一個掠奪的社會與人世間。我們自從接受教  育的第一天開始，就生活在「獲」與「取」的日子裏，生命中從來沒有一

天是例外的。在學校裏，我們每一個人都被要求獲得高分，不但是高分還要獲得獎勵，不但是獎勵還要獲得頂尖。甚至連運動都被要求獲得第一或是冠軍，直到畢業為止。畢業就沒事了嗎？當然不是，那所需要獲得的就更大與更多了，我們要獲得高薪，要獲得事業成功，要竭盡一切力量去獲得「需要」與「想要」中的一切。生命就在這沒完沒了的「獲取」與「佔有」之中，不知不覺得來到了中年，也在還沒有來得及之前，則又來到了老年。然而，唯一沒有獲得的，那就是「自己的心」。

對於大多數的人，尤其是年輕的一輩，我並沒有立場要求他們放棄習之已久的「獲得」的這種人生觀與生命態度，畢竟整個社會與國際間的結構是如此的，全然的背離社會的結構與認知是會有相當嚴重的後果。但是，當我們面臨無法駕馭自己的「心」的時候，再多的獲得也將是沒有意義的。所以，「心」的問題，才是真正學問之所在，它無法依靠「掠奪」或「佔有」而得到，唯一可靠的只有自己。其實，「心」是可以融入我們的生命之中的，我們每一個人都必然要有屬於我們自己的「生命旋律」，這種「生命旋律」就不是單是音樂或是因緣而已了。

1.5 心經的主題

　　現在，讓我們把話再說回來。我們真該好好的問一問自己，究竟我們想學，或是已經在學佛的目的是什麼？剛剛才說了，佛陀不是神，祂不能保佑我們甚麼，也不能指使我們去做這個或那個，更不能答應我們的祈求。那麼，既然如此，祂對我們又能有甚麼用？我們為甚麼還要學祂呢？要回答這個問題就必須一針見血，而不可以哈啦！哈啦！的講空話了，就近代知識分子而言，必須要先知道的，我們學佛的目的當然不是在於求佛的保佑，而是希望以佛的智能，能夠幫助我們的「心」。所以我們：

　　「學佛是為了要『明心』，並進而能引領我們到達『放心』的境界。」

　　生命之中最難以對付的，不是天，不是地，也不是敵人，而是自己的「心」。

　　所謂「明心」就是明白自己的「真心」。我們一個人的一生中，能夠明白自己「真心」的時刻太少了，絕大部

分時刻我們的「心」是在體外。紛紛攘攘的五光十色我們不必說它，即使是在明月清風之下，總可以見到自己的真心了吧！不然，在明月清風之下，也許你認為自己的心是平靜的，但其實仍然是掛著的，掛在哪裡？至少你的心是掛在明月上，也飄在清風裏。所以，那顆「心」仍然是在外界之中，而未必是真正的在自己的「真心」裏。

　　所以，諸位必須要能夠深自認知的，學佛的目的不為別的，而是為了想要明白自己的「心」。以「明心」的態度去思維、去感覺、去實踐才是道理。如果不是為了要明白自己的心而學佛，我想他應該去學其他的事物比較會有成就，否則枉費了時間，也枉費了生命。

　　學佛的目的是要學得如何以「明心」的態度去思維、去感覺、去實踐，並進而能夠引領我們到達「放心」的最高境界。事實上，這個境界就是佛。《金剛經》是佛學裏的精要，一般人不容易完全讀得通。其實，在這五千兩百個字裏面，只是在談兩個字而已，能夠懂得這兩個字，《金剛經》就通了一大半，那就是「無住」這兩個字。誠如經中所言：「應無所住，而生其心」的道理。「心無所住」，那麼「心」不就是「放下」嗎？另一本人人都知曉的《心經》，它是佛學裏的精髓，所談的「五蘊皆空」、「色即是空」，不也正是在告訴我們如何把心「放下」嗎？

1.6 什麼是學問之道

許多人信佛是為了佛佑，也就是佛陀的保佑，或是做好事的目的是在於累集一些功德。也許、或許將來可以進入極樂世界也說不定。但是，在事實上，這就產生了「對價關係」，也就是彼此之間有了「貿易」的性質與行為。以物易物、以事易事、以現在易未來。當然，也有許人學佛的目的是要想成佛。但是，我還是要問一件事，那就是這兩千多年來，可有誰成了佛呢？唐朝的玄奘法師的功德不知道夠不夠大？那麼他是什麼佛呢？不！他不是佛，所有的人都稱他是玄奘法師或是玄奘大師。絕大多數的人「學佛」的目的是要「成佛」，否則有何需「學佛」呢？而如果玄奘法師都無法成佛，也沒有「佛」的名號，那麼，我想再問諸位，您又憑甚麼可以成佛呢？那麼，現在問題來了，「成佛」究竟是真的？還是呼弄、呼弄，說說而已呢？這些事情也許不是一般人是可以思索的，但是，身為近代的知識分子，卻需要有清晰的思維與辨識能力。

2010/02/26

《心經》是佛教立

教的精髓所在，在整部《心經》裏面沒有一個字是有關於鬼神之事，也沒有任何一個字提到成「佛」的事，更沒有一個字是提到有關「極樂世界」的事情。《心經》是偉大的。如果信奉佛教的目的只是想得到個人卑微的私事及慾望，或是想要升天入地。這種為了某些私我或個人的利益而信奉的佛教，其格局就顯得太小了。而這一類的乞望或希求在一般的民間卻又是那麼的普遍與普及。事實上，任何的乞望或希求都必然會有其所對應的「對價關係」，這絕對不是佛陀的本意，而也是與《心經》的主旨相背離，更與「空」是不相契合的。

不要有目的的學佛才能真正如佛，沒有乞求與仰望的學佛才是真的學佛。任何有企圖的學佛，也只是將「佛」用成為一種手段。想要乞求生子，他的目的是生兒子，而佛也只是人們所利用的一種工具。人們在拜佛的時候想要祈求佛祖保佑平安，同樣的是想借「佛」來達到或完成自己目標。更多的人是想要藉「佛」來安撫自己不安或是受創的心，這當然沒有甚麼不好。但是，正如我所說的，這都是有所求，都是有目的的。那麼，究竟該用什麼心態來學佛呢？正如古人所言：

「學問之道無他，求其放心而已。」

「學問」之道是如此，「學佛」之道則更是如此。所以說：

「學佛之道無他，求其放心而已」。

也唯有如此，才是無所求，人世間若能無欲，則必然也是自然的會剛正無比。能夠「剛正」自己，則「學佛」的境界自是不同。

1.7 《心經》是「空」的聖典

　　《心經》不是在說「心」的問題，它的主旨是在強調人們的生命與宇宙的互動關係。它開拓的是宇宙中「時間」與「空間」與生命的互動關係。「時間」代表的是我們的「精神」層面。我們都知道，人生是活在「精神」層面上，諸位想一想，古人所有的著述能夠流傳至今，都是「精神」層面上的。至於在古墓中還留下來的，就讓喜歡的人去把玩好了。「空間」所代表的是「物質」層面上的古董。所以，精神與物質所構成的生命現象正就是時間與空間的對應。「空」的思維可以是精神上的，當然也可以是物質上的。而「空」在「時間」與「空間」上是可以產生互應的現象。

　　「空」究竟是什麼意思？若是用最簡單的詞句來說，「空」就是「無常」。「無常」就是不具備「永恆」的條件。更確切的說，世事都是在變化之中的，而宇宙中的萬事萬物都是瞬息萬變的。佛陀能夠看穿這一點，的確是不可思議的。這在上一世紀

的時候，甚至是最偉大的科學家「愛因斯坦」都沒有能體悟到這一個問題。他從 1907 年開始，直到 1912 年發展出了：「在宇宙時空中，一切物質的運動都可以用曲率(Curvature)來描述，而在重力作用(Interaction Of Gravitation)下，「時間」與「空間」也是彎曲的。」愛因斯坦在歷經漫長的理論演算過程中，終於在 1916 年寫下了《愛因斯坦場方程式（Einstein Field Equations. Efe）》而完成《廣義相對論（General Relativity）》。但是當這個「非線性偏微分方程式(Non-Linear Partial Differential Equations)」的求解得到答案後，它使許多人嚇出了一身冷汗，因為在這非線性偏微分方程式的解答裏面，竟然顯示出宇宙裏面有「旋轉的黑洞(Rotating Black Holes)」的存在。這在愛因斯坦來說，他認為簡直是不可思議的，因為，他一直認為宇宙是呈現為「靜態宇宙（Staticuniverse）」的，也就是說宇宙不是動態變化的宇宙，它既不膨脹也不收縮，祇是轉彎。但是，方程式求解的答案，卻顯示宇宙不但有「旋轉的黑洞」，更重要的是宇宙還一直的正在不斷的膨脹（Expanding）之中。方程式所得出來的解，顯示出它的現象與愛因斯坦的想法竟然是完全的不同。愛因斯坦認為宇宙是永恆的，而如果宇宙正在不斷的膨脹，而且還有「旋轉的黑洞」，那宇宙中就不可能有永恆存在。於是他在後來則嘗試加入了一個「宇宙常數項(Cosmological Constant)Λ」。十年後，由愛德溫‧哈伯（Edwin Powell Hubble，1889 － 1953)對於遠處星系（Galaxias）所做觀測的結果，證實我們的宇宙正在膨脹，而非靜態，宇宙中也沒有永恆。而「旋轉的黑洞」也一再的被證實它是存在的。因此，Λ 項在之後又被捨棄掉，而愛因斯坦也聲稱這是他一生中最大的錯誤（Biggest Blunder He Ever Made）。

剛剛所說到的這一切，包含宇宙中的「黑洞」、「宇宙的快速膨脹中」、「時間」與「空間」等等，這所有一切的問題都「指向」一個方向，那就是「無常」遍及宇宙中的一切時空與存在。然而，這一切的「無常」不正就是「空」的真諦嗎？而《心經》所立論的「空」正是超越的。所以，我常說：「《心經》是『空』的聖典。」其原因就在於此。它的思想體系可以延伸並涵蓋到「時間」與「空間」的領域，它不但是延伸與涵蓋到「時間」與「空間」的領域，事實上，它是包容與涵融在裏面，而成為是一致的，一體的。所以說，「空」的視野與格局的確是超越的，就以近代科學的觀念而言，《心經》的確是有着不可思議的偉大。

1.8「時間」與「空間」的思維

　　深秋已經來臨了，在寒風中我望著楓樹的樹枝上僅存得一片枯黃的葉片，在陣陣的寒風之中，來回不斷的擺盪著，就是不肯落下。雖然，地上已經堆積了很厚的一層落葉。飄盪的黃葉代表的是甚麼意義呢？沒有人知道，甚至，楓樹的本身也不在意。也許，只有枯葉的本身才是真正的當事者。生命的倔強是抵不過大自然之運律的。然而，哪怕是片刻的依戀，畢竟是有過的堅持。春天油綠的嫩葉與秋冬枯扁的黃葉，這都是「無常」在支配著一切。不！事實上，並不是春天油綠的嫩葉轉變成枯扁的黃葉才叫做「無常」，「無常」是無所不在的，也是無時無刻不在的。如果說得更深遠一點，宇宙就是由「無常」所構成的。

講到了「無常」大家最能感受到的就是「時間」，從日出到日落、月圓月缺，時序一直不停的在流逝，年齡也一天天的變老，這些都是「時間」上的感覺，也是實質上的真實，它並不是完全虛無的。諸位要有一種認知，並不是握在手上的東西才是「實在」，認真的說，即使是握著的東西，也未必「實在」，而是「空有」。因為，它還是它，你還是你。我舉個例子說明，我們就用人與人之間做比喻好了，因為人的因素最複雜。如果我說：「我有一位美麗的妻子。」，這種「空有」的思維可不可以說得通呢？當然，事實上的道理就是如此的明確。這個「有」當然還是一種「空有」的關係，原因很簡單，人與人之間的「有」是一種「關係」而已，以事實來看就更清楚了。雖然說是我「有」，但實際上她還是她，我還是我。當我生病的時候，她不能代我吃藥，當我牙疼的時候，醫師不能拔她的牙。所以我說，人與人之間的「有」，存在的是一種「關係」而已，這種關係不是實體。所以，仍然是一種「空有」的屬相，當然也就是「無常」。

　　我們之所以對「無常」會有特別的感覺，那是因為我們所處身所在的這個宇宙中所呈現的「時間」與「空間」。「無常」只是人類自身的一種感覺，而且這種感覺隨著年齡的不同，感覺也不相同。在孩童的時候，那個時候所想到的總是說未來要如何！如何。或是將來要怎樣！怎樣。我的小外孫，我常說那是上蒼賜給我的天使，他每天從幼稚園回來都要玩他心愛的玩具汽車，他有各式各樣，大大小小的玩具汽車，樂此不疲。他最愛的是每天能坐公車上下學，而不喜歡我們開車去接送。他記得住附近每一種公車的路線，不但如此，常坐的好幾路公車，他甚至可以記得住公車的

車牌號碼。對於這個，我實在是輸給他。我問他：「將來長大了要做甚麼呢？」他會回答說：「我要跟老爺一樣，讀到博士。但是，讀完博士後，我還是要當公車司機。」是的，每天坐公車，玩他的玩具車是他最快樂的事。但是，相信，「時間」會逐漸的改變一切。

　　對於「空」，也就是「無常」，若要進行深入的探討，那就要涉及到了「時間」與「空間」的本質與真相。因為，那才是「無常」的根本所在地。但這也涉及到了愛因斯坦的《相對論》了，這個專業性的題目非為本書討論所及。但是，身為近代的知識分子，卻不能說完全沒有一些概念或是對於「時間」與「空間」的敘述，仍還多停留於古人文字上的敘述，那就真的是有些「虛無」了。事實上，「時間」與「空間」是宇宙中最奇特的現象，也是與生命關係最密切的，千古以來所有的智者，都在苦思這個問題，也都難得其門而不可入。但是，由於人類的知覺實在是極為遲鈍的，所以千百年來，人類設計了各種裝置來計時、報時與度量時間與空間。最早的古人祇能把一天分為二個部份，那就是白天與夜晚。中國古時把一晝夜分為十二個區段，每區段叫做一個時辰，每一個時辰合現在的兩個小時，從夜間十一點算起到一點，第一個時辰是子時，再依子、丑、寅、卯、辰、巳、午、未、申、酉、戌、亥類推之。

　　由於對於計時器具的缺乏，古人對於時間與空間的感受其格局也同樣的受到了圍限。然而，我們畢竟是活生生的存在於這個時空裏面，離開了時間與空間而高談宇宙人生，這正如魚兒是生活在水裡面，但卻把水忘記了，而大談天下事物，這是不究竟的。真正有關於時間與空間的問題，

自古以來除了一些在文字上的一些描述外，所能談論的內容畢竟是有限的很，而且也無法令人獲致真實而具體的概念。直到一百年前，1906 年愛因斯坦的《相對論》出現了，對於宇宙中的時間與空間才有了突破性的進展，這是近代的科學與智能，進一步的讓人們知道了時間與空間的真實層面與真實現象，並讓現代所有的人能進一步的思考時間與空間的相關問題，畢竟，我們是生活在宇宙的時間與空間裡面。

一些修佛的人終其一生之心神智慧，一心不亂的想要往生到西方極樂世界去，這是各人見仁見智的問題。但是，身為近代知識份子，在研讀佛法的時候，就須要明瞭真實性的道理之所在，並能真切去解悟其中真相，而不可有絲毫的迷信或盲信的成分在內。《金剛經》說的好：

「凡所有相，皆是虛妄。若見諸相非相，則見如來。」

所謂的「相」就是表現於外而能想像於心的各種事與物。在「凡所有相」這句話中，並不單指現在我們所認知的「相」。佛陀說這句話的時候，其實它是包含著過去與未來的一切。過去的當然已經是虛妄的，未來更是虛妄而不可測的。不要說是永恆的事了，就是未來一年的事，有誰知道這個世界會是如何？十年以後的世界又如何？那就連猜恐怕都猜不著了。但是，科學的本質是可以根據定律或定理精準的預測一些事物。然而，對於生命的問題，則是誰也說不準的。至於三、五十年後人類會是甚麼模樣？不要說描繪了，恐怕連想都難以想像了。如果連五十年後的世界是甚麼模樣都沒有人可以想像說得出來，那還談甚麼「永恆」以後的事？這在基本邏輯就是不通的。事實上，人類對於宇宙的認知，可以確認的一件事，那

就是宇宙中沒有「永恆」的存在。

　　提到「永恆」世界的想法，我們可以在《金剛經》中很明確的發現，佛陀他對於時間與空間上的相關典述，「時間」包含了過去、現在與未來，「空間」具備了事與物的各「相」體狀，對於「時間」則有曰：

　　「過去心不可得，現在心不可得，未來心不可得。」

　　這是把「時間」的領域由過去進行到現在再延伸到未來，這也是一個時間的全領域。然而，這裡面還有非常重要的字，那就是「心」這個字。諸位請注意，這個「心」字不可以當作是心思、心靈、心境、心意等意思去解讀，否則說到「未來心不可得」那就完全解釋不通了，未來哪裏有什麼「心」。佛陀說這句話的時候，他的用意並不是如此淺顯，而是語意博大深遠的。

　　事實上，這個「心」是「生命」的意思，我們「生命」的境界要比「心」來得高得多，「生命」是可以把「心」包融在內的，而「心」的思維或是意境也祇是生命現象的其中一部份而已。如果「過去心」是不可得，那麼「現在心」也同樣的是不可得，及至「未來心」那就更不可得了。在這裡我要再次的強調，這個「心」字絕對不可以做為「心思」等這一類的解讀。因為，我聽過很多的人在講經的時候，不離字面上的意義，也就是說，他們最多也祇是依照著經書中的文句在解說經意，這是非常不對的，因為這會遺害後學者。如果不知道這裡的「心」是不可以做「心思」解讀，則到了「未來心不可得」這句話，那就完全的解釋不通了。人類哪裡有甚麼「未

的。也就是說，當因緣聚合的時候，也就是事與物存在的時候，而當因緣
離散的時候，所有的事與物亦皆不復存在。這也正就是「諸法因緣生、諸
法因緣滅」的道理，也因而成為是佛教「緣起論」的基本理論。

來心」，誰知道明年的這個時候「心」裡面會想甚麼？我看到了許多名人在這方面的注疏，到了這裡都是在硬坳。剛剛說過，這個「心」是在講「生命」。生命不論是「過去」、「現在」或是「未來」同樣都是不可得的，這就是「無常」，也就是「空」的廣涵意義。有人會說：

「我現在不就是在嗎？」

若是如此問，則我要進一步的問道：

「你現在『在』的是甚麼？」

即使是現在的此刻，你的生命究竟是甚麼？誰能說得出來呢？現在此刻生命的「得」是甚麼呢？而未來的生命就更沒有人可以說出會是甚麼樣子了？這世界上要以人的生命是最不可測的了。如果有人能說他可以算出人的命來，那祇能說他是超越佛祖的，因為連佛祖都不能算出他眾弟子們的命來。所以，「過去心不可得，現在心不可得，未來心不可得。」這句話的真諦是在告訴我們，這個世界上的一切事情並無定論可言，昨日為是者，今日為非，而昨日為非者，今日卻可能為是。

世事變遷這是常有的事情，這也就是《金剛經》中所云：「非法，非非法」的真諦所在。「報應」的事情在人間同樣是很難說得準的。這麼說來，難道天下裏就沒有所謂報應的事嗎？報應是有的，那是屬於「因果論」，是「因」與「果」之間的衍化關係，所謂種瓜得瓜，種豆得豆，這是因果的關係，而不是報應關係。一般人所謂的「報應」則是屬於「宿命論」性質的，甚麼是「宿命論」呢？宿命論是指人生中早已註定的遭遇與

結果，包括生死禍福、貧富貴賤等等，並相信一切事情都是人類無法控制的，而是由上天、或上帝或神所預先安排好了的。相信宿命論的人認為人間發生的每一件事都是「註定的」，是人力無法改變的。宿命論的觀念尤其是在知識落後的地區是十分普遍的。

　　不論古今中外，人類都竭盡所能的想要解開人生與生命中種種奧秘，但由於古代的知識落伍，所使用的工具不足而且有限，所以在人類的歷史上，跟命運有關的各種神話、傳說、信仰與宗教就再再的影響著人類的一切，而且淵遠流長形成了歷史。但是，在近代生物學對於相關於生命問題的研究，事實上已經有了相當廣泛的成就，在歷年諾貝爾得獎的成就中，我們可以看得出人類在這方面的成就十分卓越。《生物學》又稱《生命科學》，它是研究生命物質各個層次的結構、功能、行為、發育、起源、進化規律及與環境之間相互關係的經驗科學。另外在近代突飛猛進的《認知科學（Cognitive Science）》，它是一門研究「訊息」如何在大腦中形成以及轉錄的科學，它所跨越的領域極為廣泛，包括了人類學、心理學、人工智慧、神經科學、訊號傳輸、語言學、社會學與教育學等等。在它所跨越眾多層次的分析中，從低層次的學習和邏輯能力，到高層次的策劃能力與決策機制等等。近年來還有一門《分子生物學（Molecular biology）》它是在對生物於分子層次上的研究，它也是一門跨越《生物學》和《基因》之間的研究，其研究領域則涵蓋了最新的《遺傳學》以核酸做為物種間的共同癥結與體質。事實上，科學並不是獨立於生命之外，相反的，它可以積極的幫助我們了解生命的真質與生命的真實意義。

1.9 讀古書要有新思維

　　佛法是高深而且又是非常深遠的，但是，它卻又是非常廣大的，因為，它是屬於大眾的。但也由於它的博大深遠，所以一般人往往會找不到入門的台階，也摸不清究竟有哪些門徑。雖是有心要學佛，卻也真不知道該從哪裏學起。這一點就基督教而言就單純得多，它有着唯一的一本經典，那就是《聖經》，而各教堂也有着極為嚴謹的結構與層級。更重要的是，信徒們也都會以教會為聚會的中心，在教堂裏人們，大家都可以相互的交談與表達彼此的想法與關懷，這一點對於人際的交流是十分的重要。反觀

佛教的寺內，總是讓人覺得肅穆得很，拜完了就出去，沒有一絲一毫親切的感覺。不但是對座上的佛像沒有親切之感，即使在寺內，大家也都肅穆以待。為甚麼不能在寺廳之內大家彼此的噓寒問暖？為甚麼大家不能在廳內高興得交談？為甚麼不能在廳內放置一些舒適的座椅，讓大人們就在廳內給孩子們說一些佛陀的故事？這是我百思不得其解的。而可能唯一的答案，卻是「有人」希望人們把佛像當作是高高的神明來膜拜⋯

佛典的閱讀同樣是深遠的。所以，我想對諸位說的是：「我們讀一本書，一定先要知道這本書的「重點」是在談什麼？」我想用「樹」來做比喻。當我們在看一棵樹的時候，首先，我們會看到這棵樹的「大致輪廓」，「大致輪廓」這四個字非常重要。人類是屬於「模糊控制（Fuzzy Control）」的動物。它也是人類目前最精準的一種控制方式。奇怪了，明明是模糊控制，如何談得上是精準？是的。諸位如果了解海軍的軍艦是如何自衛的，大概就會有一些觀念。就目前為止，所有的軍艦都會有防衛武器，否則受到敵國攻擊的時候如何防衛？答案是「方陣快砲」。它的全名是「方陣近迫武器系統（Phalanx Close-In Weapon System）」。這是軍艦自我防衛的最後一道關口，它的精準甚至可以將飛近的砲彈或飛彈擊落。

我在約三十年前就設計過機器人（Robot），有「無軌式尋跡搬運車」，也設計過「具有視覺能力機器人」，在全國競賽中都有過極優良的表現。所以說，我對於機器人的設計是不陌生的。可能大家都認為，機器人是完全聽所賦予的指令而動作，而每一個指令必須都是極為精準的，不可以有絲毫的模糊。是的，一般的機器人的確是如此。但是，如今回想起來，那

樣的設計理念是不對的。試想，若是設計一個會接棒球的機器人來說，能夠精準的接獲一個高速飛過來的棒球。因此，我們在設計機器人的時候，根據傳統的思維，首先當然是必須具備視覺能力，看到棒球飛出來之後，緊接著要計算出該棒球的 1. 方位 2. 角度 3. 高度 4. 初速度。然後再算出該棒球的運動軌道方程式，再依據時間變數，計算出最適當的落點位置，最後再跑去把球接住。這樣的一種設計方式，看起來是當然的，也是必然的。重點是，當機器人將這一切都計算好了之後，快速的棒球已經打到身上了。而如果將棒球換成是砲彈呢？這樣的方式有可能攔截得到嗎？所有實驗的結果都告訴我們，那樣的設計理念是不可能接到棒球的，更不可能攔截到砲彈。

　　於是，科學家們想到了我們人類的本身，人類在控制外物上，大致說來還算是蠻精準的。譬如說，你在地上看到有一個十塊錢的銅板，於是一個箭步上去，很精準的就將它撿起來了。諸位千萬不要小看這個動作，仔細的分析起來可是非常複雜的，但是，每一個人在一瞬間都可以完成這個動作，沒有一個人會在看到了銅板之後，先計算它的方位、角度、位置與距離等，都算好了之後才出手去撿起來，而是一瞬間就精準的完成這個動作。那麼，人類到底憑藉的是甚麼方法可以如此精準？答案那就是「模糊控制」。

　　我們在看到銅板的那一瞬間，也只一個很模糊的概念而已，哪裡有甚麼精準的方位、角度、位置與距離等的資料？但是，即使是模糊的觀念，我們就以此「大致」的概念行動了，配合快速的腳步，手也伸出去了。這

時候的關鍵就落在眼睛上了，眼睛會校準我們的手指頭朝正確的位置移動，直到摸到了銅板。這個時候在憑手指頭上的感覺，將銅板拿到手上。同樣的，「方陣近迫武器系統」所設計的觀念，完全把人類「模糊控制」的方式用上了。當雷達發現了近迫的飛彈時，不要忘了，雷達波的速度是光速，任何飛行物體的速度與光速相比都差得太遠了，雷達會立即指揮方陣快砲，以密集與高速的砲彈先朝大致上的方向射擊，然後再持續的校準目標，縮小範圍，最終則一定可以擊毀目標。

為甚麼要講這一段話呢？那是要提供給諸位一個重要的方法，真正高明的人，他在讀書的時候，一定要先知道這本書（或經）的關鍵是在說甚麼？能掌握讀書的關鍵，再閱讀細節，看看它是不是究竟高明？這樣的方法則必能事半功倍，增益大進。反觀許多人讀書（或經），一拿到手上就從第一個字讀起，哇啦！哇啦！一直的讀下去。讀完整本書也不知道它究竟是在講甚麼？這就白花時間，也白讀了。

我們在研究一棵松樹時，既然我們要仔細的研究它，那麼，首先我們就要知道這整棵的樹是長成甚麼樣子？它有甚麼用途？這正如我們在讀一本「專業」的書籍，那就先要知道它的論項主題是甚麼？既然是松樹，於是我們的腦子裏面就有了松樹的大致形象，同時也知道它可以做為觀賞與建材等使用。如果已經研究到松樹得病蟲害的問題，而在腦子裏卻從來沒有松樹模樣，那就十分奇怪了。這就是我常說的「見鼻不見臉」。鼻子位於臉部位置最高，我們在看一個人的時候，多是先看那個人的「臉面」，是張三、李四，還是不認識的，其次再看身體其他的部位。大概不會有人，

是先從一個人的鼻子看起，其次再看臉的。

那麼《心經》呢？它究竟是在說甚麼呢？事實上，我們真該要問的是：「《心經》的主旨是什麼呢？」，它是用來唸的？還是用來幫助我們的？對於知識分子而言，我不希望諸位隨著大家的唱合？更不希望因襲仿模古人，雖然抄襲古人的文章不犯法。但是，畢竟是時代不同了，我們生活中的一切都與古人不同了。所謂：「古人不見今月，今月曾照古人」，四十多年前人類就登陸月亮了，有許多太空人實際去過月亮，而且也取回了月亮的土壤，這種感覺當然不是古人可以思維與認知的，也不是古人可以感受的。所以，我常說：

「讀古書要有新思維。」

這才是真道理，否則，若連思想都還停留在古代，那就是食古而不化了，那不就是古人了嗎？

1.10《心經》究竟是用來做甚麼的？

　　若問《心經》究竟是用來做甚麼的？花費了那麼多的時間，它一定是有什麼大功用。是的，《心經》的真正目的是就是從「無我」開始做起，「無我」究竟是什麼含意？

　　在《心經》中，開門見山的第一句：「觀自在菩薩‧行深般若波羅蜜多時‧照見五蘊皆空，度一切苦厄」。這「五蘊皆空」四個字講的就是「無我」。「五蘊」的色、受、想、行、識皆空的話，那不正是「無我」嗎？「無我」是不要我妄、我執、我貪、我癡、我要。忘了這「五我」，剛好也是諧音的「無我」，則必然可以安然而度

一切苦厄。

　　整部《心經》的關鍵字就在「五蘊皆空」這四個字上面，為什麼「五蘊皆空」可以度一切苦厄呢？因為「空」具有包融性、涵養性與化育性來解說的，以其能包融、涵養與化育故而能離苦。現在，我以另一個不同的角度，也就是以「無」的思維來談「度苦解厄」的問題。

　　「無我」的「我」當然還存在的。這是真實，也是事實的。沒有「我」則其他的一切對於「我」而言，是沒有意義的。人生是無價的，諸位一定要記住，而人生的無價就不能沒有「自我」。然而，「無我」這兩個字與「自我」並沒有任何的牴觸。「無我」是將自我相融於萬物之中，也就是把自我與宇宙萬物相融，不要把自我獨立於萬物之外，不要產生「對立面」。重要的是，以「我」來「和樂」自然，則自然就會與「我」相互和樂，能融合宇宙自然，這才是「無我」，也才是人生最大的喜悅，當然也就能度一切苦厄。

1.11 一段屬於未來的閒話

　　有一段閒話，我想說出來給大家聽聽，我常常在想，這個「我」字，實在是宇宙中最奇怪的，也是最特殊的，不只是我而已，每一個人都是如此。但是，究竟甚麼是「我」，這個定義自古以來就沒有人可以說清楚。究竟身體是我？還是頭腦是我？但是頭腦與身體是一體的啊！我們可以沒有手，那還是「我」，可以再沒有腳，缺了手腳那還是我，這個世界上甚至有人換「心」的，那還是我。那如果有一天人類可以換「頭」呢？如果身體都是好好的，而「頭部」更換了其他人的頭，那誰又是誰呢？也許有

人會說，腦袋裏的記憶才是「我」，但是，如果腦子裏的記憶，是可以使用外在的醫學方式變更呢？這種實驗，我相信科學上早已經做了很多了。諸位可能都看過類似的影片，在一間實驗室裏，有非常多的大玻璃筒，裏面裝的都是人類的大腦，其實，只要我們能供應腦子的血液與相關的營養素，就可以讓人類的腦子單獨的活下來。這樣的事情其實還不可怕，但是，我相信這一天早晚會到來，但是，太進步的科學也許是危險的。

晶片植入貓狗體內已經實施很久了，而將電腦晶片與人體的大腦結合，那幾乎是未來的必然。電腦晶片有兩個項目是他的強項，而他的兩個強項卻正是人類的最弱。其一是計算能力，人類的計算能力那完全是不能跟電腦比的，電腦算一秒鐘的數學，以人類的能力，可能要算上一年，甚至算錯或是算不出來。其二是記憶能力，有誰敢站出來跟電腦比記憶的？他一秒鐘可以存取幾十億的字，你呢？所以，將人腦植入晶片結合電腦的威力，那將是所向無敵的，也是威力無比的。

美國的國防部在前些日子宣布，他們的未來戰士將是賽博格（Cyborg）即是機械化有機體。英文「Cyborg」是「Cybernetic Organism」的結合，「Cybernetic」這個字是「人工頭腦學」，「Organism」是有機體的意思。所以，「Cybernetic Organism」就是將有機體與人工頭腦結合為一，故稱之為「賽博格」。實際上，它是表示了任何混合了有機體與電子機器的生物，他是一個生物，但是，他可以用無機物所構成的機器，做為身體的一部分有機體。這樣的做法，其目的就是藉由人工科技來增加或強化生物體的能力。俗稱有生化人等。這種人類經過強化之後，能夠在地球及地球以

外的環境中生存。事實上，這種日子已在科學上發展了一對時間，相信也是一定會來臨的。「人」的能力越來越強大，而定義卻越來越模糊了。人類未來的世界，已越來越不可以想像了。也逐漸的會印證了我所說的：

「機器越來越像人，而人越來越像機器」了…

2

心經的啟蒙

2.1 有情的宗教

佛教是一個有情的宗教,所以「菩薩」又稱之為「覺有情」,諸位應該知道,菩薩不是神,而是我們眾生中的一分子,只不過是菩薩覺悟得早,並能自悟而悟人,所以我們稱他為「菩薩」。菩薩的全名是為「菩提薩埵(Bodhisattva)」,這是直接翻譯過來的名稱,我們常常掛在嘴上的「菩薩」只是一種簡稱。這種的簡稱方式在我們的日常生活中是很常見的,我們常稱呼他人為張兄、王兄、李兄,要注意的是,這裏的「兄」字並不代表是年長或年紀大的意思,而是一種尊稱。

孫中山先生在革命時期很喜歡寫字送給他的好友,甚至是慕名而來的他都一概不拒。諸如各位常常看到掛在大廳中堂上的「博愛」、「天下為公」等字跡各處都有。有一次他正在寫字的時候,長子孫科先生來到了旁邊,於是就看著他父親寫字,一

般人提字的習慣是先寫字句，然後才提名，最後才是落款。而當孫中山先生寫完「天下為公」，正在提名的時候，孫科先生發現他父親竟然稱呼對方為兄，那個人孫科先生是認識的，但是他的年紀要比他父親小很多，於是他就問他父親：「那人的年紀比父親您小很多，為甚麼您要稱呼他為兄呢？」孫中山先生望著他的長子，並沒有直接的回答他的問題，只是淡淡的說道：「你要多讀書！」

當時孫科先生並沒有能夠體會他父親的意思，並認為他所想的並沒有錯，「兄」的意思不就是年長嗎？而「弟」不就是年幼嗎？否則為甚麼要區分「兄」與「弟」呢？後來，經過多方的請教，才知道中國字的用法，並不一定可以直接的從文字表面上直接做解釋的，一個字常常會有許多用途，也常常會用在許多不同的地方，而它的意義也不盡相同，甚至相差甚遠。孫科先生當年是留美的，在年輕的時候對於中華文化的博大深遠領悟尚淺，所以，他父親才會要他多讀點書就是這個道理。

剛才說了，佛教是「有情」的宗教，也是以有情眾生為中心的宗教，所以，佛教的所有理論都是在以有情眾生為中心而拓展開來的。對於有情的眾生的問題，佛教的理論認為所有眾生其生命的流轉，根本的因由則都是自我所造成的，而且也絕不是單一的因素所能夠形成的，而是有眾多的「因緣」相互對待而生而起。這宇宙中沒有單獨可以成立的事與物，即使是為他人鼓掌，也必須是用兩隻手掌，這就是孤掌難鳴的意思。至於我們的生命或身體而言，那就更不必說了，沒有人可以自己生出自己來。至於對那些看不到的「事情」而言，依然必須是要有對象才會有事情，沒有對

象哪來的事情？也許有人說：「我自己覺得悶熱而不舒服，難道這跟別人有關嗎？也有什麼對象嗎？」當然，你自己覺得悶熱，跟別人可能無關，但是卻跟好幾個「對象」有關。所以造成你悶熱的對象有溫度、濕度、氣壓、風向等等，這些都是造成你悶熱的對象，如何能說沒有對象呢？所以，因緣相待而起、而生是宇宙中一切生滅的肇造因由。

佛陀在菩提樹下悟道的時候說道：

「又復此生，不從天生，不從自生，非無緣生，從因緣生。」

這真是不可思議。想想看，我們的這一生，在這宇宙億萬年的時空裏面，我們只來在這微小幾無的一瞬間。雖然，比起宇宙來，即使是如此的微小而不足道，然而，這一切卻也不是天生的，我們的出生並不是由老天爺做主而生下來的。故而，不從天生。我們當然也沒有能力可以自生，沒有父母如何自生？我們不可能自生，當然就需要外界的諸多條件的協同、配合與幫助，也就是說，若是沒有外界的這些原生，我們同樣的是不可能生存與存在的。當然，我們一個人的出生，其實是完全的取決於「因緣」。我常常的在想一個問題，我們每一個人的出生，其因緣條件的聚合，簡直是到了匪夷所思得不可思議的程度。事實上，可能還不只如此，如果用數學上機率（Probability）的理論來算，它的機率值簡直就是等於「零」，但是，我們畢竟還是「來」了。

讓我們略為精細與真實的思考一下，人類是由受精卵的胚胎所發育而成。男性的精子是人體中最小的細胞，形狀像一隻小蝌蚪，總長度約為 50

微米（Micrometer.μm），其頭部的細胞核攜有遺傳基因，中段則含有大量的線粒體以提供運動的能量，而其尾部則具有實際運動之功能，能使精子向前游動。男性一次正常的精液中，其精子的個數大約有 5 億個之多。簡單的說，我們每個人出生的機率是五億分之一。也就是說，在父親的因素裏，一次的機緣而生下「我」的機率是五億分之一，其他的精子都不是「我」。這個機率值事實上已經比世界上任何彩券之特獎的中獎機率都要低得多很多，然而，這才算到父親的因緣裏而已。而父親的出生則又必須追溯到上一輩，也就是祖父輩。所以，不要小看這個「我」，承接自祖父而來的機率則是「五億分之一的五億分之一」，也就是二十五億億分之一。

如果我們再多算一代上去，也就是到了曾祖父輩，那我們每一「我」能夠出生的機率是「一百二十五億億億分之一」。諸位，您真應該仔細的體認一下，這才計算到上三代而已，則您這個「我」能夠出現在這裏的機率那就不是天文數字而已了。而如果真的要認真一點的算上一十八代的話，那恐怕連現代最新的超級電腦都要算得冒煙了。這個是您這個「我」能夠誕生的「數值機率」而已。為甚麼這麼說呢？因為，我還沒有將「時間」因素算進去。如果要再考慮不同時間受孕的因素的話，那只能用「因緣」或「機緣」來說了，而不是「機率值」的問題了，那是所有的數學都算不出來的。所以我說，我們每一個人的出現，只能用一句話說，那就是

「不可思議中的不可思議的不可思議。」

所以，從上述的有情生命的生命流轉來看，乃至於擴大到宇宙萬有，這所有一切的一切，其生起、存在與消逝，也都是依靠無數的因緣而產生

2.2 諸法因緣生

那麼,「諸法因緣生」與「諸法因緣滅」究竟是什麼意思?這「諸法」則是泛指一切的萬法。那麼甚麼又是「法」呢?在佛經中的「法」在梵語中又稱之為「達磨(Dharma)」。它有狹義的解釋與廣義的道理。在《唯識論》中說道:「法謂軌持。」這個意思就很明顯了,能夠跟著軌道持久而行的就是「法」。簡單的說,就是一切事物遵行的規則,也是萬事萬物在大自然及宇宙中的運行之道。

「諸法因緣生,諸法因緣滅」這幾個字將宇宙人生的真相講到了極處,諸位一定要從這些地方去體會所有的宇宙人生。「諸法」也就是宇宙中一切的事物,唯從因緣而生,也必以因緣而滅。一切世間的現象都是生而滅、滅而生的循環不已。整個宇宙時空在表面上看起來似乎是沒有什麼變動,但事實上,卻是生滅不已的,

片刻也不停留。這「諸法」的生滅並不是只有事與物，「情境」也同樣具有生滅的現象，當各項的因由都匯聚齊了，同樣的就產生了特殊的情境。「因緣」聚集則帶來了生，「因緣」離散則帶來了滅，這是宇宙大自然的偉大而不是殘酷。所以，我們不用為這樣的生滅的現象而感到悲傷或痛苦。更重要的是不要去抵抗這自然的生滅的現象，能懂得這「諸法因緣生，諸法因緣滅」的自然法則，也才能真正從生滅的狀態中提升自我，昇華秉性。

　　這是宇宙大自然的偉大，但絕不是殘酷而無情。若非如此，地球上早就沒有任何生物可以生存了。為甚麼是如此說法？就以地球上的「水」資源而言，它就一直的在地球上生滅之間循環著，我常說：

　「我們所喝的每一口水，古人都曾經喝過。」

　　地球上的水就那麼多，不會多，也不會少。我們每天喝進多少水，也排出多少水，當我們去世之後，還是要將每一滴水都還給地球，讓後人可以繼續的使用。人類的個體會死亡，這是諸法因緣滅，但個體的死亡卻讓整個人類得以繼續的綿延，這是諸法因緣生。滅滅不已，也生生不息，這也就是輪迴的道理所在。

2.3「心」的象形意義

　　「心」這個字啊！諸位可能不知道，它是這個世界上人類所能創造的文字中，不但是極為具有象形的文字，而且也是含意最深遠的一個文字。諸位看看，這「心」字在下方的一個勾勒，就這麼的一個勾勒代表的是我們身體內部的心臟的本體。而這一勾勒的上面的三個點，代表的正是我們心臟最上方的三條主動脈（Aorta），這是供應我們全身血液的輸送大血管。所以，在象形上面來說它以最簡單的四個筆劃就完成了一個極為複雜的象形字體，真是了不起的創作。

　　然而，若是看得再深入一點仍然是一脈相通的。就心臟的本體而言，它的本身也有三條冠狀動脈（Coronaryartery），這是專門負責供應心臟的本體所使用之血液的動脈，它纏繞著整顆心臟。每當秋天來臨的時候，常聽到有許多的人會心臟病發作，這就與冠狀動脈有很大的關係了。諸位也許常會聽到有人突然心肌梗塞，很快的就過世了，這常常就是

冠狀動脈阻塞的結果。大部分的人可能不知道冠狀動脈的粗細或大小，而總以為有一個小指頭那麼粗吧！其實，冠狀動脈的粗細只有一般的牙籤那麼粗細大小，大約只有 2.0mm 那麼大小。所以，當血液濃稠的時候，很容易的會在這麼細的冠狀動脈上產生了沉積，也因而造成了阻塞的現象，冠狀動脈的阻塞直接的造成了心臟的缺氧而壞死。諸位看看，就結構上而言，這個「心」字即使是在象形上，是多麼的有意思而有智慧的。

　　雖然，僅僅在文字象形上的意義就是如此的有趣，但是，這個字的真正「智慧」的所在，卻不是如此簡單的事，而是這個字在使用的層面與表達上，自古以來就是充滿著至高無上的智慧。自古以來，「心」的用法如神似化，所以，自古以來從來就沒有人可以定義這個「心」字。它可以是「思維」，我們常講心思、心想。我們講一個人「飽食終日，無所用心」，說的是這個人除了吃飯以外，對於其他事情都不用思想。「心」可以是「感情」，當我們說一個人「變心了」，指的是他的感情改變了，原先對妳很好，然而現在卻是躲著妳而跟別人在一起，我們說它是「變心」，這是他對妳的感情改變了。但是，在這裏我要特別地提出來說明一下。當妳發現妳心愛的男友變心了，請妳不要太悲傷，更不要痛心。

　　在這裏我們可以看到「心」在「情感」上的作用，「痛心」指的是情感受到了傷害。剛剛我說了，當妳發現了男友變心了，請妳不要悲傷，更不要痛心。也許這樣會有人說，這豈不是連自己都變得沒有感情了。事實不然，「感情」是會隨著「心」而改變的，雖然「感情」也是「心」。所以也可以說：「『心』是會隨著『心』而改變的」，這句話說起來有一點玄，

但就語意上細細的想一想就能通了。前面的「心」是過去的「心」，而後面的「心」則是現在與未來的「心」。諸位想一想，您小時候的「心」，不論是思維或情感，能與現在相同嗎？都沒有改變嗎？當然不是，否則那您就是沒有長大了，還停留在小時候，如果有人說妳還停留在小時候的思維，那是一種罵人的詞句，而不是讚美。那麼，我為甚麼要說當對方「變心」而我們卻不必傷心呢？這是就「道理」的層面而言。人生必就是要跟著道理走，而不是全由著情感從事。依照「道」與「理」去走，可以解決萬般的事情。有「道」則可以有所依循，有「理」則可以面對天下。如果妳遇上的男友變心了，這時候不但不需要傷心，反而應該慶幸才是。為甚麼呢？這道理其實很簡單，他在是妳男朋友的時候就可以變心，那麼我可以保證，將來在結婚之後，那就不只會變心而已，而其所帶來的傷害，常常會是永世的。想一想看，如果及早就發現他是一個見異思遷，見一個愛一個這樣的人，而能夠及早的遠離他，避免往後受到難以彌補的傷害，您說這不但是不應該傷心，其實妳應該感到慶幸才是。

當然，「心」這個字除了可以代表上述的思維與情感外，當然，還有許許多多的其他用法。諸如我們說某人讀書「不用心」，那是在說他讀書「不認真」的意思。而我們說請「小心」，這個「小心」當

外國人在翻譯的時候，如果沒有當地深入的文化思想與素養，而翻譯成「心臟狹小」那就差得十萬八千里啦！有關「心」這個字的用法，可以告訴諸位的是，它有一百多種不同的用詞，您說這偉大不偉大。

　　現在就讓我們脫離「形象」與「物象」的用法，而進入更高的「意識」與「思維」的表達方式。這一點就學佛的人而言，同樣的是要相當留意的。這是因為涉及在佛教中的最根基的理論「空」字是如出一轍的。許多的人在「空」這個字上想到的還停留在「形象」與「物象」的用法上，事實上，「空」這個字用在「意識」與「思維」的境界時，有着極為高深的理論與「思想」。「思維」與「思想」是不同的，「思想」多是指一個人所持有的精神活動現象，它可以將外在的現象或概念，經由記憶、分析、判斷、推理、結論與記錄或著述等步驟，而認識到現象與活動的知識。「思維」的本質大多是以個人為基礎，而對於人、事、物或語言及文字的一些想法而已。但是，「思想」則是指「思維」所得到的，而且具有整體結論與貢獻的思維。所以，它不是片段的，也不是短暫的。而是具有集體成效而成為一個系統的。所以，我們稱孔子思想、老子思想，但卻不可以說孔子思維或老子思維。

2.4 心能生因緣

　　《心經》是大乘佛教的佛經之一，是佛經的要義所在，也是佛家最「核心」思想，《心經》中的「心」字有兩種涵義在內，而這兩個涵義事實上是可以合而為一來說。這個「心」字是「中心」的意思，但也是「精髓」的意思。佛陀在世說法四十九年，但佛說「般若」就用了二十二年之多。也就是說，佛陀用了一半的時間是在說「般若」，由此可見「般若」在佛教所佔的重要性與深遠性了。所以說，「般若」實際上就是佛教的中心思想。《大般若經》共有六百卷之多，實非一般人可以終生誦讀的完。那麼，這《大般若經》的「「精髓」思想是甚麼呢？可不可以將《大般若經》的精髓集中在一本經上面，讓人們可以日日背誦、時時朗誦的呢？

　　於是這個重要的思想觀念就落在《心經》上面了。《心經》只有短短的二百六十個字，文辭雖短，但是它卻如同是整個「般若」中的「心」，這個「心」就是中心，就是精髓的意思。這正如我們每一個人一般，我們用什麼來代表自己呢？當然，唯一能代表自己的，就是一個人的「心」。所以，我們也可以說，「大乘佛法」是全部佛教的核心，「般若」則又是大乘佛法的核心，而《心經》是般若經典的核心。所以，我們可以說，《心經》是佛法核心中的核心。

　　整個佛法的立基是建立在這個「空」字上面，而「空」的原創意義就是起自於「因緣論」。正如佛陀所言：「不從天生，不從自生，非無緣生，從因緣生。」這就是所謂的「緣起論」。那麼，如果進一步的問道：「緣何而起？」也就是說，「緣」是從哪裏「來」的呢？是從哪裏「起」的呢？這的確是一個大學問。常有人說「緣起」這兩個字，讓人以為「緣」的本身就是「起」的根由。事實上，這樣的想法並不正確的。「緣」是「攀緣」，是一種「助」因，而不是「主」因。這主要的與次要的不可以倒置了。正如有一堆放置在地上的木材堆，它就是放置在地上，沒有任何事情會發生。它可以堆在地上許多年，逐漸的風化而朽腐。但是，當它遇到了火柴去點火的時候，這堆木材於是開始著火燒起來了。木材是因，而火柴是助緣，「因緣」相合所以這堆木材著火燒起來了。而如果將「因」與「緣」分開來，

或是兩者沒有相遇，則「因緣」未具，則事不成。

「緣」也是「由藉」的意思。由於各種緣別之不同，佛家又將「緣」細分為四：一者因緣，二者次第緣，三者緣緣，四者是增上緣。深入的說，「因緣」是以「六根」為因，所謂「六根」就是眼、耳、鼻、舌、身、意這六種感官。而以「六塵」的色、聲、香、味、觸、法為緣。就如同眼根對於色塵時，這因緣相合則心識隨即而生，其餘者亦然，這是因緣。「次第緣」是在說我們的「心」所顯現的一切心性與行為，在我們的生活中，無時無刻不在進行，心裏面在想事情，而事情隨著時間又回到心上，而緣則又相續而起延續不斷，這是「次第緣」。而更深入的一層則是能夠依緣而緣，什麼是依緣而緣？那就是在「緣」裏面還有另一層的緣，也就是俗云所謂的親上加親，這是「緣緣」。我們的「六根」可以單一為之，也就是在「眼」為「識」的時候，「舌」未必用的上，「鼻」也未必用的上。這「六根」與「六塵」可以單獨對應而識。但是，卻也可以一個以上的「多根對應多塵」，這時候的「緣」識皆能相互增益，是為「增上緣」。

事實上，諸位見識到了這麼多的「緣」，歸而納之，還是必須回到一個「心」的問題上面。所謂「無心對面不相識」。人的一切作用皆是在於心，古語說得好：「人者心之器」，只要我們有心，只要我們的心常在，只要我們的心永不氣餒，則「緣」終究會相遇。所以，我們真正重要的是我們的這顆「心」，因為「心」能生因緣。

2.5 心經的要旨

　　其實啊！《心經》不是要給那些閒適的人把玩唱頌的，真正需要《心經》的人是現代化的人們，如螻蟻般在工作的年輕人們。十八世紀工業革命的時候，人們認為機器可以取代大量的人力與時間，許多事情既然可以由機器去做，所以人們就可以有更多的時間去休閒遊樂。這種說法看起來的確是非常有理，諸位能說出這樣的工業革命思想能有錯嗎？機器能做的是越多，生產的越多，則人們就可以做的更少，獲得得更多，於是可供休閒娛樂的時間也就越多了。

　　上述的說法是屬於「教條主義」的說詞，一般人只能按照教條所提供的敘述去想像，而結論當然就是他們所要的結論，當然也就認為這樣的安排是當然，也是對的。但是，事實上，這百年來人類驗證的卻完全不是那樣的美好。上述的理論有一個盲點，那就是：誰來伺候那些龐大的生產機器？誰來生產那些龐大的機器？而這一切最後還是回到了「人」自己的身上。

　　就以近代的電腦（Computer）來說好了，我還記得小時候沒有電腦的時候，放了學之後就在原野樹林之中玩樂，每當有節慶的時候，大家的心裏都非常的興高采烈，而節慶的晚會更是孩童中夢寐中的歡喜。每天在

大自然的懷裏，有說不完的故事。但是，短短的三、四十年之間，個人電腦（Personal Computer. PC）幾乎普及到了每一個人的生活之中，也進入到了每一個人的生命裏面。剛開始的時候，個人電腦的「系統時脈（System Clock）」是 1Mhz，也就是系統所使用的脈衝為每秒一百萬次，所謂「系統時脈」的全名是「系統時序脈衝」。我們都知道，電腦是依靠 0 與 1 在運作的機器，脈衝波高的位置將被識別為 1，而相對於低的位置則被識別為 0。1Mhz 是 1Mega（百萬）Hz（周次）的意思，也就是每一秒中提供給電腦的「中央處理單元 .（Central Processing Unit. CPU）」一百萬個脈衝波。以平均每四個脈衝可以完成一個指令（Instruction），那麼一百萬個脈衝波每秒約可以完成 25 萬個指令。在當時已經覺得很神奇，太快了。時至今日，一般個人電腦的「時脈」多為 4Ghz($4*10^9$Hz)，也就是說，個人電腦的「時脈」達到了 40 億周次 / 每秒，比以前的快了四千倍。既然電腦可以做的是比以前的快了那麼多，那麼，我們是不是可以更輕鬆了呢？答案相信諸位是知道的，是否定的。結論是：

「機器越來越像人，人卻越來越像機器。」

這就會出問題了。

有一次我坐木柵捷運到臺北市區去，車廂內只有兩三位乘客，但是到了中途的一站，上來了十一位中學生，但是，緊接著我卻發現有其中的九位學生低著頭在玩手機，從上車一直到下車為止，都沒有抬起過頭來，這也就是所謂標準的「低頭族」。年輕的一代迷失在電腦裏，迷失在手機裏，迷失在機器的叢林裏。機器的特質越來越多，而身為「人類」的特質卻越

來越少，這是時代的必然，也是時代的悲劇。看看現在社會上「失心」的現象，希望年輕人能多讀一些《心經》，它可以讓我們在百忙之中找回自我，在機器中找回了自己的「心」。《心經》是佛學最高的宇宙觀。它沒有宗教色彩，任何人士均可誦讀，體悟這其中至深的智慧。

《心經》所說的心，當然不是心臟，而是一種比擬，「心」是一身之主宰，也是人的生命之本，人類存在的本源。古人甚至認為「心」是通「靈」的，所以又常稱之為「心靈」。時至今日，我們知道「心」只是一個循環器官而已，心臟是可以更換移植的，在 1967 年 12 月 2 日巴納德（Christiaan Barnard）完成了全世界歷史上的第一例人類心臟移植手術。所以，以近代的話說，「心」就是智慧的意思。所以，也就是說，用「心」來代表「智慧」是更恰當的。那麼《心經》這兩個字所代表的就是「智慧的經典」。

《心經》簡單的說就是一部「智慧的經典」，學佛如果沒有這部《心經》其實很難入門！所以這部《心經》是最精要的，也是最密切的。所以說，佛學之中，《心經》如果通達，千經萬卷都能通達。也因此，對於佛理而言，《心經》可以說是最明白，最圓徹的。事實上，從「五蘊」開始，如果沒建立正確的立基，踏到五蘊這塊踏腳石上，任你看多少經典，其實都還是門外漢。

《心經》是「智慧的經典」，那麼它究竟是在哪一方面的智慧稱著呢？事實上，《心經》是科學性的，它不但是深入人性的，而且是具有極為深奧的科學性的。「五蘊」是人世間的大智慧，而「色」與「空」則是屬於

宇宙天地的大智慧。因此，諸位如果能夠善自的修習並能深自的體悟，終能逐漸的身感心同，則必能增益自我內心中深層的智慧，而福慧無比。

3

心經的超越思維

3.1 大哉問

　　美國發射好奇者號太空船登陸火星成功，它是由一群年輕的科學家所設計的，當第一張照片傳送回來的時候，我並沒有像電視畫面中的人們高興的跳躍。相反的，我反過來想到的是我們「佛學」上的問題。事實上，我在一些最具名聲的現代佛教的相關辭典或辭彙中，是找不到「佛學」這兩個字的。不知道這是不是在說「佛教」不是一門學問，也不可以當作「學問」來研究。是「學問」就必須接受質疑，是「學問」就必須接受挑戰。那麼，這是不是意味著佛教需死守在兩千五百年前的經典之中，而不接受「質疑」，也不接受「挑戰」，也不在意這個世界在思想及文明上的快速進步呢？

同樣的，許多人談到「五蘊皆空」，就搬出了典籍來論述，而依古人與前人定義，認為「五蘊本無實性，當體即空，故謂五蘊皆空。」這十六個字還真有意思，因為，短短的十六個字中，卻說了：「無實性」、「即空」與「皆空」這七個有關「無」與「空」相關連的辭彙。也就是說，在解釋這「五蘊」的十六個字語中，有一半以上是在說「無」說「空」的。這豈不是把「五蘊」說成不存在的東西。因為這其中不都是在說一些「無」與「空」嗎？既然都是「無」或「空」的，我們又何必去理會這件事，更不需要去研究它了。更需要一提的是，這十六個字的內涵，相信是很少人能夠立即看得懂的，尤其是現代的年輕人。事實上，這「五蘊皆空」是了不起的偉大，但重點是「要有人能夠把它說通」，讓別人可以真正的體悟這番大道理，這是需要脫離古籍而能大道通達得教化所有的人，那才是真工夫真學問。只要是「學問」，就必須接受「疑問」，而解答疑問則不是僅要有文學素養就可以的，它還必須有相當的科學素養才可以行得通，所以，這是大哉問。

3.2 變異的時空

　　生命在時光之中不斷的流逝，時間對所有的人類而言，是共同的一種急迫，時間的快速流動也是每一個人的共識。若是說，如何能「感覺」出時間的流動？人類唯一的感覺就是來自於地球的物換星移、日落日出、歲月的更替，由年輕而衰老，感覺到的是時間使我們迅速的老去。如果沒有相對的比較，那麼人類如何用自己的感官去感覺到「時間」呢？即使是在極度安靜的靜坐之中，有誰可以感覺得到「時間」在流逝之中嗎？「時間」的流逝是不可感的。但是，也是可感的。這有矛盾嗎？當然沒有。

　　時間「不可感」的原因是因為單憑我們人體的感官，當然是無法感知時間的，不必說很快的速度了，16 分之 1 秒的速度變化，我們的眼睛就產生了「視覺暫留」，分不清「點」與「線」了。我們每天所看的電視機，它的畫面是以 30 分之 1 秒的速度在變化，也就是說，每一秒鐘呈現 30 張影像給我們看，就讓我們大家就看得忘了東南西北，而以為身歷其境了。對於時間的感覺需要相

對的「現象」存在，才可以讓我們人體感覺得到它的變化。清澈的河流，流水潺潺，那是因為河岸對於流水而言是靜止的。同樣在河水中並行的兩艘船，彼此之間的感覺是靜止的，可以相互之間彼此敬酒遞食。「光」是宇宙中最不可思議的，它的前進不需要相對的比較，它是目前為止人類在宇宙中所知唯一的絕對。光速是每秒 30 萬公里。若是一艘太空船以每秒 29 萬公里前進的時候，有一道光線通過他前面，以我們人類的認知，那太空船所看到的光線速度應該是每秒 1 萬公里而已。事實不然，既使是太空船是以每秒 29 萬公里在前進，他所看到通過他前面的光線的速度，仍然是每秒 30 萬公里超越它。人類所有的知識都告訴我們，速度是向量，而向量是可以也是必須相加的。但是，「光」並不遵守這項規則，它是絕對的。

如果光速在任何狀況之下它都是一個絕對值，不論相對於其他任何運動速度的物體是如此，那麼只有一個結論了。那就是在光速不變的情況下，「空間」變化了。「時間」會流動是人類的共識，也是常識。那麼「空間」則應該是靜止的吧！事實不然，《廣義相對論》的重點就是在論述「空間」的變異狀況，也就是說，空間也是會運動的，更是會變異的。我們一般之所以認為「空間」不會變化是取決於「兩點」之間的距離，固定的兩個點，如果沒有其他因素，它們之間的距離似乎是永遠不會改變。如今《廣義相對論》則是在告訴我們，「空間」的變異會使兩點之間的距離發生變化。也許在野外散步的時候，你看到老張正在前面不遠，約五分鐘腳程的地方，於是喊道：「老張啊！等我一下，我們一起走吧！」而老張也看到了你，

於是站立下來等你，然而，你卻花了五小時才走到。這是「空間」的變異。這宇宙中，如果連「時間」與「空間」都會變異，那不是「無常」是什麼？這就是「空」的真諦所在，也是經得起科學的考驗。這種「空」的思維，真的確是非常偉大的思想。

3.3 新時代的性向思維

　　若問一部如此偉大的《心經》，它究竟是在談甚麼？它究竟是要解決人們的甚麼問題？大部分的人會回答道：

　　「《心經》」當然談的是『心』的問題，它要解決人們的也是人們『心』裏面的問題。而『心』則是包含了人類萬物與萬象與一切之所在。」

　　如果《心經》談的是人們『心』的問題。如此則我要問：

　　「那麼《金剛經》談的又是甚麼呢？」

在《金剛經》一開始的時候長老須菩提就問佛陀：

「世尊！善男子、善女人，發阿耨多羅三藐三菩提心，應云何住？云何降伏其心？」

從這一開始的第一句話中我們就可以直接的看得出來，《金剛經》是在談該如何降伏我們的「心」？而我們的心該如何「住」？這真是另一個大哉問！

所以，真正在教導我們如何「住」於心，要如何降服我們心的是《金剛經》。而《心經》則是在談比「心」層級更高的，所以，真正能讀《心經》的人，他的層級在各方面都是要高一層的。諸位當然可以想得到，「空」的層面涵蓋到了整個宇宙人生，當然要比單純的「心」的問題來的博大深遠。整部《心經》精簡到沒有一個贅字，也就是說在《心經》裏面，沒有一個字是多餘的，沒有任何人可以刪減其中任何一個字而意義不變的。也因為如此，《心經》在一開始就直接的切入主題，所以，諸位也才會在一開始就面臨到「五蘊皆空」、「色不異空，空不異色，色即是空，空即是色」、「諸法空相」等問題。但是，不論是《金剛經》或是《心經》都是佛教在目前人世間流傳得最深遠的佛經。當然，我們首先要知道的是《心經》這兩百六十個字是在說甚麼呢？也許，少有人會對《心經》提出如此的直接而開門見山式這種基本架構式的問題，但這卻是真正學問的基礎所在。

對於生命的表現與心態狀況，長年以來，一直是我內心中所深自思索

與多方感悟的，也大量的閱讀書籍。我喜愛天文，也潛水入海，精通專業，也欣賞書法與文學。然而，在尋它千百次裏，卻在《心經》之中找到了我的心影，讓我深深的喜愛，越久而彌新著。《心經》是超越的，不只是超越鬼神意識，甚至超越「出世間」與「上上禪」的認知。對於鬼神的問題，許多世人都誤以為佛教也是拜鬼神的。事實上，佛教絕對不是「神教」。佛教信奉的就是「佛」，而不是任何的鬼與神，佛教不拜鬼神的。「佛」就是「覺者」的意思，自覺而覺他，覺行圓滿故稱之為「佛」。佛陀在世時對弟子們說法，一再的告誡他的弟子們：

「不得伺鬼神，不得視吉良日，不得卜問請祟、符咒厭怪。」

這是佛陀一再告誡弟子們的。那麼，請問，這些事情哪一點跟鬼神巫卜沾得上邊？所以我要說，凡是我佛弟子講經說法只要沾上鬼神巫卜這些事情，就是巫道、就是邪教，應當要即時遠離才是。我剛剛說，《心經》是超越的，在《心經》的兩百六十個字整個經文中，絕沒有一個字是提到任何鬼神的事情，它的格局橫跨寰宇，遍及宇宙，真是大哉之學問。

3.4 心經是偉大的

《心經》的偉大是在於它的思想是超越「時間」與「空間」的。而有關於「時間」與「空間」的本質問題，相信一般人多少都會去「想」到它，因為，在這個宇宙中，我們除了自己身邊的事物之外，人類真正最感興趣的就是呈現在我們面前的「時間」與「空間」了。它可以引申我們這個世界上所有一切的事物，而所有一切的事物也全都包含在這「時間」與「空間」的領域裏面。甚至包含了我們人類的「幻想」與思想在內。

「幻想」並不是一個壞名詞，事實上，在整個地球一切的生命系統裏面，也只有人類具有「幻想」的能力。所以才有那麼多的有志之士與科學家們，日夜的將「幻想」變為真實而努力，才造成了人類在地球，甚至是在地球之外的星球，有了今日相當的成就。於 2011 年 11 月 26 日，美國花費了 25 億美金的「好奇者號 (Curiosity)」太空船升空，飛行了將近九個月，終於在 2012 年 08 月 06 日降落了火星。「夢想」與「幻想」是一樣的，

不必把它們視為洪水猛獸，愛因斯坦曾說：「人類因有夢想而偉大。」其實，人類因為有了「夢想」，才多了一分好奇與浪漫。而好奇與浪漫不也是人類最可貴的地方嗎？青山綠水固然是好，但是，我們也不能完全離開人群而獨自存在。

不要以為學佛的人都必須經過枯燈獨坐苦修的工夫，真正的修養其實是可以活絡的，修行者的身心是不可以遠離人世間的，人生本來就是活在這個人世間裏面，本來就在這萬丈紅塵之中。自己一個人躲到深山獨居，自謂是「修行」，其實還是離不開衣食住行與生活起居，他能夠吃昆蟲充飢嗎？他能夠穿獸皮而避寒嗎？他能夠自己蓋一棟避風避雨而又避寒的房屋嗎？答案是，都不行。而這一切也還都需要別人的供養。所謂「大隱隱於市」，所有的「修行」就從人世間做起。什麼叫「修行」？「修行」就是修治涵養人生的智慧、品格與德行。而這些都是離不開人世間的。

依循或沿襲於古籍來詮釋佛典，這樣的說法自古已經流傳很長遠的時日了，而且似乎還要如此的一直流傳下去。但是，在這個民智已開的時代裏，新的知識與科學認知，已逐漸的成為「近代知識分子」的智能基礎。諸位應該知道，對於同樣一個現象之發生與解釋，或是對於同樣的一件事情的看法，古代與現代當然會產生極大的區別與差異。古人不知有「電」的現象，故而遇到閃電打雷就說是雷公與雷母在施威。古人對於「颱風」不可預測，故而只能乞求上蒼憐憫。現代的人類對於「颱風」可以預測，不再乞求上蒼的憐憫，而是希望氣象局可以預測的準一點。

　　所以，對於各種現象的解釋，全然這樣的依循或沿襲於古籍，是不究竟的。所謂「不究竟」就是「沒有窮盡、推求到完全明白」的意思。依循或沿襲於古籍並沒有說一定是錯，但需要的是能真正的說出一個究竟或道理來。在面對一個快速而且全新的智慧時代裏，這樣的「不究竟」說詞，對於近代知識分子而言，是肯定會受到質疑的，也是不具有說服力的。因為，我們可以發現許多的道理上並不充足，也不具說服力，更不具證據力。一個沒有充分的道理，沒有證據，也不具說服力，更重要的是存在著相當大的時代差異性的事物。如此，我則要問，人們該憑甚麼能夠去相信它呢？除非在根本上就是一種迷信。

　　自人類進入二十一世紀以來，其實，我們應該更有時間去思索一些有關生命及宇宙的一些問題。生命是我們的自身本體，是不可思議的奇蹟，而宇宙則是我們賴以生存的時間與空間。事實上，現代一般的人們實際上的生活，已經有許多脫離了近代的科學的基本認知，更該關心的是，這些基本的科學知識並沒有受到太多大眾化普遍的認知與相對的重視。在這上一世紀的末期至本二十一世紀的初期之間，短短的二十年間，人類享受了史無前例由科技所帶來的一切便捷與美好的益處。在這個時期的世界中，尤其是年輕一代新人類，似乎是盡情的正在揮灑著科技所帶來一切的成果與「神奇」。我用了「神奇」這兩個字來形容這個新世代的世界，相信諸位是可以感受得出來，也並不為過的，也沒有任何誇張的情緒。就以現在生活中不可或缺的手機（Cellphone）而言，看一看現代年輕人，人手一支現代化的手機，正確的說，不單單是現代化的手機，而是最新型與最好款式

的手機。它似乎填充了人類許多空虛的心靈。它不但有最新的款式，也提供了各項的視覺與聽覺之聲色之大成。手機的成就的確是科技上一項了不起的成就，它所提供給人類的服務，也是無遠弗屆的，未來的人類，沒有一個人可以脫離它的掌握。當然，我們於是見識到了年輕的世代開始變成了「低頭族」。這樣的一項電子產品，在生活上它甚至已經是許多人幾乎是不可一日或缺的了。我問過許多的年輕人，如果忍耐一個禮拜而完全不用手機，那會如何？他們的回答是：「可以一個禮拜沒有親人，但卻不可能一個禮拜沒有手機。」科技正在大量的改變人們的生活習慣與習性，而人們的心靈卻越來越空虛。

手機是一項綜合性的電子產品，也是集諸多先進科技的大成。但是，我要強調與提醒諸位的是，對於這一項人人都不可或缺，人人都要隨身攜帶的科技產品，真正能略為懂得電磁通訊原理的人其實很少。這說明了一項事實，那就是對於科學上的知識，大家似乎都並不在意，更不要說是略為深入一點的了解它，尤其是在專業一點的新知了。當然，這並不能全然的歸咎於使用者個人的身上以考試為主的教育，不考的當然就不會去讀它了。所以，大家也只是都能在「玩」手機而已。問題是，你能玩得過機器嗎？而最後被玩成白癡的是人，而「電腦」則越來越像神。

3.5 我思故我在

　　法國哲學家「笛卡兒（René descartes，1596-1650）」被認為是西方現代哲學的奠基人，他曾專心致力於哲學研究，並逐漸形成自己的思想。他發表了多部重要的文集，如《方法論（Methodology）》、《形上學的沉思》（Mé ditations métaphysiques）和《哲學原理》（Les Principes Dela Philosophie）等。在哲學上，笛卡兒認為，人類應該可以使用數學的方法，也就是理性的思維，來進行哲學思考。他相信，理性比感官的感受更可靠。

他也舉出了一個例子說：「在我們做夢時，我們以為自己身在一個真實的世界中，然而其實這只是一種幻覺而已。」這個部分與中國戰國時期的「莊周夢蝶」，有異曲同工之妙。莊周到了晚年，它對於《形上學（Metaphysics）》的研究更是積極而有相當大的成果。

　　什麼是《形上學》？中文的這個譯名《形上學》是取自《易

經》中的：「形而上者謂之道，形而下者謂之器」這一句話。但在現代的《形上學》則是更直接的指出，它必須是經由理性的推理和邏輯的研究，而不能透過直接的感知所得到答案的問題。《形上學》關注理論哲學的核心問題，如前提、成因、原因、基礎和基本結構等。《形上學》被「尼采」稱之為「柏拉圖主義」，又稱之為「第一哲學」。所以笛卡兒的《第一哲學沉思錄》（Meditationson First Philosophy）也稱為《形上學沉思錄》。「亞里斯多德（Aristotéle，前 384 年－前 322）」，可以說是古來最有名的古希臘哲學家，他的來頭很大，他是柏拉圖的學生，也是亞歷山大大帝的老師。他把人類的知識分為三部分。用大樹做比喻：第一部分，最基礎的部分，也就是樹根，它是存在的根基，是形上學，也是一切知識的奠基；第二部分是物理學，好比樹幹，連通枝葉與樹根，並向上發展；第三部分是其他自然科學，以樹枝來比喻，它可以是無限的寬廣。由此可知，《形上學》又稱之為「樹根哲學」，是一門探討生命現象極為有趣的學問。

笛卡兒的哲學思維，採用所謂「懷疑的方法」，進行求證「知識」的來源是否可靠。我們可以懷疑身邊所有的一切，但是只有一件事，是我們無法懷疑的，那就是：「懷疑那個正在懷疑著的『我』的存在。」這句話有點繞口，換句話說，我們不能「懷疑」我們的「懷疑」，因為只有這樣才能肯定我們的「懷疑」是值得「懷疑」的。

3.6 靈魂與肉體

「我思故我在」（法語："Jepense, Doncjesuis."；英語："I think,Therefore I am"），這不是一句話而已，而是個哲學命題。笛卡兒將此做為《形上學》中最基本的出發點，從這裡他得出結論：「我可以是一個獨立於肉體，並可以獨自思維的東西。」這意思是說，「我」與「肉體」的關係並不是等同的。我不等同於肉體，而肉體也不等同於我。

事實上，所謂的「靈魂」的問題也正是如此。加入了「靈魂」之後，「我」與「肉體」以及「靈魂」成了相當複雜的三角形關係。「我」的存在是三角型的頂端。所以，在我之下又可以區分為「肉體」以及「靈魂」這兩個所有。但反過來則不具代

表性，也就是說，倒置的三角形，「肉體」以及「靈魂」這兩個部分在上端，而「我」在下端則是不成立的。這意思是說，「肉體」或是「靈魂」都不能，也不可以代表真實的「我」的存在。

到了這裏就產生了一個極為有趣的實質問題，那就是在人類死亡之後，「肉體」終將消失，回歸自然。而「如果」有靈魂的話，我說是「如果」……，那靈魂不論是上天或是入地，也必然都不能代表「你」。如果說「靈魂」就可以代表一個完整的人，那實在是很難想像的事情。一個沒有身體的「靈魂」，它該如何去思考？如何去感覺？該如何去行動？該如何去「喜樂與悲哀」？

佛教不是神教，由於佛教不認為有「神格」的存在，即使是「如來佛」，在《金剛經》裏，佛陀也定義得很清楚，佛陀說：「如來者，無所從來，亦無所去，故名如來。」宇宙大自然的運行是非常自然的，太陽一直就在那裏，並不是到了夜晚太陽就不見了。地球在遠古時代的人類，不到一億人口。現在則是有七十億的人口，地球並沒有因此而變得比較重，或運行得比較慢。人體所有的一切都源自於這個地球，而當人們逝去的時候，所有的一切就必須還給地球，這就是「無所從來，亦無所去」的道理。佛教是不承認有「靈魂」的存在，而在佛教的任何經典與辭彙中，也沒有「靈魂」這兩個字。

3.7 心經與空的哲思

這個世界上有沒有絕對不變的道理呢？所謂的「道理」就是人世間甚或是宇宙之中所包含一切的事與物之所以能夠運行之理。「能夠運行」這四個字非常的重要，諸位應當十分的可以體會，不要說是在整個的宇宙裏面了，即使是在我們所存在的地球之中，不能夠運行的不論是事與物，同樣的都是不能存在。有一句非常睿智的話，我們大多知道，依照我們理想所規劃的事，是不可能有最理想之結果的。為甚麼呢？道理很簡易，這

天底下只有最「可行」的事，才是最「理想」的。出自於《禮記》的「禮運大同篇』，是人類最高的理想，但也從未有任何一國家真正的實踐過。

為甚麼「理想」總是無法實踐呢？其實，道理也是蠻簡單的，所謂「理想」就是自己「心裏」所「想像」的事與物，也就是說，「理想」幾乎全都是自己心中一廂情願的一種想法。世事萬千，都不列入計算，都不去管它。事實上，自己也無法知道或掌握那些千千萬萬的事物。我思故我在，所以說，理想只存在於自己的心目中，而別人心內的理想，肯定是不會與自己相同的。想想這個道理，應該就可以了然了。人人都想爭第一名，然而，第一名永遠只有一個，你在想著自己該如何得第一，別人卻在想著他自己該如何排除別人而讓他自己得第一。所以，理想是人人的理想，當然，每一個人心中的理想與境緣也是不相同的。

這部《心經》許多人可能不知道，它其實是一部驚天動地的經典。《心經》的全名是《般若波羅蜜多心經》。簡稱《般若心經》，通俗的稱呼則是最精簡的《心經》這兩個字。它之所以稱之為《心經》，想當然耳是針對著我們每一個人的「內心」世界而來。人是心靈的動物，能夠解決「心」的問題，則能解決世界上所有一切屬於「人」的問題。事實並不全然是如此，《心經》的層次是超越人類心靈的層次，但是，卻把「心」的世界包融在裏面。《心經》的這個「心」字，是「能顯」之喻，也就是「精髓」的意思，猶如是人之心臟，是身體器官中最重要的精髓。

《心經》其實是一篇有關於宇宙及生命的哲學論文，也是佛學的最高

宇宙觀。這個世界飛得最高的不是人造衛星，也不是太空船，而是我們每一個人的「心」。我們的心可以飛到宇宙中的任何一個地方。所以，「心」是無所不往的，也是無所不到的。但是，「空」的境界卻是超越我們所能認知的「心」。因為，「空」在本質上是包含了「時間」與「空間」的。而「心」則無法超越宇宙中「時間」與「空間」的本質與本態。

常人見佛家多談「空」，若是對於「空」認知得不夠清楚與正確，便會以為「空」是否定一切的「存在」，這是一種嚴重的誤解。其實，佛家要否定的只是妄心所生的妄相，並不否定物質的存在與相關一切事物與現象。從這個意義上來說，「真空」也就是「妙有」，所謂「真空不空，妙有非有」，這句話在表面上看起來好像是前後都是矛盾的，其實，若是真能懂得這句話的妙處，相信必然是會讚嘆不已的，我會在後面的章節裏再加以詳細的解說。學佛而未理解，偏執於「空」論，甚至於否定一切，便成了「頑空」。佛家言「空」，是說事物都是由因緣相待而產生的，確切的說，那就是：

「宇宙間的一切，沒有獨自不變的自性。」

這句話說的非常的有智慧。什麼是：「獨自不變的自性」？這裏面有兩個重要的名詞 (1). 獨自 (2). 不變的自性。諸位放眼這個世界，可有「獨自」的事物，人體的構造非獨自可成，宇宙中也沒有「獨自」可以成就的事物。也許有人會鑽牛角尖的說，那有些惰性化學元素不就是獨自存在的嗎？那還是沒有把書讀通，即使是惰性化學元素它們也不是以單一原子的形態存在，也還是以群體或是結晶的形態存在。至於人類而言，那就更不

可能「獨自」生活，畢竟人類是群居性的動物。

　　宇宙中沒有任何事物是「不變」的，至於人世間就更不必說了，天天在變，時時在變，不論是空間、時間或是我們的身體，都是無時無刻不在變化之中。「變」這個字就是宇宙中最大的因子，佛教能夠體會「空」的道理，也就是「無常」的現象，是具有高度智慧而偉大的。至於「不變的自性」就是不會更改的性質。所以「沒有獨自不變的自性」則正是說明了由於宇宙中的一切都是因緣相待而生，故而這世間的事物並沒有個體可以以自性而獨存，更不是否認事物的存在。諸位放眼天下，所有的一切，從最簡單的衣食住行而言，那一樣是自己可以脫離得了的？即使是山中最深遠的山路，也是前人走出來的，而你才會有今天的路可以走。但是，你今天可以走的路，並不代表明天還是可以走，生命的道路人皆不同，時刻都在變化，這就是「空」的最基層的道理。

3.8 學佛的最高境界

　　《般若心經》在文字的數量上，只不過短短的二百六十個字而已。但是，它其實是一部驚天動地的經典。為甚麼呢？整部《大般若波羅蜜多經》又稱《大般若經》共六百卷，是為大乘佛教之立論基礎與理論。然而這六百卷的《大般若經》共有上千萬字。幾乎是沒有人在一生中可以讀完這本經的，更不要說能深入的解義了。然而，《心經》卻將如此龐大而其文義浩瀚如海之《大般若經》，濃縮在這短短的二百六十個字裏面，將「般若皆空」精神表現無遺，你說偉大不偉大？所以說，《般若心經》真的是

值得每一個人好好頌讀與解義的。

　　有些人學佛是為了想要升天，那是不可能的。首先，佛教中是不認為有「靈魂」存在的。其次是宇宙中不存在有可以上去的「天」。諸位該不會以為月球或是火星是「天堂」吧！離開地球，進入宇宙，所有的都是真空，當然，科學家也證實所謂的「真空不空」。但那是「離子」狀態、「基本粒子」狀態或是「亞原子」狀態。離開我們的太陽系，下一個距離我們最近的另一個太陽系是半「人馬星座（Centaurusα）星」，它距離我們是 4.3 光年，「光年」是距離的單位，表示「光」行進一年的距離（註：光速是每秒三十萬公里），諸位想想，4.3 光年是「光」行進 4.3 年的距離，那是多麼的遙遠，以數字來說，那是個天大的天文數字。但，那才是最接近我們的下一個太陽系而已。我們所存在的太陽系則又是在「銀河系（Milky Way）」之內，又稱之為「星雲（Galaxy）」，「銀河系」的直徑約為 100,000 光年，中心的厚度約為一萬光年，而「銀河系）」有 4000 億顆太陽存在著，我們的太陽也只是這個龐大 4000 億顆恆星之中的一顆恆星而已，而我們居住的地球則屬於太陽系中的一個行星。宇宙中有兆億個「星雲（Galaxy）」，而每一個星雲也都有千億個太陽（恆星），而距離我們最近的一個星雲是「仙女座星雲」，它與我們銀河系的距離兩百三十萬光年。諸位想一想，不要想要到距離我們最近 4.3 光年的下一顆太陽，人類至今沒有任何一個人可以想像有任何能力離開這小小的太陽系的，而到下一顆可能有人的太陽系去，即使是「神仙」也不可能，因為神仙也搬不動地球，也無法飛得比光速快，大自然的運行律，就是宇宙的大神，那才是最大。

　　對於一個「近代知識分子」而言，信佛或是學佛的目的究竟是什麼？我要說的是：

　　「學佛的目的不在於登天，也不在於得到『解脫』，學佛是一種了然於心的事。」

　　所謂：「學問之道無他，求其放心而已。」我們不要是「有所求」才去學佛，也不是為了要「解脫」甚麼才去學佛？，我常說：

　　「該要如何解脫？那應該要問是什麼將你綁住了？去面對它，而解決問題，這才是真正的解脫之道。」

　　不論是去求財、求運、求子、求運或是求命，都是一種乞求。那同樣的也是一種貪，任何事情只要是有所求，那麼，從一開始的目的就不單純了。有求的人生是難以解脫的，更無法進入到超越的層次。而有所求的人生，是得不到自在的。我們可以說：

　　「學佛之道無他，求其放心而已。」

　　這才是學佛的最高境界。修佛可以使我們「心定」，心定則不會終日飄盪。可以使我們「心安」，心安則神智理得。可以使我們「心祥和」，心祥和則一切自然安泰。當然，這一切也使得我們的品德高尚，而心性也自在無比。

3.9 方便法門與認知心理學

　　在佛教中的確是有許多的方便法門，那是給那些非為知識分子的一種方便的辦法。例如說，有人告訴你，當你在痛苦的時候就一直唸佛號，用心的唸，當你唸到了十萬次的時候，佛陀就會感應而來解救你的痛苦，而你的痛苦就會消失了。於是，就有人在痛苦的時候，就一直的唸、一直的唸，終於感覺到身心舒坦得多了，也解脫了自己身心上的苦厄。相信諸位一定知道，這是一種「心理」與「情緒」上的優質轉移作用。當然，如果說是佛陀的靈驗也不能說是不對。

　　雖然我們也不可以完全的抹煞這一方面的功用，至少，他有安定人心

與阻嚇犯罪的作用。但是，對於一位近代的知識分子，就不可以以此為標的了。「安定人心」的方式非常的多，人心的安定其實是一個「心理」與「感受」層面上的問題，也是一種「認知」上的問題。「認知」的問題對於每一種動物都是相當特殊的。正如每一個父母親都會認為自己的小孩長得最可愛，最善良，最優質。所以我說，這是一種相對性屬於個人認知上的問題。它是屬於感情、知覺與認同上的一種意識形態。它也是屬於近代科學中《認知心理學（Cognitive Psychology）》所極為有趣的探討領域，尤其是人類在情感的知覺上，它與人類右腦的活動是息息相關的。

對於探討人類的心理上的問題，《認知心理學》是一門很有趣而又極為重要的一門學問，它是在研究認知以及人類行為的背後之心智處理是如何運作的，這其中包括了人類的心理思維、行為決定、因由推理以及各類情感的心理科學。所以，它包含得非常廣泛，而其主旨則是在研究人類的記憶、感知、感情、認同等等的各項運作的方式及其因由。這門學問是在二十世紀中期由布羅德本特（Donald E. Broadbent，1926-1993）於 1958 年所出版的《知覺與傳播》一書中，奠定了《認知心理學》重要的基礎，布羅德本特本人是一位英國極為著名的實驗心理學家。由於近代對於電腦的應用，《認知心理學》更進一步的踏入了人工智慧的領域，並結合其他相關領域的研究成果而有著相當大的進展。事實上，它已發展成為一個跨領域的《認知科學》，此學門整合了一系列不同取向關於「心靈」與「心智」上的處理與研究及應用。

時代的不同，人類對於自身或是周邊的許多「感受」與「認知」亦不

相同。文字往往最足以表達不同時期的文化與思緒，就以大家都最喜歡而且每年在過年的時候，都喜歡貼在門牆上的這個「福」字來說好了。這個字左邊是一個「衣」字部，右邊的底部是一個「田」字，而「田」的上面「一口」。它代表著古人認為人生有衣服可以穿，有一口田可以耕種，就是「福」氣，心滿意足了。也就是說，一個人的一生中如果有衣服可以穿，有田可以耕種，有食物可以吃，那就是天大的「福氣」了。但是，這樣的思維與認知，就較進步的近代化國家而言，人們的想法恐怕就不是如此簡單而已了。有衣服可以穿，有食物可以吃，那只是生活中的最基本條件而已，哪裏談的上這樣子就是「福」氣呢？在許多國家的基本教育中，對於孩童都提供有免費的營養午餐，可以吃營養的餐點而不要錢。這在古人來說，那簡直是天方夜譚，可見不同時代的認知其差異性是可以天差地別的。那麼，源自於遠古時代的經典，他們當時的思維，是不是也有同樣的問題在呢？所以我常說，同樣的文字的字句，古今在認知與思維上可能產生極大的差異，因此，在解讀經書的時候，絕對不可以食古而不化，依古而不達。

3.10 空與色的宇宙法則

　　佛教中的「空觀」是人類的歷史與文明在產生的過程中極為難得的珍寶，它在整個人類的哲學思想上，不但是卓越的，而且是超越的。然而，若要問「空」究竟是甚麼？事實上：

　　「空是變化不已的存在。」

　　這句話是有矛盾的嗎？不！一點都不是！請注意，在這裡我用的是「存在」這兩個字。這說明了「空」不是「沒有」，也不是「空無」。它

不是「永空」，也不是「實空」，而是一種變化不已的現象與狀態。如果各位記不住「空」的那一大堆意義，那麼就請你一定要記住這一句最基本的話：「空的基本意義就是『無常』」。在真實的宇宙中，所有一切的一切，都在運動，宇宙中沒有靜止的「時間」與「空間」，更沒有靜止不動的「物質」。宇宙中所有的一切的一切都是處於在「動」的狀態。於是，我們應該真正要去描繪的是一個全然是處於「無所不動、無處不動、無時不動」的宇宙。而人世間同樣的也是如此。當然，有可能會更

複雜些，因為我們是活的，而「活體」則更是在動中有動。大自然不論是宇宙本體或是人類本身，都是不可定值的，而這一切的顯現也正就是「無常」的本質，而這正就是「空」思維所在。

雖然這一切看起來都是在快速的移動與變遷，但是，在動中還是有序的。身為萬物之靈的人類亦然，然而，我們的「心」卻是可動可靜的，這一點是十分珍貴與難得的，諸位一定要懂得，也一定要把握。事實上，我們只有在最純淨的時候，才可以看到真正的「自我」，所以我要說的是：

「如果一個人從來就沒有見過真正的自己，也從來不認得真正的自己，那麼，他的人生就不是他自己在活。而是一個不屬於自己的人生，這才是生命的最大不幸。因為他不知道自己是誰，而卻為那個不知道是誰的人，活了一輩子，這豈不哀哉。」

目前在佛教的諸多注疏論述中，常會看到一種似乎越來越頻繁的狀況，那就是在諸多佛教的注疏中，會一再的引述科學上的知識與證據，並以此來印證佛學經典的先知與偉大，這是一種對於自己缺乏自信的表象，所以要把別人拉過來，證明自己是對的。相互印證是好的。重點是，這些科學的智能必須要引用得適當才好，而如果當事人本身並沒有受過嚴謹與專業的科技教育，則常常見到的是引喻失當，反而壞了兩者的實質意義。佛教要有自己的路可走，但當然不是排斥科學就可以成就自己的偉大，關鍵是如何能共同的演化進而相成相融，才能成就佛教的真偉大與真智慧。

人是有「靈性」的，它與「空」有着密切的關係。「空」除了是因緣

和合而生的一切事物，也就是「無常」之外。其實還有着另一層的意義，那就是「純靜」的意義。「空」是純靜的，而人也只有在最「純靜」的時候，才能顯現我們自己的「靈性」。事實上，宇宙萬物皆有靈性的。我們每個人都是由「基本粒子」所構成。其實，它們的本質已經不是物質了。因為，它們已經完全不符合「物質」的定義。就以電子來說，它雖然有極為微小的質量，但是它卻「沒有體積」。也就是說，「電子」這東西實際上是僅有質量而沒有大小。一個有質量卻沒有大小的「東西」，你能說它是物質嗎？如果要說更真實一些，「光子」那就更奇特了，它既沒有質量（Mass=0）也沒有體積（Diameter=0），那你說它是甚麼？我常常認為它們的本質就是「靈」，這絕對不是迷信而是真實的現象。兩個「電子」彼此之間隨時的有交互作用力的存在，在每個電子都會利用交換「光子（Photon）」來探知對方彼此的存在，所以才能維持在軌道上高速的旋轉而不會互撞，否則就會在宇宙誕生的初期，就由於電子在軌道上高速的互撞，而瞬間即毀滅了，這種在如此高速的近距離環繞下，而各電子又能相互的探知彼此之間的存在，進而在瞬間避開互撞，沒有絲毫的猶豫，沒有絲毫的遲疑，這種高速下的近距離環繞而不出事情。人類汽車的速度比起電子接近光速的速度，那是完全無法比擬的，而我們身為萬物之靈的人類，卻一天到晚到處都在出車禍，但是電子以接近光速的速度在環繞，卻一點事也沒有。若人類這一點本事就叫做有「靈性」，則比我們靈光億萬倍的基本粒子，那它們應該給予什麼樣的稱呼呢？是「靈性之神」嗎？

3.11 成佛之道

現在，就讓我們進一步的談一談如何成佛的這個問題。不可否認的，在面對這個問題的時候，多數人是一時回答不上來的。但是我們卻可以從旁觀察得出來，許多信佛的人士，他的目的多多少少是為了要求得佛祖的「保佑」，而這種心態沒有甚麼對與錯，自古以來也已經沿襲很久了。諸位不妨先聽一聽信徒們在燒香拜佛時，他們口中的唸唸有詞，而那些詞句的內容究竟是什麼？就能明白他們心中所想的。

　　當然，也可以不需要那麼費心，回過頭來問一問自己就好了，真心的問一問自己，那是最簡單的，但也是最真實的了。每當你自己在面對佛像而燒香拜佛的時候，想想看，自己的口中與心裏面所祈禱的究竟是甚麼？你會祈禱佛陀保佑全世界的人嗎？還是祈禱全國的同胞豐衣足食？或者是祈禱自己與家人能幸福安康？我想，諸位回想一下心裏面一定就很明白了。也由此就知道當我們面對「神格」的時候，就會覺得自己在這個世界上是多麼的卑微與渺小而需要幫助。

　　對於一般的販夫走卒而言，手上拿著香磕頭拜佛，我們自不必苛責他們，那也是無可厚非的。燒香拜佛靈不靈驗是一回事，常言說得好，信則有之，不信則無，這是每個人自由心證的事。如果燒香拜佛能夠使得一個人獲得心靈上面的寄託，讓他有所仰望，我們又何忍過於苛責？有的時候我常會回過頭來想一想，我的心中同樣的是有着期望的目標與夢想，只是他們所仰望的對象就在眼前，而我那心中的仰望，卻落在天邊彩雲之外那不知盡頭的遠空。

　　基督教認為所有的人類，包含地球、宇宙等都是上帝所創造的，對於這一點我個人是保留的，但卻給予尊重。但是，非常有趣的是人類在各方面的研究，除了宗教以外，卻得到相反的結果與答案，那就是：

　　「人並不是神所造的，但神卻是人創作的。」

　　自古以來，幾乎世界上所有的民族都創造的有神，而且也都是依照自己的外貌創造屬於自己的神。古代科學不發達，人類對於大自然的現象幾

乎是難以了解，而對於那些大自然中不可抗拒的力量，充滿著神秘與不可預期的恐懼，並因而認為那些不可抗拒的力量的背後必然是更高的有指使者，而這個隱藏在不可抗拒力量背後的指使者，故又尊稱之為「神」。看見閃電打雷就稱之為雷神，木造的房屋常常會有火災，就有了火神。太陽是日神，河流有河神，人世間的一切都是「神」在作用。

然而，這許許多多百千的神，在近代科學昌明之後，也就逐漸的退隱了。諸位不妨從今天開始就多留意，留意甚麼呢？留意那些高高豎立在戶外的各式各樣的神像，它們雖然代表著不同的神明，但是，有一個共同點，那就是每一尊在戶外的神像，在它們的頭頂上都必須豎立著一隻避雷針。否則，沒有例外的，早晚都一定會被雷劈，這才是真正的天理。所謂天理難容並不是神仙容不下它，其實是它自身都難保，那是違反了大自然電磁感應定律的。

如果諸位認為菩薩是可以保佑我們的話，那麼我想提供諸位一個事實與真相，讓諸位可以好好的思索的事情。諸位知道，幾乎所有的佛經都來自古印度，古印度在西漢時譯為「身毒」，東漢稱它為「天竺」。但在唐代時玄奘法師則仔細的探討了天竺的名稱，而放棄了天竺與身毒這些名稱，根據當地的發音，稱做印度。這也就是印度這個名稱的由來，此後就沒有再更改過了。在翻譯佛經的人士之中，最有名的人士有兩位，一為是大家唐三藏玄奘法師，玄奘（602 年－664 年），漢傳佛教史上最偉大的譯經師之一，中國佛教法相唯識宗創始人。歷經千山萬水從印度取經而回，並在回國後積極從事翻譯工作，現在廣為流傳的這本《般若波羅蜜多心經》

就是他的譯本。他對於佛教的貢獻是如此的大，然而他卻只活了 62 歲就去世了。

另一位也是非常有名的佛經偉大翻譯家，鳩摩羅什（350 年－ 409 年，59）他是晉朝後期的東晉末年的五胡十六國時期的人士，五胡十六國的前秦時期來到中原，不久前秦被苻堅所滅，後秦姚興稱帝（401 年），滅後涼以國師之禮待之。所以又稱為秦姚鳩摩羅什法師。現廣為流傳的經本《金剛般若波羅蜜經》為其譯本。59 歲去世，他是中國佛教史上四大譯師之一，是為十六國時期佛教高僧。現在看來他們兩位的壽命都算是早逝，但是若以古人的平均壽命而言，他們就不算是早逝了。

我曾統計過，明朝共有 18 位君王，他們的平均享壽是 41.1 歲。清朝共有 13 位君王，而他們的平均享壽則是 52.07 歲。這其中乾隆皇帝最長壽，他活了 88 歲，如果乾隆皇帝未能如此高壽，則清朝君王的平均享壽還是會落在 4 字頭上。君王他們過著很好的生活，也有最佳的醫藥與醫療，但是它們的均壽也只有四十出頭與五十出頭而已。若就一般的百姓而言，恐怕也只有他們的平均壽命也只會落在 3 字頭了。也許有人會說，古代皇帝多淫亂，以致如此短壽。這是不公平的說法，也是欠缺思想與歷史觀的。諸位如果有興趣，不妨去查一查民國初年或是二十世紀初年時期，當時中國老百姓的平均壽命，就知道帝王的平均壽命仍然算是高的了。所以我說，就唐三藏玄奘法師與秦姚鳩摩羅什法師而言，他們在當時已經算是高壽了。事實上，玄奘法師時期的皇帝唐太宗李世民（599 － 649），也只活了 50 歲整。那麼這些話的結論究竟是什麼？那就是「天理」。知識分子

應該心裏明白，菩薩不能保佑我們，然而，我們卻必須藉助於佛陀與菩薩的智慧，日以精進，才是真正的道理所在。

神格逐漸的衰退，諸神也漸漸的沒落，它所代表的是人類在知識與智慧上的覺醒。這種的覺醒讓人類逐漸的了解生命的由來，知識的拓展與人類意志力量的可貴。當然也就更沒有理由會去相信那些灶神、廚神等等的。當古代的人類以自己的形象創造了諸神的時候，各種的神話可以遍及社會上每一個角落，它不是一天之間，也不是一夜之間就會消失的。歷史是逐步也是逐漸的演化而來的。我們不可能期待那些神話會在很短的時間內消失。但是，身為近代的知識分子應當更要懂得大自然，融入大自然，而把思維逐漸的延伸而進入那浩瀚的宇宙裏。

3.12 即心即佛

　　佛家常言，人人可以成佛。但是問題並不是只能說說或是看看而已。所以，接下來就要問：

　　「該如何成佛呢？」

　　也許很多人從來就沒有想過這一問題，甚至是連想都不敢奢望想要有成佛的一天。於是終日徘徊，找來找去，始終是不知道在找甚麼？找了一輩子，也沒找到甚麼。你問他一個人該如何成佛？他可能會說：「不敢！不敢！不敢仰望！」這就把佛教信得虛了，佛教要的是希望人人都能成佛，

這絕不是一句口頭禪，也絕不是說說而已，而是認真的。這一點是與其他的宗教截然不同的。這世界上所有其他的宗教都必然有一個至高無上神格存在，而這個神格是無論如何在任何狀況下都不可以侵犯的。祂有着至高無上的權威與能力，祂可以給也可以奪，可以降禍也可以賜福，祂是一切的主宰，所以，把一切交給祂就好了，包含你的生命。所以，也從來就沒有人敢說也要去當神的，想都不敢想。

但是，佛教並不是如此的，而是希望人人都能夠成佛，這在其他宗教的立場與思維上，認為簡直是不可思議的。所以說，佛教不是神教，這個宇宙不是屬於神的，而人類也不聽令於神，人類不需要看神的臉色過日子，這整個宇宙是「講道理」的、是「非權威」的、是「非神格」的，這些才是佛教的根本基石。

但是，這也是讓近代知識分子所擔心的。因為，畢竟不是大家都可以跟上時代，甚至是許多的佛門聖弟子，仍然是拿著古代的寶劍，來到現在的世界上揮舞。他們對宇宙的真相沒有興趣，不知道宇宙中「沒有永恆」，不明白宇宙中的「時間」、「空間」、「物質」與「能量」都是動態的。小自基本粒子，大至銀河星系與整個宇宙中的「時間」與「空間」都在快速的變遷之中。至於愛因斯坦相對論下的宇宙「時間」與「空間」的變異，那可能就連思維都未曾觸及過，至於宇宙中最偉大的真實與實相的這個「變」字，在認知上也是錯誤的，以為「變」就是虛幻而就是不真實，事實上，諸位要能體悟，宇宙確實是瞬息萬變的，但即使是瞬息萬變的，也是真實的，我們就活在這瞬息萬變的宇宙之中，而我們的身體也在瞬息萬

變之中活著，這不是一句「空話」，我們的身體真的是活在瞬息萬變之中。

這是可以直接用最簡單的證據來加以說明的，就以我們身體內的血液來說明好了，而紅血球則是血液中數量最多的一種血細胞，所有的人類都必須使用血液將氧氣從肺部運送到身體各個組織裏。紅血球是在十七世紀的 1658 年由荷蘭生物學家施麥丹（Jan Swammerdam）所發現的，他應用了早期很簡單的顯微鏡發現了血液中的紅血球，並確認了紅血球的直徑約在 6 ～ 8 微米（Micrometer.μm），成人體內大約有三十兆（3×10^{13}）個紅血球，紅血球是由大骨中的紅骨髓的造血幹細胞所製造，它的生產率為每秒兩百萬個，但紅血球也以同樣的速率死亡，也就是每秒會有兩百萬個紅血球死亡，而每個紅血球所能存活的時間也僅 120 天。諸位想想，僅以我們身體內的紅血球而言，每秒鐘都有如此大量的出生與死亡，這種的變化您說大不大。這還是只有我們身體中的紅血球而已，其他還有許多的器官沒有論及，就整體而言，我們身體所有的細胞每秒鐘都會有許多數量的出生與死亡。諸位不妨想想看，我剛才說的：「我們的身體是活在瞬息萬變之中。」有沒有道理。

六祖慧能在《六祖壇經》裏一開始在「行由品第一」就說了：
「菩提自性，本來清淨，但用此心，直了成佛。」

菩提（Bodhi）不是特定的人，而是天地之間的義理，也是人世之間的覺知。「自性」就人類而言，就是我們每個人心性的真如本體。「真如」就是真實如一的意思。請注意，「清淨」講的不是清潔乾淨，而是在談「心」

的問題，這是在說我們能夠超越是非善惡的心，這個心才是清淨的「心」。諸位看看，這個「心」是可以直接成佛的。

現在再讓我們看看六祖慧能在《六祖壇經》裏說的另一句話：

「成一切相即心，離一切相即佛。」

我們常說「心相」如何，外界所有的「相」都是由心所成，也由於我們每一個人的心都不相同，所以在心裏面的「相」亦不相同。諸位可能會說，同一個物件讓每一個人看應該都是相同的才是。其實不然，這個「相」並不是影像的像，而是「心相」，所以它是由心所生之相，也就是說，這個「相」是帶有思維的成分在內，同一件事情，而每一個人看到後的思維當然並不是完全相同的，這也就是所謂的仁者見仁，智者見智的道理，但是無論如何，這些相都是屬於「心」的作用，所以說「成一切相即心」。而在下一句的「離一切相即佛」，諸位看看，這不就是叫我們把心「放下」嗎！所以說，「佛即是心」，用對了「心」就是佛，所以說，人人可以成佛就是這個道理。

絕大部分的人都認為「佛」就是佛陀，這固然是沒錯，但也不盡然全對，佛其實就在大眾裏面。就如同是在一所學校裏面，老師可以教導學生，而老師也是學校裏的一分子。佛是學校裏的老師，但也是學校裏的一分子。學生現在是在受教，改天學有所成，它也可以回到學校裏面當老師。所以說人人可以成佛，同樣是這個道理。佛陀從來就沒有說自己是神與仙，是後人將他升格為神格，雖用意上是良善的，但在道理上就走樣了。

　　佛教不是用來逃避或是躲避任何所該面對之災難的，許多人在生命的逆境中才會想到要唸佛唸經，這是逃避式的，也是淺層的。真正的佛教徒當面對苦厄或恐怖的時候，他們是絕不逃避的。而是以「無所罣礙」的心理，讓任何事情都不可以罣礙己身，更加以「無有恐怖」的心理層面對應。諸位當可以理解，當一個人內心中「無所罣礙」而又「無有恐怖」的時候，他可以坦然的面對所當面臨的這一切，也由於它自身的「無所罣礙」而內心中又「無有恐怖」，正因為如此，他不但可以坦然的面對所當面臨的這一切，而且由於沒有「罣礙」，所以他是流暢的，順利的。更由於他的內心「無有恐怖」，故而面臨危難的時候，就不會慌亂，更不會舉止失措。也正因為如此，他可以面對天下而無憾事，所以，這就是菩薩就是佛。

3.13 自性成佛

「如來」當然不是在談來去有無問題，否則佛陀豈不是把自己神化了。諸位一定要知道，「如來」是在談我們自己，是在談我們每一個人的心性，那就是我們每一個人的「自性本體」與「生命本質」，說得更真確些，這個「如來」就是：

「我們每一個人內在生命的『自性本體』，也是我們的『生命本質』。」

這個「如來」不能叫我們飛天，也不能叫我們入地。當我們能夠看得懂這宇宙的一切表相，並能知道這一切萬象是流動不已而且是變幻不息的，每一個現在的瞬間都會成為過去，而每一個過去也都永遠不會回頭，能把握宇宙中事物瞬息萬變的道理，這就是「如來」的道理。所以，「如來」當然是與「來去坐臥」沒有任何的關係。所以，必須要能真正的了解這句話的涵義之後，才可以懂得這句話它究竟是在說甚麼？否則有可能一輩子都在錯誤的觀念裏，在做驢子磨麥似的，終身在磨坊裏打轉，鑽不出頭緒來。

事實上，「凡所有相，皆是虛妄，若見諸相非相，即見如來。」這四句就是《金剛經》的重要精髓之一。到了「如來」的境界是至大無比的，

它當然是超越了有無與來去的問題，能夠不計來去，又能夠超越有或無的境界，你說這層次高不高，大不大。那麼，「如來」是那麼的偉大，它又在哪裡可以找到呢？剛才說了，「如來」就是我們的「自性本體」，也是我們的「生命本質」。所以它可以是無所不在，無所不有。但是，諸位不要又有了自我的各式各樣的幻想，以為我又可以天馬行空了。當然不是的，「如來」就是我們每一個人真實內在生命的「自性」。這個「自性」就是我們每一個人的真實本質，內在的純良自性，也是芸芸眾生的本體，當然是無所不在的，這個世界上的一切也都因你我的存在而存在，失去了自我，則其他都是空談。諸位想一想，如果全世界的人都放棄此刻與此生而專修來世與來生，那現在就沒有了，沒有現在哪還談甚麼其他的？

請記住一句話：

「我們每一個人都是宇宙萬古洪流之中的唯一奇蹟。」

每一個人都是宇宙中的「唯一」，宇宙中再也不會有相同如一的「我」，這絕對是不容否認的事實。而今生只來一次，生命絕不是虛妄的，所以：

「生命就是如來。」

那就是我們的真實「自性」。沒有任何人知道，也沒有任何證據，你會有來生，而你的來生還會是你？我想真實的問一問，有誰知道現在的自己，其前世是甚麼變的？有誰可以告訴我，你的前世是甚麼？當然，沒有人可以知道，也沒有人可以說得出來。如果有人一定要說他的前世是甚

麼？那就請他說具體一點，或拿出個甚麼證據一類可以讓人們檢驗的，不要只敢空口說白話。能夠在人世間真正具有傳承能力的是人類的知識，我們要的也是知識，要學習的也是知識。然而，「知識」這兩個字卻不是可以隨便使用的。事實上，「知識」的本身在近代中是具備有它定義的，它的第一個條件就是「可被證實的」。也就是說，若要具備知識的條件，首要的條件就是必須有依據的，而且必須是可以被證實的。信口雌黃的東西，只能說是八卦，不必引以為真。

講「自性」的問題用道理說了許多，看來還是有許多能夠深入其內。我想就用實例來說，相信諸位就可以深入的明白了。事實上，我們的身體每一個器官都必然會有它的「自性」存在，而各器官也依自體的自性在運作。就以我們的肺臟來說好了，平常的日子似乎沒有人會在意自己的呼吸，那是因為我們的肺臟依著自己的自性在運作，不需要我們擔心，這個肺臟依著自己的自性在運作的時候，它就是佛。如果有一天肺臟失去了自己的自性，當然，這時候的你就不能呼吸了，失去了這個自性佛，就會要你的命。你說這個自性佛重要不重要？再說我們「腿」的自性，平日我們可以隨處走動，沒有人會在意自己的腿是如何走路的，好像是天生就自然會走路似的。然而有一天，當你的腿失去了它的自性，當然你也就不能走路，那個時候才會體認到會具有自性的腿是多麼的重要啊！這個具有自性的腿同樣是你的自性佛，失去了這個自性佛，一輩子都難過。雖然我只舉了兩個例子，其實啊！我們身心內部的每一處都有它的自性在運作，只是我們在平日不會去體認它的重要。而能夠在平日好好的體悟身心內部的自性，

自然可以得到身心的獲益，失去了任何一個的身心內在的自性，都有可能會要您的命，您說這重要不重要，這也就是「自性成佛」道理的所在。

　　所以，當我們在探討個體的時候，諸位絕不要小看他，這句話諸位也千萬不要以為是自我設定的格局太小了。諸位要知道，佛陀的一切就是要我們從自身的問題做起，如何能說個人的事小？我們這個真實的內在生命的自性，它就是佛，就是自性佛，就是如來。佛陀說得非常清楚：「若見諸相非相，即見如來。」這個「諸相非相」指的並不是大千世界，萬花叢紫，而是指的是我們的心，是我們的自性。六祖惠能說的好：「一切萬法不離自性。」又說：「本性是佛，離性別無佛。」而能夠識得宇宙萬有，再而回到我們的內心，識得我們「生命本體的真實自性」，這就是讓我們回歸到我們生命最真質純淨的本體，見到自我生命的真真實實的「真我」，沒有虛幻、沒有玄虛、沒有偽假、沒有造作、沒有矯飾、沒有偽行，是一個真真淨淨的自我，再將這個真真淨淨的自性與這宇宙的萬相相映與相融，這就是「如來」。當然，那也就是「佛」。

4 心經的人生智慧

4.1 被誤解的心經

　　《心經》在佛教中，是屬於般若系的經典。而《心經》也是《大般若經》中最具精髓的部分，它也是佛陀直接向舍利弗所說的話。《心經》在中國有眾多譯本。但現在所流傳的多是唐玄奘法師的譯本。至於本經注疏自古以來有百來家，可見此經傳誦之盛。《般若波羅蜜多心經》，這是本經的經題全稱。在佛教的典籍中，一部經典的題目，正就是這部經典的關鍵與精髓之所在。因此，我們在學習經的時候，一定先要注意到這部經典的經題全稱內涵，內心中才容易與這部經典相應。有了這種相應，則必然也容易感悟而相契合。

《心經》最容易被誤解的地方，也正就是《心經》這兩個字所引起的，人們多以為既然名為《心經》，則必然是在談論與人們有關的「心」的問題。事實不然，《心經》中的「心」字，意指心臟，含有精要與心髓的意思。本經是將內容龐大之《般若經》濃縮，論述「般若皆空」之精神之經典。全經涉及五蘊、三科、十二因緣、四諦等法，並以總述「諸法皆空」的道理。至於大眾耳熟能詳的「色即是空，空即是色」一語，就是出自於本經。簡單的說，本經是論述般若之心要，故題為《心經》。所以，《心經》真正論述的是遍及宇宙萬象之「空」的哲理，而不是小格局的在「談心」。

　　佛教是以解脫人類痛苦為目的，而大多數人學佛與修行都是有目的。什麼目的？那就是為了要離苦得樂，雖然想要求得「離苦得樂」不是壞事，但畢竟還是「有」所求，只要是有所求，就必然有所失，有求的人生是得不到自在的。讀唸《心經》未必上就離苦得樂，諸位想想，如果讀唸《心經》就可以馬上離苦得樂，那是迷信。唸一遍《心經》才不過是兩百六十個字，唸得慢一秒鐘一個字，也不過是五分鐘就唸完了，於是就沒有痛苦了，那是神話，那這個世界上个會有這個「苦」字了。對於「苦」的態度不是要用逃避的方法，也不是唸一唸《心經》就可以了事的。正確的態度是去把「苦」找出來，面對它，用智慧去解決事情，那才是正道。

　　諸位也許要問：「那我讀《心經》做甚麼用？」如果你這麼問我，我想反過來問：「你上學讀書做甚麼用？」有一句古語說得很好，我想送給諸位，那就是：

　　「學問之道無他，求其放心而已。」

　　任何有目的的學習，都註定要付出代價的。若是問一問高中生，你為甚麼要那麼辛苦的日夜讀書？他多半會說，為了考上或甄選上好的大學。當甄選上好的大學後，為甚麼還要那麼辛苦的讀書？答案是怕不及格而重修，或是想得到好成績，以便可以考上研究所或出國深造。而當考上了研究所或是已經出國深造，那為甚麼還要辛苦的讀書？為的是考博士或是爭取就業的機會等等。這些事實上都不能說是「讀書」，因為他的目的不是讀書，他的讀書都是為了其他目的，只能說他是在「考試」。讀書的目的是為了要考試，你能說他是在讀書嗎？

4.2 佛教的宇宙觀

　　佛教不認為這宇宙中有一個創造天地的神，因為一切萬物都是依存的。這真是了不起的睿智。科學上證實宇宙的起源於 137 億年前的「大霹靂（Big Bang）」，目前早已經在 1998 年就列入世界上最有名的《物理》教科書「FUNDAMENTAL PHYSICS. Extended Fifth Edition」內容了。在 1985 年國際科學家會議中發表了如下的陳述：

　　「宇宙於 137 億年前的一次大霹靂中誕生，這項說法的可信度就如同地球是在繞行太陽運行一樣的可靠。」

「大霹靂」首先是由英國天文學家弗雷德‧霍伊爾（Sir Fred Hoyle，1915-2001）所採用的。他在1949年3月BBC的一次廣播節目中曾使用「這個大爆炸的觀點」，後來為「恆星核合成（Stellar Nucleo Synthesis）」的研究做出了重要貢獻，這是恆星內部經由核反應利用輕元素轉化出某些重元素的方式。1964年發現的宇宙微波背景輻射（Cosmic Microwave Background Radiation. 2.7K）是支持大爆炸確實發生的重要證據，進一步的證據則是測得宇宙的「頻譜（Spectrum）」從而繪製出它的「黑體輻射（Thermal Radiation From a Black Body）」曲線之後，科學家終於相信大爆炸理論，並開始大量進行收集更多的證據與相關的實驗。而大型「粒子加速器（Particle Accelerator）」所進行的實驗結果則更有力地支持了這一理論。時至今日「歐洲核子研究組織」CERN（Conseil Européenn pour la Recherche Nucléaire）已在2012年開始模擬宇宙起源大霹靂的實驗了。有些人開始擔心模擬宇宙起源的實驗萬一產生了「黑洞（Black hole）」，會將整個地球吞沒。當然，這種擔心是多餘的。

4.3 不可思議的八正道

　　諸位知道「四聖諦」是佛學上的三大立論之一，「四聖諦」什麼意思？原來這個「聖」字就是「正」的意思。能夠行得正道，故名之為「聖」。至於這個「諦」字，是真實不虛的道理的意思。所以這「四聖諦」就是這人世間有四種真實不虛的道理存在，必須要我們認真的去面對與實踐的。是哪四諦呢？「四諦」是苦、集、滅、道這四諦。「苦」諦在佛教中有「八苦」的名稱。其實，人世間有數十億的人口，豈止是這八苦而已，可以說得上來的還有「千辛萬苦」。「集」諦是「苦」諦之因，「苦」諦其實是「集」諦之果。「集」是招聚的意思。所以是先有招聚才有苦果。在「四聖諦」中「苦」、「集」二諦是世間法，「集」是因，「苦」是果。而「滅」、「道」二諦則是出世間法。「道」是因，「滅」是果。故而修「四聖諦」可使人知苦、斷集、慎滅、修道。

　　事實上，這四諦是可以合而為一的，那最終的就是一個「道」字了。能修「正道」則自能滅惡果，能滅惡果自然就沒有集惡因，沒有了惡因，最終也就當然也就沒有苦果。所以，這一切的根本就是在於一個「正道」上面。也就是包含攝盡了佛學中的「戒」、「定」、「慧」的這「三學」，而成為「八正道」。佛教規人向善一般人都知道是「慈悲」，如果「慈悲」就是佛教的主體思想，那是不足以產生教化作用的，因為，「慈悲」還是

有源頭的。而「慈悲」的源頭就是「八正道」。是哪「八正道」呢？一、正見：能正真理之所見。二、正思維：能心無邪思念。三、正語：能言無虛假妄用。四、正業：能正淨身心善業。五、正命：能依正法生命。六、正精進：能精修道行無懈怠。七、正念：能專心意念正法。八、正定：能心正神定於理。

　　為什麼我會在標題上寫：「不可思議的八正道」呢？其實是有原因的。在近代的《量子力學》中，人類發現了許多基本粒子，而它們的不可思議的現象，卻也隱含在另一個最新科學家所發現的「八正道（Eightfold way）」中的「八正道圖案（Eightfold Way Patterns）」裏面。而這「八正道圖案」之中則是宇宙最基本粒子的組合圖案，卻令科學家們嘆為觀止，太不可思議了。

　　人類是這個世界上最奇特的動物，也沒有任何一種動物可以跟人相提並論的，最主要的是因為人類會去思考衣食住行以外的事情。幾千年下來了，直到今天，我們的內心中還是一直的在想著：

　　「這個宇宙是由什麼組成的？」
　　「宇宙的真相究竟是什麼？」
　　「宇宙如何會演變到今天的樣子？」

　　雖然數千年過去了。但是，這一百年來人類對於這方面，尤其是近半世紀來，人類的進步相當的神速。當「粒子加速器（Particle Accelerator）」設計得越來越大時，人類卻可以看到更多的基本粒子出現，那麼宇宙到底

在構成的時候是有多少粒子所構成的？不再是只有質子、中子、電子是基本粒子而已，至今已經發現數量龐大的基本粒子。人類如何去發現更多的基本粒子呢？其實道理很簡單，就是用「撞擊」式的，我們可以利用電場來推動帶電粒子，如電子、質子等使之獲得高能量，然後再去撞擊原子核，看它有什麼東西會被撞出來。當「粒子加速器」的能量愈大，撞擊出來的粒子也就越多。最後，終於出現了所謂的「上帝粒子」的預測。「上帝粒子」是「希格斯玻色子（Higgs boson）」，也是粒子物理學的標準模型所預言的一種基本粒子，標準模型預言了 62 種基本粒子，而希格斯玻色子是最後一種有待被實驗證實的粒子。「希格斯玻色子」是因物理學者彼得・希格斯（Peter Ware Higgs，1929-）命名，由於其對於基本粒子扮演最終的角色，因此在大眾傳媒中又被稱為「上帝粒子」。自 2011 年開始，位於歐洲的「大強子對撞機 Cern」已經開始在尋找這顆最終的「上帝粒子」。自愛因斯坦（1879 － 1955）逝世後現今最知名的宇宙科學家霍金（史蒂芬・威廉・霍金 Stephen William Hawking，1942-）則預言不會有「上帝粒子」的存在，不過在 2012 年的時候，他又再次的公開道歉認錯。在這次之前，1975 年他與另一名物理學家索恩（Kip Thorne）對賭，霍金認為黑洞不存在，結果是霍金輸了。

為什麼我要提這一段呢？因為這個時候人類發現了一個新的稱之為「重子數守恆定律（Conservation of Baryon Number）」，「重子（baryon）」是屬於具有強作用力的基本粒子，而在這「重子」之中，最重要的特性是自旋（Spin）量子數為 1/2 的，總共只有八顆。而這八顆則進一步的根據自

身的特質構成了非常迷人的正六角形，而剩下的兩顆重子則位於這正六角形的正中央，這樣迷人的圖樣，1961 年科學家將它正式命名為「八正道圖案（Eightfold Way Patterns）」。

奇特的是，對於自旋為 2/3 的重子而言，同樣的是以「八正道圖案」結構出現，但是根據位置的排列，卻始終少了一顆，就根據這「八正道圖案」科學家預言一定可以找到缺少的那一顆，於是大家拼命的去找，終於找到了。這「八正道圖案」對基本粒子的預言，讓科學家如芒刺在背，但也只得視為是上帝的暗語，也開啟了對宇宙基本粒子新知。「八正道」這三個字佛家千年前就在使用，如今卻獲得全世界科學家的認同而使用這個名稱，這真是另類的驚喜。

4.4 心經是可以安定人心的

　　每一個人大概都知道，生命的過程一定都是有起有落的，「起」的時候高興，「落」的時候悲傷。所以有許多人主張人生應該是要有苦有樂的，只不過這是一種高姿態的說法，也就是說是在唱高調。我只問一句話就知道甚麼是真實的：

　　「有沒有人到寺廟裏燒香拜佛的時候，乞求上蒼降臨大災禍給他的？」

　　我們誠實的相信，這個世界上不會有這樣的人存在的，除非他的心智已經不正常了。大家對於災禍都唯恐避之不及，豈有乞求災禍降臨的道理。但是，我們的生命在自然的過程中，有苦有樂都是必然的。當快樂來臨的時候，自然是喜悅無比。但是，當災禍來臨，苦難臨身的時候，我們該怎麼辦？

　　對於災禍的來臨，苦難臨身並不是任其自然的發展，而是要問：

　　「你的心該如何去調適？」

　　這才是關鍵性的重點。頌讀《心經》的確有安定人心的作用。但是，這卻有兩個不同的層次。其一是藉用背誦的方式，使自己忘了其他的事物，而專注於心經的文句上。但是，這其實是一種自我的轉移作用，轉移自己的注意力，忘了其他，但這是不根本的，也不是知識分子所當為的。其二是深悟《心經》的真實道理，將視野放及整個宇宙，將自己化身為五彩的彩蝶，將自己轉化為長風萬里，以整個宇宙及萬物的宏觀來看自己，那其實這一切也都是自己。為甚麼不能像彩蝶一般的翩翩？為甚麼不能像明月一般的觀照大地？為甚麼不能像萬里長風一般，飛越千山萬水？而為甚麼一定要用自己的心困住自己？

4.5 心經的智慧

學佛也是一樣，對於一位知識分子而言，如果學佛是有其他目的的，那就不叫學佛，那是「假佛學」。《心經》不能教我們發財，不能教我們致富，也不能教我們升官或走運，但是，《心經》是有大學問的。

《心經》是所有佛教經典中最短的一部經，短短的兩百六十個字，其用詞之簡潔，道理之深遠，傳頌之廣泛，均為中國佛教史上無可比擬的。它把整個《大般若經》的思想的精要都涵蓋於其內。因此，我們可以說《心經》是把整個佛教的「般若」思想發揮到了極致，而它也是《金剛經》的宗要所在。所以我們可以說，《心經》其實就是整個佛法的精髓之所在。事實上，《心經》不但是令人嘆為觀止的，而如果您真正的懂得它的話，它絕對是令人驚心動魄的。

佛法是「不二法門」的，什麼是「不二法門」？也就是唯一能超越生死的涅槃境界的法門。「法門」就是修法的門

道。那麼甚麼又是「涅槃」？許多人誤解了「涅槃」的真諦，所謂「涅槃」就是「圓寂」，而「圓寂」就是死翹翹，那真是不學無術。「圓寂」是：「德無不備稱圓，障無不盡名寂。」諸位想想，「德無不備」是不是就是我們所謂的「止於至善」的地步，這是多麼高的一種境界，也就是人生等級最高境界了。「障無不盡」所有的障礙都沒有了，所有的困難也都不在了，那不就是真正的離苦得樂、大同世界了嗎？故而，「不二法門」也就是人我不二，有無不二，空有不二。《心經》一開始就講到了「五蘊皆空」，這「五蘊皆空」的本身就是大學問，這在下面的章節裏會有詳細的解釋。那麼甚麼又是「空」？「空」的本身就是無限的萬有、無限的根源、無限的可能、無限的寬廣。「空」是個大生命，是宇宙的大生命，也是宇宙的心。「空」是充滿希望的，「空」是明心見性的。什麼是「明心見性」？「明心」就是心中明確而明白，「見性」就是看見本身自我的心性，這又是跟「心」有關了。

我們常用的一個比方，「心」就是波浪，而「性」就是大海。我們常看到的是自己的心，它是波浪，所以是千變萬化而難以捉摸的。但是，常人很難想到，甚至是很難看到自己的「性」。事實上，它是大海，是無比的寬廣。可惜的是人們在觀賞浪花的時候，卻忘記了那遼闊的大海。大海是一切浪花的根源，只有修佛的人會想到去深看自己的「心性」。常人是無法體會的，所以說，若是有人問您：「為什麼要修佛？」那麼，您可以大聲的告訴他，佛性就是我們的心性，只有藉助於佛性才更能夠看到我們自己那無邊大海的「心性」，才可以了解自己內心深處的遼闊。所以，能

夠得知佛法，那才是無比的恩典，那才是無比的幸運，那才是無比的福慧。

　　《心經》是在闡述「由智慧到彼岸」這一主題，而其中所著重強調的智慧，便是對「諸法空相」的證悟。什麼是「諸法空相」呢？我們一般人對於事物，都有其好、惡、美、醜。幾乎就是這四個字讓我們一般人永遠脫不了「身」，永遠脫不了「心」。為什麼佛法認為是「空」的呢？而以一連串的「否定語句」來詮釋這個「空」字。請諸位要特別注意，這一連串的否定語句，就正是整部《心經》的核心所在。從「五蘊皆空」開始，緊跟著就是「不生不滅…無受想行識…無無明…無智亦無得」等等，一連串的否定語句，許多人往往會感覺到相當的困惑，但是如果深入佛法的時候，這又是一切智慧的來源。因此，要想解決這個困惑，就必須解悟這些否定詞句在般若經典中所扮演的角色，當然，這也必須要有深思的能力與智慧。

　　佛教在一開始的時候，就是要以解脫我們因執著、偏執與固執而被束縛永遠放不開的心。佛陀認為我們的苦是源自於我們將原本的「諸行無常」很自然的就視為是「恆常」，並將「自我」的意識放在最高位置，而從不知有「諸法無我」這句話。如果每個人都以自我為中心，劃出一個個圈子出來，而把別人都排除在外。那麼想想看，當有那麼多人都劃出大大小小不同圈子的時候，在這有限的世界裏，也都被這大大小小不同圈子佔滿的時候，能不彼此厭惡嗎？能不彼此擠壓嗎？能不彼此排斥嗎？而這一切的一切，皆是「苦」的根源。但是，由於這個「我執」的思維自小就已經深深的根植在我們的心中深處，因此，必須對「我執」進行徹底的解構與融

化，也正因為如此，《心經》才可以帶領我們走出苦厄，在心靈上達到真正自在與祥和。

《心經》所要彰顯的真理，即是「空」，也就是「諸法空相」，諸位需要注意的，「空」不是「沒有」，如果認為「空」就是「無」或是「沒有」，那就差到十萬八千里去了。「空」這個字在不同的地方有不同的解釋。在初期的時候，諸位可以將「空」以「無常」來看待。事實上，「空」是具有「因緣」效應的，而萬法是空性的，什麼叫做「萬法是空性的」？那就是說，人世間的一切事物，沒有說一定要如何、如何的，到達目的地的「方法」千千萬，沒有甚麼是唯一的。更何況宇宙中的一切也都是「緣生」的。

所以，《心經》這整部經之目的，我們可以由經文中的幾句話直接看得出來：

1. 「度一切苦厄」：它可以幫助我們度過苦難困厄。

2. 「能除業障」：能夠消除我們曾經犯過的錯誤，能知錯、能悔改才是善莫大焉，故能除業障。

3. 「心無罣礙」：心是一切苦的源由，而苦則又是罣礙的根源。所以，若是能夠心無罣礙，就是自在神仙。

4. 「遠離顛倒夢想」：什麼是「顛倒夢想」？那就是「妄想」。什麼是「妄想」？非份的想法就是妄想。不是自己的，而卻總想用

計謀、用手段、用心思弄過來等等，這些都是在妄想。

5. 「無有恐怖」：天底下還有甚麼比「無有恐怖」更幸運的？或是更幸福的？但就這一項可以讓人們心中無有恐怖，就是了不起的成就。

　　諸位看看上面在《心經》中所說的意境，它至少可以讓我們達到這五項心中所最渴望、最需求的事。那麼，不讀《心經》真是人生中莫大的損失。事實上，這部《心經》是在唐貞觀二十三年五月二十四日，玄奘大師陪侍著唐太宗李世民 (599-649) 的時候，在終南山的翠微宮之中所要翻譯出來直接給唐太宗看的。這個時候唐太宗已經病得很重了，但卻一直的在等待著，所以玄奘大師一將《心經》翻譯完成之後，就立即直接的交給了唐太宗，唐太宗在看完這第一手譯出來的《心經》之後，流著淚拉著玄奘大師的手說：「朕共師相逢晚，不得廣興佛事。」唐太宗在看完《心經》的兩天後病逝於翠微宮，時年 50 歲整。今日諸位可以如此方便的獲得《心經》的智慧，是有大福報的。

4.6「色」的時空觀念

　　對於「色」這個字，與「空」義同，在佛教的教義中佔有極為重要的地位。許多我佛弟子認為「色」是物質，是與「空」對立的，故而對於「色」則多唯恐避之不及，這是對於「色」的不了解而產生了負面的偏差。其實這個「色」的真諦是「變壞」與「變礙」之義。事實上，這個「變壞」與「變礙」的意義，放諸整個宇宙皆準，真是偉大到不可思議。可惜真能體悟者不多。「變壞」與「變礙」其真正的內涵及現象，正就是《近代物理學》中對於宇宙中所有的一切，最終都會變舊與變壞是同一個意義的。宇宙中有一個「自然的終極定律 (The Ultimate Law of Nature)」，而這個定律的真實內涵也正就是「熵 (Entropy)」這個字。根據「熵（這個字念商）」的定義，它是使得一個完整而獨立的系統，走向混亂程度增加的狀態，而「熵」在《熱力學 (Thermo Dynamics)》同時也做為這種混亂程度的度量值。更重要的是，在宇宙中「熵」值的增加，為「時間」定義出了唯一的方向。「時間」為甚麼一去不會回頭？那是因為「熵」值一直在增加的緣故。宇宙邊緣的「熵」值與我們太陽系或銀河系並不相同。因為，接近宇宙邊緣的各銀河系與時間及空間彼此飛離與遠離的速度要比我們快得多，其「熵」值增加的程度也大得多。這是不可逆的。當然，這代表著時間的本質也是不可逆的。而人類的死亡也是必然而不可逆的。

「色」除了是「壞礙」之外，也可以解釋為是「物質」。說道「物質」，我佛弟子也不必要特別的需要躲得遠遠的。其實，認真的說：

「物質的本質並不是物質。」

這句話說起來有一點玄，實則不然，諸位可知道，所有的物質都是由「元素（Element）」所構成的。截至目前為止，宇宙中總共有 118 種元素被發現，而其中有 94 種是存在於地球上的。而這 118 種元素也構成了整個已知的宇宙。當然，「黑暗物質（Dark matter）」與「黑暗能量（Dark energy）」是例外的，雖然它們佔了整個宇宙的 96%。但是，人類至今對它們卻是完全的一無所知。

對於「物質」我們應該抱著珍惜的態度。您手上戴的金戒指一定要很珍惜它才對，這並不一定是在說它的紀念價值，也不是在說它的現金價值，而是「戒指」的本身才是真

正值得我們珍惜與尊敬的。各位可能不知道，「黃金（Au）」原子序數是79，這個元素並不產自於地球本身。也就是說，地球本身並沒有產生黃金的能力。事實上，只要是超過「原子序（Atomic number）」26 的鐵以上的物質，地球都沒有能力產生。那麼，地球的黃金又是從哪裡來的？它們都是來自於四十六億年前的宇宙太空中的「超新星（Supernova）」的爆炸，

而超新星在爆炸的過程中會產生各種元素，包含產生了黃金。而爆炸的星塵，也一直的飄浮在宇宙太空中，直到四十六億年之前地球在形成的過程中，將許許多多的星塵聚合在一起，而成為地球，這其中也包含許許多多的各種元素，當然，黃金也是其中的一種。各位，當您了解了黃金的由來之後，竟然歷經了四十六億年的歷程，能不心生感激與珍惜嗎？

我們是生存在「粒子宇宙」中，這個宇宙均由基本粒子所構成的，粒子呈現的是顆粒狀態的現象。分子是如此，原子更是如此，其他如電子、質子、中子、夸克等等均是以粒子狀態呈現。其實，我們應該是可以聯想得出來的，宇宙如果是由粒子所構成的，而粒子之間理當是不連續的。

我們的宇宙是由粒子所構成的這並非不可思議，事實上，我們人類在思考事情的時候也是以「點對點模式（Point to Point Mode）」的方式在思考事情。例如說：我在想某一個人，其連接的方式是由我開始再連接到對方，這是兩個點式的連接。當我們在想到某一個人的時候，其實是沒有能力再去想第三人的，如果想到了第三人，則第二人就會在心中暫時的消失，古人有言，所謂「一心不能二用」就是這個道理。這種單點式的思維模式甚至是無法跨越到二維的階層，還是很原始的，更不必說三維的問題，甚或一些略為變異的時空了。此時我想到了一個有趣但不很難的問題，問題是這樣的：「在幾何學中，我們都知道，三角形的三個內角和必為180度。」也就是無論你怎樣畫一個三角形，其三個內角加起來的和必定是等於180度。這是幾何學中三角形的第一個定律。但是，這個理論是可以被推翻的。我們就以地球來做實驗好了。假設你是位於赤道的緯度上，沿著赤道向正

東位移一百公里，然後再垂直（90度）的延著經度向正北而行，最後會到達北極，這是第一個90度。在到達北極候再旋轉90度，垂直的向南而下，這是第二個90度。一直南下的結果會與赤道垂直相交，這是第三個90度。這樣的航行的結果，也是走的是一個三角形。但是，卻走了三個90度，加起來是270度，違反了我們在幾何學中所學過的「三角形內角和為180度」的定律，這究竟是哪裡出了問題，諸位不妨好好的想一想。

空間的彎曲產生了變異的現象，同樣的一個問題，當時間或空間有了變化或變異的時候，事情的真相往往也就完全的不一樣。這也是我常希望能提醒大家的，在不同的時間或空間裏思考事情的時候，要有超越性的心態與思維，尤其是如此精妙的佛法，我們不能一成不變的抄襲古籍，那就是回到古代而為古人了，我們不但沒有進步反而時時刻刻還留在古代的歲月，那就是我們忘卻了佛陀一再要我們「精進」的苦心。「精進」是要隨著時代而進步，也應該跳脫一些陳腐的思維與認知，如此才能將佛學真正的發揚而光大起來。這也是為甚麼我說「色」這個字與「空」是等同的重要。在《心經》裏所用的「色不異空，空不異色，色即是空，空即是色」……。所以我說，「色」與「空」是同樣的重要。

幾乎絕大部分的人都認為人類以外的「東西」都是沒有「靈性」的。我個人是不同意的。那要看「靈性」這兩個字的定義是如何？如果只用在人類的身上，我不便辯駁。而如果泛指世間中的萬物，則我就不能同意了。我們都知道，「元素」是由「基本粒子」所構成，事實上，「基本粒子」的本質雖然不「物質」，但卻是個「東西」。就以電子（Electron）來說，

它雖然有極為微小的質量(9.10938215(45)×10-31Kg)，但是它卻沒有體積，也就是說，「電子這東西」實際上是僅有質量而沒有大小。一個有質量卻沒有大小的「東西」，你能說它是「物質」嗎？如果要說更深入一些，「光子(Photon)」那就更奇特了，它既沒有質量也沒有體積，那你說它是甚麼「東西」？我常常認為它們的本質就是「靈」。如果說得更深入一些，那就可能談到「雙狹縫實驗(Double-Slit Experiment)」了，這個實驗是證實了基本粒子的真實不可思議的詭異現象，這些基本粒子它們不但可以彼此探知對方，而且「一個」基本粒子卻又可以「同時」存在於兩個以上不同的地方，這豈止是有「靈性」而已，這甚至已經是超越了靈性的範疇。如果再深一點的探討基本粒子的詭異現象，那就是「量子纏結(Quantum Entanglement)」了，若是以一個源頭而同時往相反方向移動的兩個電子為例，不論它們距離有多遠，即使一顆是在地球，而另一顆則在冥王星之外，在如此遙遠的距離下，它們仍保有不可分割的關聯性（Correlation）。亦即當其中一顆的狀態發生變化，則另一顆也會「同時」的發生「對應」的變化，也難怪愛因斯坦稱這種現象為「幽靈似的遠距作用（Spooky Action-At-A-Distance）」，這些電子如何能擁有超光速的通信與傳遞能力，這與《狹義相對論》是有局域性相違背的。那麼，您能說這些「東西」都是沒有靈性的嗎？所以，我們身在世間，對於任何「東西」也都不可以輕忽以代，我們對萬物的存在都要有尊敬的心理。

4.7 每一個我都是無價的

　　這個世界上已經有 70 億的人口了，有一個小小而又有趣的問題，那就是如果我們點名，以一秒鐘唸出一個人的名字為準，諸位猜一猜，要多久才能唸完這 70 億人的名字？答案是需要八萬一千天（正確的是 81018.5 日）才能唸完每一個人的名字，也就是 222 年。諸位想一想，如果每一個人都需要上帝的照顧的話，那最後一個人也要等 222 年才叫得到你的名字。

　　法國的笛卡兒（René Descartes，1596-1650），被認為是西方現代哲學的奠基人，他也是第一個創立了一套完整的哲學思想體系。哲學上，笛卡兒是一個二元論者以及理性主義者。所謂「二元論」則是他認為宇宙中共有兩個不同的實體所組成：一個是「心靈」的世界，也就是可以思考的世界。笛卡兒認為「心靈」的世界也是真實的實體，不可以說「心靈」是虛幻的，它是實實在在的存在於我們人體之中的。「心靈」不但是存在，而且對於人的影響更大，它甚至是可以做為我們整個人的代表。另外一個則是「物質」世界，也就是外在的世界。笛卡兒

認為，對於外在的大自然世界，人類應該可以使用數學的方法，也就是理性的方法來進行哲學性的思考。他相信，對於外在的宇宙或大自然世界，理性要比感官的感受來得更實在，也更可靠。「我思故我在」是笛卡兒的名言。笛卡兒顯然是為了要證明真實的世界是存在的，他的哲學思想，採用的是「懷疑的方法」，首重的是求證「知識」的來源是否可靠。我們可以質疑身邊的一切。笛卡兒說了一句流行千古的話：「我思故我在」(Cogito ergo sum)，照字面上的意思來看，便是：「因為我的心靈能夠思想，所以我是活著而存在的。」但是，深入而言之，這句話有幾個不同的深層含意在內：

1. 他開啟了近代醫學「腦死」的觀念。一個人只要具有思考的能力，就不能說死亡，跟時下醫學「腦死」的觀念卻是不謀而合。

2. 生命的價值在於思考，而非身體的狀況，更不是衣食住行。雖然兩者都是生命的狀態，然而以哲學的角度來看，顯然「思想」是技高一籌的。

3. 「我」就是要肯定自「我」。我是宇宙無限中唯一的，所以，我是無可取代，也是無可替代的。只有肯定自我則一切才是真實的。

4. 我為什麼要活在世界上呢？生命的目的到底在哪？我們活在世界上的原因就是因為有「我」。而我生命的意義也同樣的是因為有「我」的存在。生命的目的就是因為有「我」，否則就沒有意義。

的確，遠在將近四百年前笛卡兒就能如此的深入而整理出一套邏輯的思維，也因而啟發了後世的人的民主思想，更進而引發西方世界的人本主義與人權思想。也因此後人稱他為「現代哲學之父」。

5

超越時間與空間的存在

5.1 佛法的無遠弗屆

　　首先，我要稍微的加以說明「時空」這兩個很重要的字。「時空」這兩個字是「時間」與「空間」的簡稱。「時間」與「空間」的問題涉及到了宇宙的緣起即存在的根本，它們是在 137 億年前宇宙起源的大霹靂(Bigbang)中同時產生的。宇宙一直的往未來走下去，而「時間」則受制於「熵(Entropy)」的定律，而是為向量，故而一去永不回頭。事實上，「時間」永遠只存在於「未來」。當你看到這句話的時候，此刻已經過去了，而所擁有的還是「未來」。沒有人知道「過去」的時間到哪裡去了？但是，我們確認的是，「未來」會一直的過來。

「空間」是很奇妙的，由於宇宙提供了「空間」，一切的事與物才能夠有「存在」的地方。表面上看起來「時間」與「空間」是毫不相干的。事實上，「時間」與「空間」的本質是一體的，而且是交織的，是互變的。當近代物理學家了解到「光速」在所有的參考座標中，都以完全相同的速度在進行的時候，就明確的知道了「時間」與「空間」必然是極為相互因應的，而且可以相互轉換且是相互交變的。也就是說，「時間」可以改變「空間」，同樣的，「空間」也會改變時間。故而近代物理學家將「時間」與「空間」的交織關係定了一個名詞，稱之為「時空」。宇宙中所有的「一切」都生存在這宇宙的「時空」裏，也都必須隨著宇宙「時空」的變化而對應變化。

　　「時間」究竟是甚麼？「光陰」又是甚麼？為甚麼在「空間」裡我們可以回頭或轉彎，而在時間裡卻不可以呢？時間與空間自古以來就是哲學家們及所有心智所苦思的最大問題。直到距今一百年前1906年愛因斯坦的《相對論》，對於宇宙中的時間與空間才有了近一步的了解與突破性的見解與認知。大家都聽過愛因斯坦的《相對論》，但是《相對論》究竟是在談甚麼問題呢？事實上，不論是早期的《狹義相對論》或後來的《廣義相對論》，它們所談的均是宇宙中的時間與空間變化與相互改變的問題。自有人類以來從來都認為時間與空間是永不會變化的，至此才知道，事情並非人類一廂情願的想法。

　　「光速（Speed of light）」是一切速度的極限，也是宇宙中的最後一道牆，在此之內，人類或許在宇宙中可以為所欲為，但是，也僅止於此，不

可以越界。接近光速的旅行確實是可以回到「未來」。就以宇宙航行為例好了：

「假設我在太空船內，而太空船以 0.99999 光速前進，在飛行了十年後返回地球，在我所戴的手錶上告訴我時間過了 20 年，那麼當我回到地球時，地球上過了多少年呢？」

透過「時間膨脹 (Time dilation).Δt」《相對論》的公式，我們很容易計算出來因為「時間膨脹」的關係，則在地球上我測得的時間是多少？答案是：地球已經是過了 4474 年。這時間大概剛好就是「黃帝」在位的時候，我踏乘太空船飛出去了，而過了 20 年後，我回來了。這在地球上來說，我確實是出去了 4474 年，很古老的歲月。但是，我自己的時鐘告訴我，時間是過了 20 年，這種現象就稱之為「時間膨脹 (Time dilation)」。當然，這不是神話，而是千真萬確的事實。

但是時間與空間對於佛有甚麼關係呢？有的！不但是有，而且關係重大。因為，佛就是活生生的存在於我們這個時間與空間裏，離開了時間與空間而高談闊論的談佛，就如魚兒是生活在水裡面，但卻把水忘記了，而大談天上雲彩的事物，畢竟那是不實際的，而且也是不究竟的。就時間與空間的現象與本質而言，這一方面自古以來就很少有人敢去觸碰，總認為「時間」既是捉不住，也看不到，甚至是感覺不到的，它是一種近乎虛幻而不可確得的事物，最多，也只是讓人於事後用想像來描寫時間或時光的逝去，諸如光陰似箭、日月如梭等等的。事實上，近代科學告訴我們，時間不但是存在，而且是具有相對性的。更正確的說，我們每一個人的時間

都不一樣，也都不相同。各位必須要注意一件事情，那就是「光（Light）」與「時間（Time）」是不可以混而一談的。原則上，「光」與「時間」是風馬牛不相及的，因為，我們在密閉的房間裡可以沒有「光」，但是時間並不會有絲毫的停留。我所謂「原則上」的意思是指在一般地球上與生活上，「光」與「時間」還扯不上關係。但是，在宇宙中「光」與「時間」之間就不是沒有關係了，而是關係緊密。光速當然可以改變時間與空間，而我們就生活在宇宙的時空裡，而佛也在這宇宙的時空裡，能夠多了解宇宙的時空對於佛法是重要的，因為，佛法並不只是在人世間，而是可以深遠到宇宙的時空裡。我希望各位能更加開拓自己的視野，知道真正的佛法，並讓所有的人能夠共享佛法的無遠弗屆的偉大。

5.2 佛法是非法非非法

　　首先，我想要問大家一個問題，而這個問題是會隨著年齡、認知、知識與智慧的不同，而會有不同的答案。這個問題就是：我們「修佛」的目的究竟是如何？這真是一個大哉問。當然，一般的芸芸眾生他們不是在「修佛」，而是在「拜佛」。「修佛」與「拜佛」是不同的。「修佛」是自我修習成佛。而「拜佛」的目的則是在乞求些甚麼？這種的乞求還包含了物質上的層面與心靈的層面。當然，也有一些人是念念不忘，一心只想

要往生到西方極樂世界去。這云云種種的事情，有些人認為是一種見仁見智的問題，隨他個人去想，但問題卻「不是」如此隨便的。如果佛經是可以隨便的見仁見智，見是見非，見有見無，那就不是佛經了，甚至它就甚麼都不是了。我們應該希望要能真正與確切的去「解悟」它。

　　有人會說，他有答案。因為佛在《金剛經》中曾直接的告訴我們：

「所謂佛法者，即非佛法。」

這就更妙了。如果說這句話就是答案，那麼，各位說說看，這句話究竟是在說甚麼？如果把這句話用白話文來說，那就是說：

「這世界上根本就沒有佛法這東西。」

這真是妙了，既然明說了這世界上沒有佛法這東西，那我們一天想要修佛法，那不是神經病嗎？在佛教的領域裡，經常有很多佛陀的子弟們，他們一天到晚在各處奔走，到處聽經說法，希望早晚能獲得更高與更深的道行，也有一些修禪學佛的人士，總想排除萬難而一心要能修習佛法，而如今卻又說：「這世界上根本就沒有佛法這東西。」那究竟佛法是什麼？

其實，一心想要在佛經中悟道的心態與行為，有的時候也是偏執的，一心想要悟道也是一種不悟，也是執著的另類之表象。因為佛法不能代表或包含宇宙，而宇宙卻不論你有沒有佛法，它都是自在的存在與運行。所以，事情並不是我們看到的那個樣子，也沒有那麼簡單，也不是表象的那個樣子。現在，再回到「所謂佛法者，即非佛法。」這一句話裏面，這幾個字不是在說：「這世界上根本就沒有佛法這東西。」那是對文字上的誤識與錯誤的解讀。而「所謂佛法者，即非佛法。」這意思是說：「所謂的佛法，宇宙中並沒有固定而不變的佛法。」諸位知道，水善利萬物，地球上所有的生物都必須要有水才能存活，所以若是說「水」是萬物之母並不為過，那麼，我若進一步的問：「這個萬物之母的水，它的形狀是什麼樣子？」當然，這是無法回答的。同樣的，我若是問：「風是什麼樣子？」、

159

「雲是什麼樣子？」等等，都是無法回答的。你只要說出一種形態來，它就有「非」所說的形態出現，而所謂的佛法，遍及宇宙一切，我們無法用固定的形態去說它，而佛法也沒有無固定而不變的佛法，所以說：「所謂佛法者，即非佛法。」佛法在哪裡？滿山遍野。佛法哪裏還有？大地山川皆佛法，但就是沒有固定「不變」的佛法這東西。所以，佛陀更進一步的說：

「亦無有定法，如來可說。」

就是這個道理。但是，佛陀接著又說了下面一句話：

「如來所說法，皆不可取，不可說。」

這就直接衝擊到許多人的信心了。究竟到底是有佛法還是沒有佛法？否則，許多人一到晚都在唸佛，那豈不是神經病？不過，話又說回來，究竟是不是神經病還很難說。下次如果你遇到有人在唸佛經，你就過去，然後輕輕的告訴他：「神經病！」你認為他會有什麼反應？他也許不理你，繼續唸經。也許他會反問你：「我唸佛經為甚麼是神經病？」這時候，你就可以告訴他佛陀在上面所講的話，這世界上根本就沒有固定的佛法，既然沒有固定的佛法，又何來固定的佛經之有？那麼，你究竟唸的什麼經？看他如何回答，就知道他的道行是如何了。事實上，這整個問題的答案就在本節的標題上。那就是：

「佛法是非法非非法」。

甚麼是「非法非非法？」，這句話可真是有大學問在裏面，這五個字裏面有三個「非」字，兩個「法」字，而這五個字裏面其實只有兩個字，

一個字是「非」字，另一個字是「法」字，不熟習的人可能連斷句都成問題。事實上，如果懂得斷句，那大概就八九不離十了。這句的斷句是這樣子的「非法，非非法。」第一個「非法」的「非」字是做為「沒有」的意思，所以「非法」就是沒有法。哪裏有甚麼佛法？大地山川，滿山遍野都是佛法。而「非非法」中的第一個「非」解釋為「不是」，而第二個「非」則應解釋為「沒有」，所以這「非非法」合起來的意思就是：「也不是沒有法。」這日月星辰，芸芸眾生，草木花樹等等莫不是佛法，然而，這之間都沒有一點規矩嗎？都沒有準則嗎？非也！在這宇宙洪荒裏面究竟還是有規矩的，也不是可以隨便亂來的。諸位想想，所以我說「佛法」是可以遍及宇宙萬千的道理就在這裏。這「非法非非法」說得是真了不起。這大宇宙中所有的星雲、銀河與星球看起來是隨機分散的，沒有甚麼規矩。但是，真的彼此之間都沒有任何關係嗎？那倒是未必。所以，這「非法非非法」道盡了宇宙一切的真實與現象。不要說是宇宙了，就說我們這個紅塵萬丈的人世間，不也是如此嗎？

5.3 佛住哪裏？

　　那麼，如果再進一步的問？佛究竟要在哪裡才可以得到呢？要如何才能得到呢？是天天對著佛像鞠躬拜拜？還是每天木魚唱經就可以親近佛呢？這就是大哉問了。諸位，想必知道如下的一句話，：

　　「萬般皆佛法，佛住無相中。」

　　許多人都有一種誤解，以為那些好不容易千年傳承下來的佛經典籍就

是佛法，能夠照著經典上所說的去認真的執行，或是能夠隨時背誦那些經典裏的詞句，那就是佛法了。但是，我要說的是，這樣的想法可就是大錯特錯了。如果那些寫了一些字的紙本經典就是「佛法」，那麼石頭可就是「佛陀」了。

所謂「萬般皆佛法，佛住無相中。」，那為甚麼佛陀是住在「無相」中呢？說到這裡，我想反過來問？如果佛陀不住在「無相」中，你認為他應該住在哪裡呢？甚麼是「相」？「相」就是表現於外而能想像於心，並能成之於外的各種事與物，都稱之為「相」，這個「相」並不單指所有事與物，它還包含了我們看不見的「心相」。在上一節中曾經說過佛法是大地山川，滿山遍野都是。所以，如果佛法是在宇宙星塵、滿山遍野之中，當然佛也就在那大地山川，滿山遍野之中了，人們都在寺殿裏拜佛，事實上，佛並不在寺殿裏面，到山川大地裏去找。

在《金剛經》中有一句很有深度的話：「凡所有相，皆是虛妄。」這句話是非常有學問的，幾乎是我佛弟子每一個人都會唸頌的。但是，會唸是一回事，真正懂得則是另一回事。而如果硬把它說成人生是空無的、是虛幻、是妄想的，而又不真實的，那就完全對了。就以「時間」來說好了，它是完全「無感」的，摸不到、看不到、聽不到，若是以人類的眼、耳、口、鼻、舌、身而言，當然是絕對感覺不到「時間」之存在的。那麼，你敢說：「時間是虛幻而不存在的嗎？」佛陀說這句話的時候，其實它是包含著過去、現在與未來的一切。宇宙中的一切，說是現在，但已成為過去，無影無蹤。未來是一個未知，沒有人知道未來在哪裡？那麼，過去已經不存在

了，未來還不知在哪裡？而現在的此刻也在說話的同時成了過去。這「一切相」究竟是存在？還是不存在？而在這時光之流裏面所有的「相」，就更難以把握了。事實上，「存在」是一種動物特有的感覺，也就是說，「存在」是「存在」於感覺裏面，而無法「完全」以時間來衡量。當你感覺你現在是「存在」的，那就是「存在」。按照時間的理論，那是無數的現在「堆積」成過去。所以，現在還是成立的。好好的把握「現在」，當然是正確的，也是唯一可行的。所以，要了解「凡所有相，皆是虛妄。」這句話，就必須對於「時間」的本質能有更進一步的了解，則才能真正的體悟這句話的偉大真諦。

5.4 宇宙中沒有「永恆」

　　在宇宙的「時間」與「空間」中，在「時間」裡的「未來」其實是最虛妄也是最神秘的。我們且不必說那些極樂世界與永恆無窮盡的事，就說從現在起一年以後的事，有誰知道自己會變成如何？而這個世界又會是如何？至於十年以後的自己與世界又是個甚麼樣子？那就連猜恐怕都猜不著了。當然，也許科學家可以多少說的出十年以後人類的生活大概會是個甚麼樣子。但是，五十年呢？可以確認的，不但世界上沒有一個人可以說得上來了，甚至恐怕連想像都無法想像。而如果連五十年後的世界是如何都沒有人可以說得出來。那請問，還談甚麼永永遠遠屬於「永恆」的事？來看，短暫的「業因」與「業力」是無法享有永恆的「業果」的。

　　毫無疑問的，時間是在向量的實數數線上一直的在進行與演化著，我們是生存在實數領域的宇宙，而「時間」則是在一條實數線上永不能回頭的走下去。因此，若有數學基礎的人

165

士，當可以了解我所說的：「時間是在向量之實數的數線上一直的在進行與演化著。」這句話。「向量（Victor）」這兩個字很重要，宇宙中實數的數線可以有很多。我們可以想像有無數在高空飛行的飛機，每一架飛機都帶著凝結雲「同一個方向」在飛行，每一架飛機的速度都可以不同，但是，「方向」卻必須是「完全」一致的。「時間」可以交錯，這是宇宙最重要的底線，也是宇宙最偉大的神奇。

在數學中，向量則是決定了數線的方位，這是說它有實數中的向量的特質，因此，向量的運算計量，並不依據純數值的運算法則。我們都很清楚，實數是在一條線上，任何自然的數都一定可以在這條數線上找得到對應點。數線是一維的，所以，實數時間（Real time）唯一的特質就是不能回頭，永遠的也是必須的一直在奔騰下去。就時間而言「永恆（Eternity）」是沒有意義的，因為時間不可能停止。這正如宇宙中沒有停止的「光線」，這是事實，在宇宙中的任何的光線都會一直的奔騰下去，永不停止，除非遇到無法穿透的障礙，才會被反射或吸收。也正因為如此，現在正在太空中運行的「哈伯太空望遠鏡（The Hubble Space Telescope）」才可以清楚的拍攝到接近宇宙起源的真實影像，而確立了「大霹靂（Big Bang）」的宇宙起源理論。而自「大霹靂」誕生了宇宙以來，時間與空間就快速的在急遽膨脹之中，而我們的宇宙也不斷的在急遽擴大之中。就宇宙的本體而言不斷的在快速變遷，而時間與空間也不斷的在因應變化，我們實在看不出整個宇宙的演化中，如何能夠允許有「永恆」的存在。

宇宙中有另一種與我們完全不同的時間與空間，那就是「虛數時間

（Imaginary Time）」。這是一般人很少知道的，但宇宙中確實是存在著這種難以思考的時間。在「虛數時間」與空間裏，時間是可以改變方向的。「虛數（Imaginary Number）」是存在於複變數（Complex Number）座標裏。複變數（Complex Number）是所有的數系中最大的，其它所有數值都是它的分支。所以「虛數時間」不再是一維的，而是二維以上的存在。由於不再是單一的一維，故而虛數時間是可以改變方向的。由於虛數的本身可以自成三維，而實數也是三維的，故而它們的整合總數可以達到九維以上的時空狀態。

　　虛數時間擁有的各種現象與可能性則是不可思議的，當然，在虛數時間裡，時間才談得上可以改變進行的方向或任意迂迴的。但即使是如此，在虛數時間的宇宙裡，永恆仍然是不存在的，因為，整個宇宙不論任何，所有的一切每一瞬間都在改變，也都在變化，包含在複變數（Complex Number）的時空裏。

5.5「心經」究竟是什麼「心」

　　就目前所知，人類是地球上唯一懂得對時間能夠認真思考與深究的動物，至少目前是如此。在中國最早有人物與事物確實可考的是漢朝時代的漏壺，在西元前 150 年，漢景帝封劉勝為中山王，近代曾經發掘了劉勝的墳墓。除了包裹著金縷玉衣之外，另外也發現計時用的漏壺，漏壺是為水鐘的一種，多呈圓筒狀，在底部有一個漏嘴，壺蓋的小孔插有刻有度數的木箭與木尺，當壺水逐漸從底部漏嘴漏出時，木箭便會下降，故從刻有度

數的木尺上，即可讀出當時的時刻。隨著時代的進步，近代科學事務上的標準時鐘，約可保持一百億年期誤差值不會超過一秒鐘。即使是現在諸位所使用的個人電腦，其系統時序(System Click)約在 4Ghz 以上，也就是每秒鐘會有四十億($4*10^9$)個脈衝提供系統使用，相對於每一個脈衝的時間是四十億分之一秒。也就是說，我們現在每個人所使用的個人電腦中，其系統脈衝的時間必須是精準到這個數值，電腦才能正常的使用。四十億分之一秒當然不是人類可以感知的，但對於設計電腦的人與工程師而言，卻是絲毫的誤差都不允許的。

上述的是一種「無感時間」，也就是遠遠的超過人類可以感覺之外的時間，故又稱之為「感覺以外的世界」。近代的《量子力學》談的多是這方面的問題，它是真真實實的存在於這個真實的宇宙裡，想要了解宇宙人生，甚至想要談論有關於宇宙與人生的相關問題，不能不對於宇宙的真實結構與現象要有相當程度的學識與知識。

但是，人類畢竟還是在依據著感覺在過日子。那麼，人們的「心」與「時間」之間的關係，在認知上又是如何呢？也不可能說：

「請把明天的飯拿來給我吃。」

你更不可能說：

「請把明天的日子先拿來給我今天用。」

同樣的，人類的心思在未來根本就還沒有存在「時間」與「空間」，一個不存在於「時間」與「空間」裏的事物是沒有意義的。我們沒有一個

人知道即使是自己，在未來的日子會有甚麼「心思」的，人類哪裡會有甚麼未來心思可言？我們可以預想到未來的事情，可以預想到未來的種種一切，這些是屬於邏輯推導方面的認知。基於事理的發展，基於科學的進展，依照相關的邏輯，我們推導出未來某些短時間內「可能」發生的事與物。但是，即使如此，對於未來的真正的事情，仍然沒有人可以確切的知道是如何？至於對於未來的「心」那就更不再思維的範圍了。所以，那裡還有甚麼「未來的心思」的這個問題可以談的？那不是痴人在說夢嗎？所以，在面對佛陀所說的「未來心不可得」的這一句話時，諸位一定要特別小心，絕對不可以就字面上去解釋，這一點一定要弄清楚、弄對才好。

「過去心不可得，現在心不可得，未來心不可得」這句話所提到的三個「心」之不可得，那麼這三個「心」究竟是甚麼呢？事實上，佛陀所謂的這三個「心」他的真實意義是：

這個「心」是「生命」之真諦的意思。

他是在告訴我們：

「『過去心不可得』：就時間上而言，昨天的生命已經逝去了，歲月不會再回來了。這個『心』就是我們的生命，逝去的生命是回不來的。『未來心不可得』：則是在警惕我們每一個人，未來的生命是極為不確定的，誰又能知道自己未來的生命是如何的呢？那麼，為甚麼『現在心不可得』還是不可得呢？這是說，即使是現在此刻，你可知道你的生命究竟是甚麼嗎？我們甚至不必談過去的生命究竟是甚麼？或未來的生命又是如何？就是現在

的此刻，你的生命究竟是甚麼？有誰可以回答得出來嗎？所以，
這『三心』之不可得，不正就是『空』的道理嗎？不正就是『無常』
嗎？」

5.6 生命是沒有標準答案的

　　生命中的一切是沒有標準答案的，而「過去心不可得，現在心不可得，未來心不可得」的這句話，其真正的意義是在告訴我們，這個世界上的一切事情並無定論可言，昨日為是者今為非，而昨日為非者今日卻可能為是，在世事變遷之中，一切事情均會發生變化，這種變化是常有的事情，也是必然的事情。生命豈有固定的標準與模式可言？從小而大，自幼而長，所有的教育都是要我們效法前人的事蹟，尤其是要效法英雄豪傑或是文人富豪。但是，卻從來沒有人告訴年輕人，時間與空間的背景都已經不一樣了，在不同的時空背景之下所學來的東西常是畫虎不成反類犬的。古代的萬民

只要不聽皇上的，就是不忠，就是想要謀反。於是砍頭、抄家、滅門都跟著而來。自古忠臣難善終，你能想像岳飛在前線為皇上奮勇殺敵，而皇上心中想的卻是如何砍下岳飛的腦袋嗎？這是善惡有報嗎？近一點的說，明朝末年的袁崇煥，他幾乎是明朝末年崇禎皇帝唯一的忠臣戰將，為國守山海關，重創城外後金兵，努爾哈赤

重傷幾乎死去，金軍從未能攻下城池，而袁崇煥亦從未戰敗過。其後努爾哈赤利用明朝宦官做為反間計，稱袁崇煥謀反，崇禎招回京都後，以「通虜謀叛」的罪名將袁崇煥凌遲處死，並流放其妻妾、子女及兄弟等人兩千里，袁崇煥刑前遺書：

「一生事業總成空，半世功名在夢中。死後不愁無將勇，忠魂依舊保遼東。」

各位當能夠深切的理解，世事豈有定論？善惡必有所報，這種說法大家都不敢說不是，但是，世事真的是如此嗎？恐怕未必。今日為是的，明日成非。生命是沒有標準答案的，佛陀深知此理，而佛法當然也是如此的，所以佛陀說：「非法，非非法」，真是無比的睿智。

5.7 因果律是定律嗎？

　　許多人都以為佛教的基本立論是建立在《因果律》上面，這樣的說法是對佛教的不了解所致。首先《因果律》這三個字的本身就有問題，所謂「律」就是一種固定不變的法則的意思。例如，《質能不滅定律》或是《萬有引力定律》這是宇宙萬物都必須遵行的法則，沒有任何的事物可以例外，即使是神仙也不行。但是《因果律》則並不是如此，相信各位在人生的過程中，也一定也有許多的真實體驗，好人不一定有善報，也不一定有善終，

而壞人也不一定有惡報，更不一定會早死。它們之間沒有必然或必須遵行的法則，所以這就不能稱之為「律」。所以「因」與「果」之間並沒有「律」的必然關係存在。

　　如果人世間有標準的話，那麼「報應」就應該是標準程序內的事了。然而，「報應」的事情在人間同樣是很難說得準的。也許有人一定會問道：「難道在這人世間，天下裏就沒有所謂報應的事嗎？」。報應是有的，那

是屬於「因果論」上的「因」與「果」之間演化的關係與成果。常有人說所謂種瓜得瓜，種豆得豆。這不就是因果關係嗎？其實不然，對於一般人使用這種說法多是可以得到認同的。但是，事情的真正本質卻未必是如此。

一般人都會說：「有因則必有果，有果則必有因。」這是較為膚淺的教條式說法。各位再仔細的想一想，天底下的事情有「因」而得不到「果」的事情比比皆是，有善因也未必會得到善果的事情當然也是有的，只是就機率學而言，善因得到善果的機率會大得多。若說「有因則必有果」這句話是不完整的，因為，它把「因」與「果」連在一起了。各位當要注意的，「因」與「果」之間至少還存在著各種「緣」的問題。

佛教說「因果」是「因緣果」。在「因」與「果」之間加上一個「緣」字，那問題就完全不同了。這個「緣」字用得太好了，也太重要了。這就是說：我們雖然種下了善因，但不一定會有立即的善報，必須等到「緣」到了之後，才能會有結「果」。這正如我們種果樹一般，種樹是因，但「緣」則是許多外在的條件，在種完樹之後，我們必須給予一定的水分，肥料，溫度以及合宜的環境，這些都是「緣」的作用，而且是多方面的「緣」，這期間「緣」的作用可能有一、二十種以上，如果我們把地球上土壤、陽光、空氣、溫度與溼度等等大自然的條件都算進去的話，它甚至可有上百種的因緣，才能結出這個「果」實來。所以，「緣」的作用是那麼的廣，那麼的重要，事實上，它才是居於關鍵性的地位，而其重要性也絕不下於「因」的功能。

　　一般人所謂的「報應」則是屬於「宿命論」的關係，甚麼是「宿命論」呢？宿命論是指人生中早已註定的遭遇與結果，包括生死禍福、貧富貴賤等等，並相信一切事情都是人類無法控制的，而是由上天、或上帝或神所預先安排好了的。相信宿命論的人認為人間發生的每一件事都是「註定的」，是人力無法改變的，這種宿命論的觀念尤其是在知識落後的地區是十分普遍的。近代的知識分子如果還相信人的一切是宿命論的關係，那就太缺乏知識與智慧了。事實上，「種瓜得瓜，種豆得豆」如果以近代科學的角度來看，那是「基因（Gene）」的問題，若問為甚麼種瓜不會得豆？古人會認為那是天經地義的事情，那有人那麼笨會問這個問題？然而，近代的生物科技，研究的正是為甚麼種瓜不會得豆？甚至於可不可以讓它種瓜得豆？當然，這並不代表我個人的意向是贊同的。事實上，我個人是相當反對這種用人為的方式，去做違反大自然的事情。然而，這種事情各位心裏必然要有所準備，地球上的人口正在快速的增加之中，去年地球已經邁入七十億的人口數字，距離上次的六十億人口還不到十年的工夫。地球上的人口數量成爆炸性的增長，在1804年時的地球還不過是僅有10億人口，到了2012年地球上已經突破70億的人口，短短的208年之間，地球上增加了60億的人口。人口的快速增加，而地球上土地可耕的面積相對的減少。目前在世界上已經有三分之一的人口是處於飢餓的狀態。那麼當2040年的時候，地球上達到了一百億的人口數字的時候，除了戰爭之外，也只有寄望於基因科技是未來人類的救星。透過基因的改變與變種，讓植物能快速的生長或是加倍的結出果實來，以解決與供應這多出來的幾十億人口糧食的問題。但這並不代表我認同基因食物。

5.8 跨越生命另類的重大問題

　　不論古今中外，人類都竭盡所能的想要解開「人生」與「生命」中種種奧秘。各位當知道，「人生」與「生命」這是兩門並不相同的學問，不可以混而一談。「人生哲學」每一個人都可以寫他自己的一套，不論是與非都可以是他自己的人生歷程，也都可以是他自己的人生哲學，沒有甚麼可以批判的。正如白天的日子不可以去批判黃昏時刻，而黃昏的時刻也不可以去批判夜晚的來臨。但是《生命科學》則不然，它是研究生命的學問，而與《生物科學》則是息息相關的。它廣泛的研究生命體的所有面向，這其中包括了生命起源、細胞學、進化、構造、基因工程、代謝工程、結構

生物學、發育、功能、行為、環境等等的科學。這是一門科學的學問，當然不可以隨心所欲的暢所欲為，它除了理論外，尚必須經由詳細的證據與嚴苛的驗證。

　　基於古代各方面相關的知識之不足，而所使用的工具更是受到圍限，所以在人類的演化歷史上，跟命運有關的各種神話、傳說、信仰都再再的影響著早期人類的一切，而且淵遠流長，長達數千年之久。但是，在科技逐漸文明之後，人類的知識有了正確性，並且能夠快速的累積與傳遞，這種圍限逐漸的被打破了。神話與傳說都被歸類到童話故事裡去了。再也不會有人相信打雷與閃電會跟雷公與雷母有甚麼關係。

　　有一些科學家是相信《宿命論》的，但這個《宿命論》與一般的「宿命」是完全不同的，它跟算命無關，與生辰八字更扯不上關係，但是卻與「註定」有某種真實的關聯，那就是《遺傳學（Genetics）》中的「基因（Gene）」。「基因（Gene）」一詞來自希臘語，其意義為「生」的意思，如今則是指攜帶有遺傳信息的 DNA 序列，它是控制生命的最基本遺傳單位。於 1909 年丹麥遺傳學家詹森（W. Johansen1859 ～ 1927）在他所發表的《精密遺傳學原理》一書中，首次提出這個「基因」的名詞與概念。一百年後的今天，人類的基因組研究計畫，已發展出測定人類基因組序列，並已經在 2003 年完成系統測定，因而可以進行基因組序列的測定，並催生了一個新的研究領域《基因體學（Genomics）》，它是一們研究「生物基因組」以及如何利用「基因」的一門學問，並提供基因組信息以及相關的資訊與數據系統，用以解決生物與醫學以及跨越生命系統的重大問題。了解的人一定知道，

「基因」可能是宇宙中最偉大的神奇。地球上一切的生物皆由基因所構成，也由而遺傳下來。品種的改良與基因的改變是完全不同的事情，絕不可以混而一談。古代宮廷之內近親繁殖，使得下一代的人的品種越來越差，各位也一定聽說過，混血兒可以改善後人的品種。但是，若是涉及基因的改變，則是「物種」的改變了，他不再是同一個物種。也就是說，若是人類經過蓄意的改變基因，那生出來的人就未必是人類了，而是另一個物種。當然，他也可以是牛頭人身，馬面人體，獅頭人身，你說他能是人嗎？也許你會說，這種事情還早，不必太過於顧慮。但是，若是以超越時空的思維稍微的想一下，這樣的日子其實並不見得還會有多久。當然，這也不是杞人憂天，這個日子早晚會到來。重點是，我佛弟子絕不會去做這種事，但是，非我佛弟子，對於這種事情卻是躍躍欲試得很。

5.9 超越生死的存在

　　有一件事想值得一提的，那就是有關於人類是如何來源的？這問題一直到現在，常常還是聽到有老師在教學生說道：「根據達爾文的進化論，人類是由猿猴逐步進化而來的。」每次聽到這個問題，我總是相當的難過。在《生物學》中近代延伸的有一門《遺傳學》的，它很清楚的告訴我們人類與猿猴根本是風馬牛不相及的，這是兩個完全不同的物種。所有的動物都有細胞核（Nucleus），而在細胞核內則是掌管生物遺傳基因的染色體（Chromosome）。就人類而言共有 23 對染色體，然而，猿猴則是有 24 對染色體。也就是說，人類與猿猴的染色體數目是不相同的。染色體數目的不

相同，所代表的是構成動物的細胞結構都不一樣的。否則那些需要換肝臟的人，拿猿猴的肝臟來換就好了，那豈不是皆大歡喜。各位知道是當然不行的，因為染色體數目的不同，其細胞結構都不一樣的，當然不能夠相互替換。至此，各位應當知道了，人類與猿猴則是分屬於完全是兩個不同的物種。也就是說，人類跟猿猴一點關係都沒有。所以，人類與猿猴根本就生不出下一代來。誰能告訴我，人類與猿猴所生的下一代叫甚麼？同樣的，狗有 39 對染色體，而羊則有 27 對染色體，狗與羊當然也無法可以孕育出下一代來。古代的人可以不知道這個道理，身為近代的知識分子就不可以不知道了。

　　在地球上，人類可能是對於生與死的問題具有最強烈之意識與認知的動物，也沒有其他任何動物會像人類一樣對於死亡會有任何的隆重葬禮或祭拜儀式。在生死問題之間，動物界似乎是頗為明顯的，生與死的現象是截然不同的。但是，這世界上也有許多生物其生與死的現象是不明確的，這可能是許多人從未想過的事情。在生物界中怎麼會有生死現象不明確的生物呢？是的，就在我們的周遭就多的很。細菌其實是充滿著整個地球，而且它無所不在。但是，細菌似乎並沒有生死的這個現象與問題，也就是說，細菌並沒有生與死的問題存在，說得更清楚些，細菌是超脫生死的，它們不在生死之列。對於懂得《生物學》的人一定都知道，細菌在繁殖的過程中，最重要的特色是它們能夠自體繁殖，也就是它們可以直接進行無性生殖或者遺傳重組，它不需要經由生殖細胞的結合，也就是不必經由減數分裂來產生生殖細胞，而是直接由母體進行細胞分裂後，直接產生出新

181

的個體與新生命。在這樣的生命過程中，我們實在看不出它們個體的出生、成長和死亡。因為，每一個個體或群體都是它自己，而每一個其他的個體也還都是它自己，也可以形成其他的群體。所以，我常感覺到，真正能超越生死極限的是一些低等的生物，它們活著但卻沒有死亡的問題。不要小看細菌，它在地球上生存了四十億年，而偉大的人類與之比起來，才不過微小幾無的五千年，最後還是難逃它們之手，這種只有 0.5 微米大小的生物，卻有它獨特與神格的一面。事實上，這種的生存與生活的方式，也提供了我們另類的思考生命之方向與出路。在人類的所有認知中，最重要的認知就是「我」，所以總喜歡用比較心去比較自己與別人，只要有不如人家的心中就不痛快，當然，這也正就是人類痛苦的根源。而如果是在沒有「我」的物種或世界中，它的境界不就是天堂嗎？

提到了細菌，我們不妨順便再提一下「病毒（Virus）」的問題，病毒其實是更為神奇的，它在有宿主可以寄生的時候，就會表現出生命現象，但在沒有宿主可供寄生的時候，它所表現的卻是無生命現象，所以我們可以說，病毒是介於生命與無生命之間的一種奇妙的「東西」。也因此，它究竟是不是生命都很難界定。那麼細微的病毒必然是談不上智慧吧！其實未必，當它面對宿主的時候，它會偽裝、欺騙、會攻擊，會用一切難以想像的方法來繁衍自己，它甚至於在面對強大藥物的時候，會改變自己而產生抗藥性，你能說它沒有智慧嗎？所以我常說它的確是一種不可思議的「東西」。大多數病毒的直徑在 20 奈米（nm）左右。20 奈米究竟是有多大呢？我就用「光」來做例子好了，人類的可見光的波長是介於 370nm 到

780nm（奈米）的波長範圍之間，370nm 是紫色光的波長，780nm（奈米）是紅色光的波長，而介於中間的是 550nm，它是黃色光的波長，人類對於黃色光的感覺最靈敏，所以高速公路交流道與一些警戒光都用黃色光。但是，病毒的直徑卻僅僅只有 20 奈米（nm）而已，遠小於人類的可見光的波長範圍之內，也就是說，人類是無法使用可見光來看病毒的，更確切的說，在可見光的世界中，它是無影無蹤的。

生命現象遍及整個地球，甚至廣及宇宙。甚麼是生命現象？簡單的定義就是生命的個體或群體所活動的現象。就人類而言，這種活動又可以區分為肉體的活動與心靈的活動。表面上看起來這兩者是不同的，實質上它們是兩者合一的。肉體的死亡則不再會有心靈的活動。相反的，心靈的失智與喪失功能則肉體存在的意義也就不大了。人類在地球上總以為自己是高等生物，然而，人類的文明才不過五千年而已。細菌沒有文明，也沒有歷史，但是細菌在地球上卻存活了四十億年之久，直到今天。許多科學家都相信，人類終究會滅亡的，而且在時間上也不會太久的未來。但是，可以相信的是細菌還會繼續的存活下去。至此，該提問的是，生命的意義可以與文明相同等值嗎？如果要講生命的意義，應當不能只把觀點定義在我們人類的本體而已，而是應該真正的擴大層面與思維才對。

單就人類的肉體而言，是無法超越生死而存在的，這一點各位一定要有確切的認知才行。即使未來科學的進展真的可以延年益壽，延長人類的壽命加倍好了，但終究還是要面對死亡。就真實的層面而言，是用人工的方式來延長人類的壽命絕對是不智的。甚麼？延長我們的壽命難道不好

嗎？是的，就個人而言可能認為是好的，誰不想活個一百八十歲呢？但是，這又將會回到這個老問題上，就整體而言，你能想像當地球上的人口加倍之後的後果是如何？各位就可以了解我所說的問題所在與嚴重性了。

我們在研究佛法的過程，最深入的一個層次就是涉及到生命的實質問題。對於佛學有深厚修為的人士應該要知道，佛法不是在談天文地理，也不是在談經貿大事，佛法的真正宗旨是在談「生命的問題」。而真正的「生命問題」是必須融合近代相關的科學知識，才能有所為。人類的知識正在快速而急遽的進步中，我們實不必過度的仰賴過去的因襲。古人有其偉大之處，但畢竟那已經是過去了，尚有太多嶄新的領域有待我們積極的去研究與開發，而對於生命與生死的問題人類正逐漸的深入其中。

「生命的哲學」在字面上看起來是屬於《哲學》的範疇，《哲學》這個字（Philosophy）其實是從希臘語（Philo-Sophia）轉譯而來的，它的原意是「熱愛智慧」的意思。但由於近代學術史的發展，哲學則又衍生出一個非常龐大的支脈，那就是科學。時至今日，哲學已習慣的與科學並列了。在人類的生命哲學中，對於生命的生存與死亡是與人類的社會及文化的脈絡相依而成的，並與教育及知識的普及有著極為密切的相關，而在《生死學》的觀點來看，它涉及到人類的整個知識領域，而人類的知識領域則由三個主要的架構而成，那就是宗教、哲學與科學這三個支架。而在《生死學》的觀點上，「宗教」則是解釋了人生的一切，包含生前死後；「科學」則是要解決從人的出生到死亡之間的問題；而「哲學」則是在思想上貫串了整個生死的時空。然而，人類的演化到了二十一世紀的今天，科學似乎

有獨占鰲頭的現象，它不再憑藉空談，而是以事實證據為基石，逐漸的堆砌起堅不可破的一切。「哲學」原本是在思想上用來貫串生死的時空。然而，「時間」與「空間」的探討，卻在科學之中有著輝煌的事實與成就，而「哲學」在這一方面也逐漸的流落為口舌空談，拿不出相關的數學模式與確切的事實。或許「科學」終將逐漸的將宗教與哲學解析為一體。放眼今日世界，宗教與哲學在這段時日裏精進實在不多，而科學才正在方興未艾，相信不久的未來，必能解開更多的未知與不可思議，讓人類能真正的觸及到我們生命中的最深奧的真實與實質意義，不論是古今，使人類得以真正的超越生死與時空而存在。

5.10 芝諾的「時空」詭論
(Paradoxes of Zeno)

　　在時間與空間方面，有一個非常有趣但卻十分詭異的詭論，那就是距今兩千四百年前的希臘大哲學家芝諾所提出的《芝諾詭論 (Paradoxes of Zeno)》，這個問題一直的持續了兩千多年無人能解，直到《量子力學》的出現，才被迎刃而解開。這個問題的題目其實很簡單，那是在說：

　　「一名希臘戰士在戰場上，當他發現敵人拿起弓箭要射他，此時他立刻轉身逃跑，假設敵人與他之間的距離是 100 公尺，箭的速度是人奔跑的速度的 10 倍。芝諾的結論是這支箭無論是如何的準確，在理論上這支箭永遠射不到這名希臘戰士的身上。」

　　射出去的箭飛快，怎麼會「永遠」都射不到這名希臘戰士的身上？理論是：當這支箭射出的同時，希臘戰士開始飛奔逃跑，當箭飛躍 100 公尺時，希臘戰士跑了 10 公尺。當箭再追上這 10 公尺時，人再跑了 1 公尺。當箭再追上這 1 公尺時，人又再跑了 10 公分。當箭再追上這 10 公分，人又再跑了 1 公分。當箭再追上這 1 公分，人又再跑了 0.1 公分。結論是：人永遠是在箭尖的前面 0.1 的位置上，一直進行到無窮小，也就是說永遠、永遠的一直的可以進行下去。所以，箭永遠、永遠射不到這位希臘戰士的身上。這實在是很荒謬的事，經驗告訴我們這是不可能的事。然而，凡事

要講道理，這件事的道理就連發明微積分的牛頓，也沒有將這道題目破解出來。

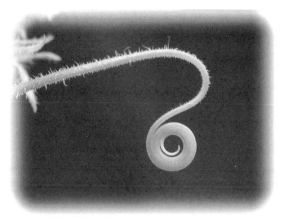

《芝諾詭論》事實上就是進入了「時間」與「空間」的真實本質上的問題了。當人們還不了解「時間」與「空間」的真實本質的時候，當然就無法對「時間」與「空間」的極限問題提出答案。直到二十世紀的初期，《量子力學》的興起，並逐漸的趨於完備，當然，這個問題也就不再是問題了。在《量子力學》開宗明義的第一章中的第一個定律就是在 1927 年的德國物理學家海森堡（Werner Heisenberg，1901 － 1976）所提出來的「不確定性原理（Heisenberg uncertainty principle）」。並因而獲得諾貝爾物理獎。事實上，從「不確定性原理」這幾個字，諸位就應該可以體會得到這裏面有「無常」的影子存在著。每次我在思考這「不確定性原理」的時候，總覺得它是「驚天動地」的。我用「驚天動地」這四個字的形容詞來描述《量子力學》，其實一點也不為過。因為它探究了宇宙的最根本的運作道理與規範。而這個探究宇宙最根本的運作道理與規範的結論，如果用一般文字的描述，卻只有兩個字，那就是「無常」這兩個字。而如果用一個字來說，那就是「空」這個字，這宇宙終沒有「永恆」。這真是嚇壞了許多人，這個宇宙中竟然沒有「永恆」。但是，我們自小就認為「天堂」不就是「永恆」嗎？有沒有「天堂」不知道，至少它至今還

沒有證據。但是，宇宙中沒有「永恆」卻是千真萬確的事。如果諸位可以證明這個宇宙中的確是有天堂，這不但是推翻了「不確定性原理」，而且也一定可以獲得十個以上的諾貝爾物理獎。

　　宇宙實質上就是由「無常」所構成的，在「時間」上是如此，在「空間」上也同樣的是如此。「時間」的無常是大家都容易感同身受的，但是對於「空間」的無常，可能就有很多人感受不到了。諸位要知道，所謂的「空間」並不是單指「距離」上的空間，但如果我將「空間」說成是「物質」，相信諸位就能夠體悟的多了。事實上，「空間」與「物質」是具有等價關係的。而「物質」在定義上就是必須具備有空間的。同樣的道理也就是說，只要是「物質」就一定具備有它所存在的「空間」。

5.11 時間與空間的極限

　　《心經》是以「空」為其主體之立論。並闡述了這是世間上的一切，均在「空」的蘊涵之內。而「空」的蘊涵實際上則又包含了「精神」與「物質」這兩個層面。但是，不論是「精神」或「物質」的現象，則又毫無質疑的是涵蓋在「時間」與「空間」的範圍裏。現在，就讓我們進一步的深入宇宙中最奧秘、最不可思議的存在。那就是「時間」與「空間」的真相。

　　《量子力學 (Quantum Mechanics)》是描述極微觀物質，如原子、電子、質子、亞原子粒子等行為的物理學，它同時也用以解釋，宇宙中所有的「原力 (Fundamental interaction)」，這是構成宇宙的最原始基本的力量，有的時候我們又稱之為「基本力」。宇宙中的「原力」共有四種，它們分別是「強力」、「電磁力」、「弱力」與「重力」。《量子力學 (Quantum Mechanics)》與《相對論 (Theory of relativity)》被認為是《現代物理學》的兩大基本支柱。事實上，《量子力學》中的「不確定性原理」也只有一行非常簡短的方程式而已，簡短到只有三個字母與三個符號的方程式，但就如此得到了諾貝爾物理獎。那方程式就是：

$$\Delta x \Delta p \geqslant \frac{\hbar}{2}$$

現在詳細的來解說這個「驚天動地」的方程式，是在說甚麼：

1.△ 這個符號唸(Delta)，表示「極微量」的意思。χ 表示基本粒子移動的「位置(Position)」。ρ 表示基本粒子的「動量(Momentum)」。（發音為"H-Bar")則稱為「約化普朗克常數(reduced Planck constant)」。

2.△ χ 表示基本粒子的極微小的移動「位置」。△p：表示粒子的極微小的「動量」。所謂「動量」就是物體的「質量」與「速度」的乘積。在數學上是：P=mv。這其中的「動量」與「速度」都是向量(Victor)。

3.但是，△ χ 與 △p的乘積絕不可能小於「普朗克常數」。所以，「普朗克常數」也可以說是宇宙最後的防線。也就是說，在宇宙中比「普朗克常數」大的一切事物都可能存在，但比「普朗克常數」小的事物則不會存在。

4.不論 △ χ 有多麼小，就是不可以等於零，也就是 △ χ ≠ 0。否則，方程式就不能成立了。因為，零「乘」任何數其值為零。

5.那麼 △ χ ≠ 0 的物理意義是什麼呢？因為 χ 是代表距離，而△ χ 不得為零，也就是說基本粒子的位置之間是「有」間隔（距離）的。所以，這是在說明：

「構成宇宙中的『空間』，是不連續的。」

　而 △ χ ≠ 0 同理的延伸就是 △y ≠ 0、△z ≠ 0。這也就是說，

在三維的「空間」裏，即使延伸到最小的「空間」，它都是「不連續」的。

6.　$\vec{p} = m\vec{v}$　「動量」是物體的「質量(m)」與「速度(υ)」的乘積。若質量(m)固定，則速度(υ)越快，則「動量」越大。

7. 舉例而言，有一顆小玻璃彈珠，如果我用手丟到你身上，並不會太痛。但如果我用彈弓打到身上，就會打得瘀血。而如果將那顆小玻璃彈珠裝在槍管中，用火藥射出去，就會貫穿身體。這之間的差異就是小玻璃彈珠的「速度」加快了，所以「動能」就變大了。「動能」越大，所做的「功(Work)」也越大。

8. 那麼 $\Delta p \neq 0$ 是甚麼意思？由　$\vec{p} = m\vec{v}$　可知，任何物質都有質量，即使是「電子」，它雖然沒有體積，但卻還是有質量的。

質量不會為零，則在 $\Delta p \neq 0$ 的狀況下，速度就一定不可以為零。

也就是 $\Delta v \neq 0$。所以，這是在說：

「**在宇宙中任何物體都必須保持運動，靜止不動的物體不能存在。**」

9.h 就是「普朗克常數(Planck constant)」。它是宇宙的最小，也是最低的極限。是宇宙在創生時所自然產生的最小極限。其值為：

$$h = 6.626\,069\,57(29) \times 10^{-34}\ J \cdot s = 4.135\,667\,516(91) \times 10^{-15}\ eV \cdot s.$$

而 $\hbar$(發音為 "H-Bar") 則稱為「約化普朗克常數(reduced Planck constant)」，其值為：

$$\hbar \equiv \frac{h}{2\pi} = 1.054\,571\,68(18) \times 10^{-34}\ J \cdot s.$$

結論是：

(1). 在宇宙中基本粒子移動「位置 (Δx)」與「動能 (Δp)」的乘積不可以小於「普朗克常數」。

(2). 構成宇宙中的「空間」，是不連續的。

(3).「在宇宙中任何物體都必須保持運動，靜止不動的物體不能存在。」

(4). 以同樣的數學模式可以進一步證明宇宙中基本粒子的「能量 Δe」

與「時間 Δt」的乘積不可以小於「普朗克常數」。如下式：

$$\Delta E \Delta t \geq \frac{\hbar}{2}$$

(5). 宇宙中「能量」是不連續的。

(6). 構成宇宙中的「時間」是不連續的。

　　那麼，為甚麼要講「不確定性原理 (Uncertainty principle)」呢？事實上，這整個「不確定性原理」與《心經》裏的「空」是完全契合的。我們不要還是仿古的一直在沿襲著古人的言辭。近代的科學與數學，可以把「時間」與「空間」可以說得更清楚，而「空」則是包融在宇宙的「時間」與「空間」之內。

5.12 新的時空觀念

自從「不確定性原理」證實了「時間」與「空間」不是線性的，更重要的是「時空」都不具連續性。也就是最接近的兩個「時間」之間，它們間隔了一個「普朗克常數」時間值。同樣的，兩個最接近的「空間」之間，它們間隔也間隔了「普朗克常數」空間值。這推翻了人類有史以來最大認知，那就是自認為「時間」與「空間」都是線性的，都是連續的。自有人類以來，所有的人，一直以為「時間」與「空間」是連續而且是無間斷的連續。我們都認為，「時間」是每一秒緊接著下一秒的在過著，中間沒有任何的空隙存在，「時間」的本質絕對不會有空隙，而「空間」的現象與本質亦復如此，在所有人們的觀察中，「空間」是沒有辦法分割的。

「不確定性原理」讓科學家終於明瞭，在宇宙中「時間」與「空間」它們的真實現象都是不連續的。也由於「時間」與「空間」的不連續，所以，千百年來無法解開的《芝諾詭論》，於是豁然開朗，它的

推演根本是不成立的。因為，在《芝諾詭論》中，是將時間與空間一直的推論至無窮小，無窮小是一種微分（Differential）的觀念，當年牛頓並不知道在地球上的時間與空間都是不連續的，也就是不可以用延綿不絕的極限（Infinitesimal）思維模式來思考與計算。因此，他以連續性的「微分」的觀念來解這道題目，當然是解不出來的。因為，不連續函數是不可以微分的，而「時間」與「空間」均是不連續的，所以不可微分，不可以進行至無窮小。

當我們知道在宇宙中的「時間」與「空間」裏，它們最終所呈現的現象都是不連續的。這種現象正如我們所看電影的「影片」一般。不論它是「數位（Digital）」或是「類比（Analoge）」的。所謂「數位」就是「0」或「1」的信號，如同我們現在全世界都在使用的「數位相機（Digital Camera）」，它所儲存在晶片上的影像並不是真正的風景縮影，而是一連串的「0」或「1」的信號。現在所使用解析度一千萬「畫素（Pixel）」的相機，它所表示的是你所使用的晶片，它可以儲存的容量，其「長」乘「寬」的容量，總共可以儲存一千萬個「0」與「1」。而「類比」的相機就如同早期需要使用底片的照像機，我們所拍攝的風景是實際被分配在底片上。這也是為甚麼早期的相機所拍攝的照片很難做影像處理。而近代的數位相機可以天馬行空的隨意做成自己喜歡的圖片。舉例而言，如果將原有數位晶片裏的資料，將原有「0」與「1」的內容相互對調，那就是另一張不同的照片了。而如果在用上加減乘除與微積分，那當然是天馬行空的隨心所欲的。

所以說，我們在看電影或動畫（Animation）的時候，每一張的影像彼

此都是不相干的，但是若以每秒 30 張畫面的速度播放的時候，我們所看到的就是一個連續的時空畫面。因此，我們所看到連續的時空畫面並不能代表真正的時空就是連續的。只是，看起來「好像」是連續的。

「時間」真正的現象可以用「骨牌」理論來表示。什麼是「骨牌」理論？其實「時間」的流動有如「骨牌」一般，自從宇宙起源的「大霹靂(Big Bang)」在 137 億年前開始，「時間」的流動正如「骨牌」一般的延綿不絕而持續的向下倒下去。這其中有三個重要的關鍵觀念：

1. 「時間」的進行永遠只向前行，而不會回頭。

2. 「骨牌」延綿不絕而持續的向下倒。但是，整體而言，「骨牌」的走向是可以彎曲蜿蜒，而並非一定是一條直線。「時間」的膨脹與變異是愛因斯坦的《相對論》所討論的主題。

3. 各「骨牌」之間保持著一定的間隙。從外界看起來整個「骨牌」向前倒是連續的，但實際上卻是各「骨牌」之間是有固定「間隙」的。而這個「間隙」值的大小就是「普朗克常數」的空間值。

由於「時間」與「空間」的不連續現象。那麼，就有許多事情是必須重新思考的。

首先，我們想到的就是「輪迴」的問題。「時間」有如「骨牌」一般，中間存在著間隙，而「骨牌」一旦倒下，則就會一直的向前進，永不會倒

轉的。這也就是為甚麼「時光」不能倒流的原因所在。如果「時光」不能倒流，那麼「輪迴」的問題是不是就談不下去了？也不！那要看「輪迴」的究竟是什麼？如果說的是「肉體」與「生命」，那當然是不可能再回頭的，逝去的生命也不可能再現。至於說「業力」，則當然是可能會仍然留在人間的。每一個人的生命在這個世界上生活的過程中，都一定多少會留下一些影響力，就如自己的兒孫來說，那就是自己「業力」的結果。就如同「混沌理論（Chaos theory）」中的「蝴蝶效應（Butterfly effect）」一般。在北京的一隻蝴蝶，牠的翅膀在天上來回的拍動，可能就會引起美國紐約的一場大風雪，而「業力」的效應也正是如此，不要以為自己是個小人物，對於世界不會有影響，事實不然，許多的「影響」或是「輪迴」都並非是自己可以預料得到的。

6

跨越千古鴻溝

6.1 文明難以跨越的鴻溝 - 翻譯

　　語文的翻譯從來就是人類的一門大學問，也是最難以跨越的鴻溝，每一個國家都有它獨特文化特質與歷史背景，也必然都會發展出屬於自身獨特的文化與氣質，而這種獨特的文化與氣質也必然有著它的特異性與獨特性，這種特異性與獨特性則是其他的民族或國家所沒有的或是無法產生的。因此，在翻譯的時候，就一定會遇上沒有對等的詞句或語文可以表達的窘境。

任何一個國家的語文都有它極為傳神的一面，這跟它的風土人情相關，而缺乏相同風土人情的其他國家或地區，想要做同樣性質的表達，就必然會產生難以精準的翻譯問題，更不要說可以傳神的轉譯了。例如，我們在運動場上看比賽的時候，在戰況激烈的時候，我們都會忘情的為自己喜歡的球隊狂喊：「加油！加油！」這是在鼓勵與激勵自己所喜歡的球隊的士氣之用。但如果不是對國情很了解的人士而言，而就「加油！」這兩字的字面上意義進行翻譯成英文，那就成了「to oil」、「to refuel」、「to fuel up」。而依照這個英文，若真的是去買汽油或燃料來加的話，那就是笑話了。

再說一個笑話好了，曾有一個美國朋友問我：

「為甚麼你們中國人都跟電話有仇呢？」

我回答說：

「沒有啊！我們跟電話沒有仇。為甚麼你要如此問呢？」。

這位美國朋友回答說：

「你們不是經常在說『打電話』嗎？為甚麼要去跟電話『打架』呢？」

接著他又說了：

「你們是不是不喜歡工作呢？不然為甚麼說要『打工』呢？」

但明明喊的是「加油！」這兩字，卻又為甚麼不是去買汽油或燃料來

加呢？明明喊的是「打電話！」，為什麼又不是跟機器打架呢？這就是語言在使用上的妙處，也考驗著翻譯人員的功力。一旦翻譯錯了，那就相差了十萬八千里了，甚至可能長遠的遺害人間。尤其是遠古的時代，由於文字在使用上的稀少與缺乏，往往一個字必須當成好幾個不同的意義使用，這在翻譯上不但是不容易，而且更是困難重重。

　　跨越不同國家之間的翻譯，不只是翻譯本身的困難度，最主要的是在於不同思維的體系下，對於語言的表達方式其思維亦不相同。近來世界上最有名的「探索頻道（Discovery Channel）」，播出一個很不錯的影集，其影集的名稱為「Oneman Army」。如果我們沒有看過該影集的內容，也不知道他在說什麼，而完全忠實的依照文字上面的字句來翻譯的話，那就應該翻譯成「一人軍隊」。而如果以這四個字來對別人談述的話，相信沒有人能夠知道究竟在說什麼？若是一定要談的話，於是各自表述就出來了，各以其理，各說各話。

6.2 難以翻譯的國情

　　我相信，單憑想像是不可能真正說得對的。事實上，在看過該影集的內容之後，才可以真正的了解這三個字「Oneman Army」的原義。在電視上該節目的譯名為「萬夫莫敵」，這算是翻譯得相當不錯的。但事實上，這個名稱與節目所表達的內涵與內容仍有一段距離。它是在軍隊中各種戰技的競賽，選出具有多種戰技能力的人士。諸位應當知道，所謂「戰技」只是可以用在作戰上面的技術，例如，射擊、武裝越野、狙擊、爆破等等的技術。這些都是屬於技術的層面，還談不上是「戰術」，更不是決定整

個部隊或是國家存亡「戰略」的層級了。其實啊，在現代的戰爭中講求的是團隊的精神，不再會有像古代可以一夫當關萬夫莫敵的英雄存在了。在古代打仗靠的是刀劍，刀劍笨重，力氣的大小常是勝負的關鍵。但是現在不一樣了，一個孩童如果拿著衝鋒槍可以把任何英雄好漢打成慘慘的馬蜂窩。如此，則又何來萬夫莫敵呢？這一段話不是在談作戰的問題，而是在說跨越不同的國情，甚至不同的領域，在翻譯的過程中都會有失真的問題與現象存在。

這個現象即使是在日常生活中都是十分常見的，舉一個我們常說的口語。當我們見到某人做了一般人不敢做的事情，例如是頂撞了你的頂頭上司，或是敢說太座新買的衣服不十分好看等等，我們會說：「你好大的膽子！」，沒有人知道為什麼人們會將「勇氣」與「膽子」畫上了等號，而成了是同義詞。如果沒有在中國住過，沒有真正的懂中國字的用法，就單單憑著「你好大的膽子！」這句話，那老外的翻譯肯定是：「You have a big gall bladder！（你有一顆很大的膽囊）」那就翻譯的離譜了。但是，老外也肯定認為他沒有錯。

許多人以為地名只不過是一個代表的符號而已，不需要太計較它的意義。其實不然，這世界上幾乎所有的地名都會有它當地的意義。就以「臺北市」為例，它是代表位於臺灣北端的一個都市。當然，我們不可能以那麼長的意義來譯成英文，所以只能音譯為「Taipei」。這個「Taipei」的英文字，若以英文的本身而言，除了發音以外，是沒有其他意義的。說得更確切一點，其實它連音調都發得不準。許多老外把「臺北」的音唸的都是

「胎沛」，一聽就知道是老外。許多的人都去過「香港」，「香港」這個字在英文上的發音就更是奇了，它的國際標記是「Hong Kong」，這兩個英文字是無論如何都與「香港」這兩個中文字的發音差異太大了，但就是如此的一直在使用著。

這世界上有許多的國家，在同一個國家裏面，同時會有許多不同的語言在流通。所以，即使是在同一個國度裏面，使用的是同一種文字，但由於各地的方言不同，彼此翻譯起來仍然是困難重重。就以臺灣來說，最主要的語言系統就有兩種，一種是國語，另一種是台語。其實，不論是國語或是台語都是系出同門也同源。台語又稱為閩南話。它的正式名稱又稱之為「河洛話」，所謂「河洛」就是黃河與洛水的合稱。又指兩河的流域。臺灣人的祖先發跡於山西太原，地處中國大陸中原（黃河中游，洛水流域）地帶，是在漢朝京城河南洛陽的北邊。於戰亂之時許多百姓為了躲避戰禍而南遷福建閩南，最後落地生根於臺灣。事實上，台語至今仍保留了許多的古風，在用字與用辭方面都極有古代的文風典範。例如，在臺灣我們走路不小心碰到他人了，或是在日常生活中對他人有不禮貌的地方，我們都會立即的說「失禮！」、「失禮！」，而不太會用「對不起」這個字語。在日常生活中所使用的「失禮」這個字，所代表的正是「禮儀之邦」，我們中國號稱「禮儀之邦」，這「失禮」兩個字正是沿襲古風的典型代表。

6.3 五不譯

　　了解了人類在跨越國界與時空的翻譯中，其所必然的會遭遇到難以克服的瓶頸與障礙之後。我們心中應當有所領悟，在佛經的翻譯過程中也遭遇到了同樣的問題，這些問題都不是可以克服的。我特別希望能藉此特別的提醒諸君，在閱讀相關經典的時候，由於它們全都是經過翻譯過來的，所以，要特別注意不要迷失在它的表面用詞與拮据的詞句上面，而忘了它真正要表達的用意與道理之所在。否則就是捨本逐末了，而這一點卻又往往是人們在閱讀經書的時候，最容易迷惘而陷入不知所以之中。

　　這些譯經的大師們實在很了不起，他們深深的知道，各民族之間以及風俗民情再加上不同的時空背景之下，許多的詞句用語是無法經由翻譯而表達出正確的時空背景意義。佛經是經由梵文，也就是古印度語翻譯而來。因此，大師們在譯經的時候，就定有五種不譯之規定，也就是說如果由於翻譯而使原本的語意不明，故謹以音譯，而不意譯。有哪五種狀況是不翻譯的呢？

　（1）尊重不譯。為了表示尊重，而且也沒有適當辭彙可以使用，故而不翻譯，以示尊重之意。如「阿羅漢」、「菩提」等等，為

了表達尊重之意故不譯。有的時候，我們稱呼一個人的名字，在本國很順，這是天經地義的事，但是到了國外，可能就成了問題人物了。例如有人叫張三，他姓張在家裡排行是老三，故而很自然的稱之為張三。但我們卻不能以此做為他姓名的道理，若要翻譯成英文，也絕不能忠實按照字面上翻譯成 Three Chang（ 英語系統的姓名，其姓氏是排在後面 ）。

（2）多義不譯。如「阿耨多羅三藐三菩提」，它代表著一切真理之無上智慧，這種智慧是生命的智慧，有相當多義與深入的涵義在內，而且幾乎無法用對等與相當的辭彙來翻譯，故而不翻譯。但由於這句話實在是又長又不好唸，近代於是就將它翻譯成「無上正等正覺」，這是為讓人們容易了解與解說上的「方便譯」，雖說是「方便譯」，但在意義上還頗為貼切的。

（3）順古不翻譯。延用已久，已成習慣語，故不譯。例如，「佈施」這兩個字是在中國的戰國時期，如莊子外物篇曰：「生不佈施，死何含珠為。」又如子哀公篇曰：「富有天下而無怨財，佈施天下而不病貧。」事實上，佛教的「佈施」並不全然是「施捨」的意思，否則在《金剛經》曰：

「不住聲、香、味、觸、法佈施。」

如果將這裏的「佈施」解釋為「施捨」給別人，那就誤人子弟，根本不通啦！

（4）此方所無不翻譯。就是我們這裏沒有這個詞。在佛說四十二章經中曰：「視大千界，如一訶子。視阿耨池水，如塗足油。」

這「一訶子」與「阿耨」都是中原所無，故不譯。在佛說阿彌陀經中曰：「彼國常有種種奇妙雜色之鳥：白鶴、孔雀、鸚鵡、舍利、迦陵頻伽、共命之鳥。這「迦陵頻伽」也不屬中國所有，就只能音譯了。

（5）秘密不翻。佛教原是廣為眾生的，原始佛教並沒有甚麼秘密可言。但是，在佛教的經典中卻仍留下了眾多的咒語。這個「咒語」表面上看起蠻可怕的字眼。事實不然，它是一種「總持」，也就是能總一切法而持無量義的意思。在用義是很好的，但因無對等語詞，故一切咒語都不翻譯。

　　有一些人大概是神話故事或小說看得太癡了，以為用咒語是可以在暗地裡操控別人或是害人，這是一種智能不足的想法。滿清末年的義和團事件，相信，凡是讀過中國近代史的人都知道，這是在滿清末年一些無知的人與有心的人，聲稱他們可以設立神壇、畫符、唸咒請神等方法，有神明護體故而刀槍不入，稱為「義和拳」，可以扶清滅洋。不可思議的是這種把戲竟然騙過了慈禧太后，而慈禧太后也真相信這種唸咒請神、刀槍不入的工夫。而於 1900 年 1 月，發佈維護義和團的詔令，於是山東的拳民湧入直隸，起壇請神、燒教堂、殺洋人。各國外使收到北京東交民巷使館區人員的求援，於同年 5 月 31 日由八國海軍人員組成的聯合部隊共 432 人。同年 6 月 10 日，再增派一支由 2066 名由各國海軍及海軍陸戰隊人員組成，到了 6 月 25 日，再又加派一支 1800 人組成的援軍，加起來總共也不過 4298 人的八國聯軍，於 8 月 14 日凌晨，打到了北京城外，8 月 15 日，聯

軍再逐步攻佔北京各城門，至當晚，聯軍已基本佔領全城。慈禧太后、光緒帝及親貴大臣倉皇逃離離京，珍妃遭慈禧投井溺斃。慈禧太后等人輾轉逃亡至太萬，最後來到西安。這不到五千人的雜牌軍，卻打敗了我們四萬萬五千人的泱泱大國。跟著而來的則是庚子賠款，其總額為四億五千萬兩，賠款年息為四厘（4%），分三十九年還清，本息共計九億八千二百二十三萬八千一百五十兩銀，這足足可以堆成一座如天高一般的銀山，它也是全中國人的血肉。時至今日，當人家去到月亮上來回了好幾趟啦，而我們至今還有很多的人，在相信那些想要上天入地的神權時代的託命鬼神與那些盜世欺人的特異功能。

前幾年見到一些新聞片與相關的特異功能錄影，可以看到有些特異功能人士竟能看穿人體，甚至是穿透地面等等，而引起了群眾的轟動，拜為神人，不計代價都要跟他去學。看到如此荒謬的畫面，對一般人而言或許受於迷信而迷惑，則還尚有可諒。但是，對於近代知識分子來說，如果連最起碼的常識與最基本的邏輯都還不明白，甚至連如此淺顯的道理都不懂，那就說不過去了。試想，如果他真的能看穿物體，不必去做任何犯法的事，他只要去看「刮刮樂」就好了，他不必用手去刮，單用看的就好了，相信他可以輕易的將國內所有中大獎的刮刮樂全包了下來，輕而易舉的成為富可敵國之士。如果他的野心再大一點，他可以到美國的拉斯維加斯的賭城去，不必作弊，就把拉斯維加斯整個城贏了過來，那豈只是世界首富，全世界都是他的啦！問題是他有真本事嗎？

6.4 深遠的意義

　　「般若」這兩個字在一般的佛教辭彙中其讀音多為班若、鉢惹、波若、鉢若、般羅若等等，現代的人則多讀成為「鉢瑞」。這些發音是不是都很標準呢？其實不然，佛經在唐朝譯經的時代，「般若」的讀音是「巴尼那」，這個音譯跟梵文的「般若（梵文 प्रज्ञा Prajñā）」，在發音上是比較吻合的。而「般若波羅蜜多」（梵文：प्रज्ञापारमिता Prajñāpāramitā）[1]，在音譯上則應讀為「巴尼那巴拉蜜他」。所以，在梵文的國度裏，人們是不會唸「鉢惹」或是「鉢瑞」的，而是唸「巴尼那」人們才聽得懂。這正如我們現在所說的「美國」，它的全名我們說是「美利堅共和國」。但是，他的真實名字卻是「United States of America」。我們一般人都簡稱慣了，都說「美

國」。事實上，你如果真是到了美國本土，若問當地的美國人：「這裡是『美國』嗎？」，或是說「這裡是『美利堅共和國』嗎？」相信，是沒有人會聽得懂你在說什麼的？

同樣的，經典在轉譯的過程中，也必然會有相同無法傳述的問題存在，失真是必然的。所以，對近代知識分子而言，在習佛研經的過程中，一定要能知道諸位所真正面對的「究竟」，它究竟是什麼意義與真諦。我們當然不可以從翻譯文字的「外相」上去固執這一切。否則，如果將「美國」認定就是一個極為美麗的國家，故曰「美國」，這就差得十萬八千里了。所以，我佛弟子在讀經習佛之前，必須要先能了解這些狀況。千萬不要以為「讀音」或是「文字表相」就是它的意義了，如此恐怕永遠就會偏執下去，也永遠回不來的。

「般若」這兩個字在佛教上的意義十分的深遠，單就字面上的翻譯是「大智慧」的意思，但並不能詳盡其義。這意思是說，單單以「大智慧」這三個字的意思並沒有能夠盡述其義，所以也就不譯。佛陀在世共說法四十九年，然而就「般若」這部分而言，就講了二十二年，共集為八大部，而成為《大般若經》，共有六百卷之多。本書的《般若波羅蜜多心經》又稱《般若心經》，則是出自於這六百卷的《大般若經》之中。

「般若」在離開梵文的領域並沒有相當的名詞可以代替，雖然在意義上是「智慧」的意思，但卻意猶未盡，所以譯經家就不直接翻譯為「智慧」，而是以「般若」來替代。「般若」這兩個字翻得非常好，即使是字面上的

意思也是非常的好，它可以說為：「萬般相若」。想想看，如果天下所有的事情都能處理得相如相若，那不是「智慧」是什麼？《大智度論》曰：「"般若"定實相，甚深極重，"智慧"淺薄，是故不能稱。」在這裏面有一個關鍵字語，那就是什麼是「實相」？「實相」說的就是宇宙中真實常住的萬法及其真實本體與真相，這就叫做「實相」。宇宙的萬法萬相不全然是虛的，這宇宙中當然是有「實相」的，不是所有的一切都在作夢。宇宙也不是全然都是泡影。真實的宇宙當然是真真實實的存在，而萬法的體性我們又稱之為「法性」，這都是真實不虛的，哪裏可以虛晃一招，說它是虛無飄渺就過去了，否則要「般若」做什麼？一般在較正式的場合會在「般若」之前加上「摩訶」這兩個字，「摩訶」就是「大」的意思。所以，「摩訶般若」合起來就是「大智慧」的意思。那麼說這個很大的「大智慧」，那究竟是有多大呢？現在就讓我們來看一看佛陀在這一方面的用心如何？佛陀在世共說法四十九年，然而單就般若而言，他就講了二十二年。能夠將二十二年的般若智慧，諸位說說看這夠不夠大？總共集為八大部，而成為《大般若經》，共有六百卷之多。《般若波羅蜜多心經》故又稱《般若心經》是出自於這六百卷的《大般若經》之中，所以說它是大智慧中的大智慧。

[1]：Http：//Zh.Wikipedia.Org/Wiki/%E8%88%Ac%E8%8B%A5

6.5 經名的意譯

　　就整個「般若波羅蜜多心經」這八個字來說，可以區分為四個部分來解釋之。那就是「般若」、「波羅蜜多」、「心」、「經」，這四個部分。「般若」我們剛剛的說過了。現在談談「波羅蜜多」，這四個字則又是由兩個部分結合而成的，「波羅」是「彼岸」，「蜜多」是「到」的意思。也就是說，菩薩能自乘所往，到達圓滿功德彼岸之故。有一點值得略為一提的，那就是在經典中有些是用「波羅蜜多」四個字，而有些經典則用三個字的「波羅蜜」，實則這兩個是同一個意義，只是翻譯上的差別而已。

　　那麼簡單的說起來「般若波羅蜜多」就是到達彼岸的智慧。這樣的說法，其實一點都不簡單，甚至於讓人感覺到『有說好像是沒說一般』。因為，完全看不出它究竟是在說什麼？首先要問的「到達彼岸」究竟是哪個岸啊？如果不知道究竟什麼是「彼岸」，那又如何能到得了呢？而到達彼岸的「智慧」則又是什麼呢？所以說，如果讀到「般若波羅蜜多」這幾個字而不知道它的究竟，那也只是鸚鵡學語，跟著咿呀叫、咿呀叫，有口無心而已，不是知識分子所應該有的生命認知與人生態度。

　　現在，先說「到彼岸」。如果有「彼岸」就一定有「此岸」，因為「彼」是一個相對的名詞，所以，要了解「彼岸」就一定要先知道我們現在的「此

岸」則又是哪裏？而兩岸之間的「河」則究竟又是什麼？故而，要了解「到彼岸」之前，就要先弄懂「彼岸」與「此岸」與中間的「河」究竟是什麼？否則，弄了半天，渡的是什麼「河」也不知道？到的是什麼「岸」也不知道？那當然就有可能渡到的地方是「魔界」而深不自知，終身都在受害，這種人在現今的世界上可是多得很。諸位只要略微注意，就可以發現周遭有許多這一類癡妄背理的人士。所以我說，「到彼岸」雖說講起來很好聽，但弄不清楚方向，就渡到了「魔岸」啦！而必然終身無法自拔。

在談整個主題之前，先要問：「佛法的目的究竟是什麼？」首先要知道的是，佛法的道理可以引申到整個世界，甚至是相關的宇宙真理，這一點真是不可思議的了。

6.6 波羅蜜多是什麼？

　　對於一般的世人而言，佛法的目的是專門對「人」而言的，就是在於能解決人生的痛苦，並進而能夠超越痛苦的境地，而得到生命中最大的愉悅。所以說，「到彼岸」就是這種能夠找到解決人生的痛苦，而得到生命中最大愉悅的方法，就叫做「波羅蜜多」，而這一種的大智慧就叫做「般若波羅蜜多」。諸位認為這世界上最大的學問是什麼？是文學？哲學？科學？還是其他類似的什麼學問？都不是，這世界上最大的學問就是「人」的學問。什麼是「人的學問」？說得徹底一點，那就是能夠解決「人」的問題的學問。諸位想一想看，這世界上還有什麼比「人」的本身更重要的事？所以，能夠解決「人」的學問才是通天的大學問、大智慧。所以才稱之為「般若波羅蜜多」，也就是能夠解決生命中的痛苦，轉而得到生命中最大愉悅的大智慧。

　　事實上，生命中幾乎所有的問題也就在一個「心」字上面。想想看，「心」實際上掌握著我們生命

中的一切。而我們的身體則是受著「心」所指揮、所驅使。想要去看大海中初升的明月，是「心」的趨使，而不是身體要去。想要去看大漠中的日落，同樣是「心」的趨使，也不是身體自己要去。同樣一件事情，有人會念念不忘在痛苦中煎熬，相對於另外一個人而言，卻可以毫不在意而了無牽掛，所以說，人的這一切都是「心」的作用。有一句話要請諸位能夠把它記住：

「痛苦」是來自於我們的「心」，而非事情的真實本質。
「無礙」並不是沒有障礙，而是一種心靈的流暢。

「心」是我們所有的一切，但有的時候，它卻又是我們自己最大的敵人，所以我們常能聽到，我們最大的敵人不是別人，而是我們自己，就是這個道理。

「苦」是一種感受，它是相對的，而不是絕對的。

這一句話看起來很平淡，沒什麼特殊的。但是，這也正就是它最特殊的地方。諸位在學數學的時候，有一個名詞叫做「絕對值（Absolute Values）」，它的數值是不計正負的，是多少就是多少，它的數值是固定的，一點都不能動它。但如果是具有「相對」的數值，那就不一樣了。這樣說可能有些人不能夠十分體會，舉一個例子來看好了。現在的時節正進入盛夏，在二十四節氣中是「大暑」，今天氣象局的預報，臺北市明天的溫度是攝氏 27 至 35 度。這 27 與 35 度的兩個數值就直接的讓人產生了對比的效應與感覺。相對於 35 度則 27 度是舒適的，而相對於 27 度，則 35 度是炎熱的。更仔細的說，這攝氏 27 與 35 度又是從哪裡來的？那是我們將純

水的結冰溫度定為攝氏 0 度，而攝氏 27 與 35 度則又是與這個攝氏 0 度比較而得來的。當然，我們說的是攝氏 27 度還很舒適的，但如果用的不是攝氏（Centigrade）溫標系統，而是華氏（Fahrenheit）溫標系統，那 27 度就是在結冰點以下了。諸位當可以了解，這一切都是相對而來的。

物理世界是如此，而我們的「心」更是如此，它甚至比愛因斯坦的相對論還要厲害，不論是《狹義相對論（special relativity）》或是《廣義相對論（general relativity）》，如果速度或重力都變化不大的時候，它們對於時間與空間變率的影響還不會很大。但是，我們的心就不一樣了，它可是非常非常厲害的。同樣的是清風明月，有人覺得非常的浪漫，是人世間最美的美景。但是，同樣的景觀，卻有人觸景傷情而悲傷不已落淚不停。清風明月都沒有變，是我們的心在變。所以，諸位請記住，即使是在同樣的環境中，因個人的身世之不同、學識之不同、環境之不同、心性之不同、感覺之不同等等太多的因素，在同一件事情的認知與感覺或是做法上都會不同。在同一件事情上會有如此眾多而差異的現象，這在大自然方面是沒有的。唯一不同的就是我們的「心」。所以，「般若波羅蜜多」要渡的正是我們最具關鍵，而又善變與多變的這顆「心」。

佛法要渡的是我們的「心」，那麼就先要能夠認識究竟什麼是「心」？我們的這顆心是屬於我們自己的，別人當然不可能明瞭我們的這顆心。我們常常可以看到一些年輕人發生了一些事情，而他們的父母卻不相信那些事情是出自於自己的兒子身上，可見得連父母親都不見得能夠瞭解自己的兒女，更何況是其他的人呢？那麼佛法要如何能渡我們的那顆善變的「心」

呢？這是個好問題，能夠問到這個問題，是有相當慧根的了。剛才說了，只有自己才能最了解自己的「心」。所以，佛法正是在教導我們，要如何能夠真正的認識我們自己的「心」，並進而能夠覺悟自己，對自己能夠有所覺悟才能改造自己，如此的大智慧，您說它偉大不偉大！

6.7「心」究竟是什麼？

　　《般若心經》經名中的這個「心」字有兩種解釋，其一是表示『根本、核心與精髓』的意思。這也是說，《般若心經》是所有經典中的根本與核心，更是精髓與主體重心之所在，這一點從《般若心經》的兩百六十個字中，是可以得到印證的。其二是表示我們心靈所在的那顆「心」。心無所定則人必無所成，許多人之所以終生都在「漂流」之中，這個「漂流」不是指肉體上的漂動流浪，而是指我們的「心」一無所定。這樣的人太多了，表面上看起來都是好好的，甚至是風風光光的，但內心的徬徨、空乏與無住，使得他的「心」一直在流浪而終生找不到一個歸宿。讀《般若心經》就是為了要能夠認識自己「心」，找到自己回家的道路。讓「心」能夠有真正的歸宿，不再四處流浪而痛苦不堪，並進一步的把我們每一個人「心」的根源找出來，認識什麼是真正的自我。

　　學佛的目的不外乎是每個人都想

219

成佛，不成佛的至少也想學佛，佛家常言，人人可以成佛，那麼，我想問諸位：「該如何成佛呢？」就這個問題，許多的人找來找去，找了一輩子，也不知道找到了沒有？你問他如何成佛？他甚至說：「不敢！不敢！」如此的想法與觀念，這就把佛教信邪了。與其說佛教是在處理人生的問題，不如說是在處理「心」的問題。古語說得好：「人者心之器」，這人世間所有的一切全取決於我們的「心」。

「空」雖然是《心經》的主題，但是，「空」的目的卻是我們的「心」，而這也是《心經》的關鍵所在。六祖惠能在《六祖壇經》的行由品第一裏面一開始就直接說道：

「菩提自性，本來清靜，但用此心，直了成佛。」

諸位不要把「菩提」與「菩薩」混而一談。「菩薩」是德行的擬人化之稱謂。在法華玄贊二曰：「求菩提之有情者，故名菩薩。」至此，諸位可以看得出來，「菩提」的位階是更高的。在智度論四曰：「菩提名諸佛道。」所以，「菩提」是不具有擬人化的，因為，它其實就是宇宙的真理，也就是諸佛所得究竟清淨之理。事實上，「菩提」的本質與《心經》是全然相映的，它是不生不滅，也是不遷不變的，這一點將會在往後的章節裏有詳細的說明。

所以說，能不能夠成佛，它的根本就是在於這個「心」的問題上，如果我問諸位：

「甚麼『東西』才能代表真正的你自己？」

是你的身體可以代表真正的你嗎？是你的姓名嗎？是你的身家財產嗎？是你的體檢數據嗎？還是你的子女可以代表你呢？答案應該都不是。每一個人都應該很清楚，「心」才是我們的一切，唯有「心」才能代表真正的自我。

「心」是一種無形的精神作用。在佛教中所說的八個識：眼識、耳識、鼻識、舌識、身識、意識、末那識、阿賴耶識，都能影響我們的心。前面的六識我們都很清楚，第七識是「末那識」，在梵語為『Manas』。它的意思是「思量」之義。我們經常會自我的在審察與思量中，真正的關鍵則是會念念不忘「我」這個字，一切都是以「我」為思量的根本，也就是我癡、我見、我愛、我慢這四個「我」。而這四個「我」事實上也就是一切煩惱的根本，故而每一個人對於「我」執的成見都會很深，我們這一生中，所有的煩惱也就是由這個「末那識」的執著而生起的。

「阿賴耶（Ālaya）」識又稱之為「心識」。它的作用全然的活耀在人的內心之中，是八識中之第八識，也是「有情世界」的根本之「心識」。這第八識「阿賴耶」在古語中譯為「藏」。它的意思是：「含藏一切事物之無始」。這句話的含義比「字面」上的字義要來得深遠。「含藏」是包含蘊藏的意思，「無始」這兩個字不可以依照字面上的字義來解釋，否則照字面上說成了『沒有開始』那就笑話了。「無始」是在說一切的事情或心思在『還沒有開始之前』的狀態。這是很了不起的。我常說：

「任何事物在有形的顯明之前，必已在無形之中完成。」

221

　　我們都知道，在西元 1941 年 12 月 7 日日本聯合艦隊發動突襲美國珍珠港的事件。在這場軍事行動中，日本動用了 6 艘航空母艦與 350 多架飛機，摧毀了美國太平洋艦隊位於珍珠港的軍力。如今，亞利桑那號紀念館，座落於美國夏威夷州歐胡島的珍珠港中，是為了紀念「最初的失敗及最終的勝利」，每年也都有大小不一的紀念儀式。話再說回來，1941 年 12 月 7 日是日本突襲了珍珠港，大家都以為是在那一天戰爭才發生的。然而，實際戰爭並不是只在那一天才開始，在這之前，日本已完成了所有突襲的決心與演練，心中的戰爭與規劃早在那一天很久之前就已經開始了。

　　所以說，任何事物在有形的顯明之前，必已在無形之中完成。就以每年都會侵襲臺灣的颱風而言，颱風要來之前氣象局都會詳細的報導颱風的動態。但是，諸位應當知道，颱風並不是在颱風警報發布的時候才形成的，它是在有形的颱風顯明之前，就早已經在赤道附近無形的形成了。當然，並不是颱風是如此，這天底下所有顯現出來的事情，其實，一定已經在無形之中，就已經醞釀完成了。

6.8「經」是用來唸的嗎？

　　最後，講到這個「經」字。這個字最早的用法並不是經典的意思。它指的是早期人類在織布得時候，在織布機上面的編織物上的直線，稱之為「經」，所以古有明言說：「經正而後緯成」。「緯」是橫向的。「經」正然後才有「緯」正。「經」、「緯」皆正則所織出來的布自然才有方正可言。由於這個「經」的重要性，而後來才演化出具有特殊價值而被尊為典範的著作或是闡揚宗教之教義的典籍也稱之為「經」。

　　「經」這個字並不是僅有當作名詞用，如佛經、聖經、四書五經等等這都是名詞。事實上，「經」這個字的本身也是一個動詞，它可以做為經營、治理、管理的行為。如「經世濟民」，這個「經」就是經營

與管理的意思。而我們常說的「經營」的這個「經」字，也就是從事於規劃與策劃的意思。至於《般若波羅蜜多心經》所使用的這個「經」字，則表示是具有特殊價值與典範之「經典」的意思。

7

觀自在菩薩

7.1 觀萬物而自在

經曰：「觀自在菩薩」

　　《般若心經》開始的第一句話就是從「觀自在菩薩」開始，絕大部分的論述注疏都認為他就是民間大家都熟能詳知的「觀世音菩薩」。雖然千年來多有不同的解釋，但卻至今也沒有統一的詮釋。所以，人們也就將之解釋為觀世音菩薩了，既便於流通，而且也沒有人不知道觀世音菩薩的。所以，將它解釋為觀世音菩薩也就能夠獲得絕大多數人的認同。但是，是不是真的「觀自在菩薩」就是「觀世音菩薩」呢？事實上那倒是未必。有的時候差一個字就差很多，更何況有兩字之差。現在不妨就讓我們仔細的看看。

　　如果「觀自在菩薩」真的就是「觀世音菩薩」，那當初佛經的翻譯大師唐三藏玄奘法師，他理當直接了當的翻譯成「觀世音菩薩」就是了，又何必多此一舉，另立一個一開始就稱「觀自

在菩薩」的呢？在正式的場合上，我們稱呼一個人一定會使用屬於他的正式名稱稱呼。我強調的是正式場合。正如一位老師在一開始上課的時候對學生的點名一般，他所點的名，必然是一個「正式」的名稱。至於那位學生可能還會有其他的稱謂，那是他自己的事，他可以在其他非正式的場合隨意使用，正如他在家裡排行是第一位，則弟妹們會稱他為大哥。而在同學裏大家則會稱他老張，有一天他在公司裡當了經理，則他的工作同仁又會稱他為張經理等等。他可以有許多的稱謂，但無論如何老師在點名的時候，不會一開始就點名稱他為大哥、老張…等等的。所以，事實上並不盡是如民間的樣本那樣，認為祂們之間是等同的，唐三藏玄奘法師有什麼必要在《心經》一開始的時候，就用不同的名號來擾亂視聽？擾亂廣大世界與人們的認知？我個人亦不認為是如此。

7.2 唐朝各譯本

　　有幾分證據說幾分話，《般若心經》自古以來的譯本相當的多，現在讓我們來看一看，唐朝以後的譯本且不去論它，因為它單在時間上就距離遠了一點，單就在唐朝就近的那個時期，較具知名的就可以找到許多版本來，諸位請看一看：

　　1.般若波羅蜜多心經（燉煌石室本）。國大德唐三藏法師沙門法成譯

　　「如是我聞：一時薄伽梵住王舍城鷲峯山中，與大苾芻眾及諸菩薩摩訶薩俱。爾時，世尊等入甚深，明了三摩地法之異門。復於爾時，"觀自在菩薩摩訶薩"行深般若波羅蜜多時，觀察照見五蘊體性悉皆是空。時，具壽舍利子，承佛威力，白聖者觀自在菩薩摩訶薩曰：「若善男子欲修行甚深般若波羅蜜多者，復當云何修學？」作是語已。觀自在菩薩摩訶薩答具壽舍利子言：「若善男子及善女人，欲修行甚深般若波羅蜜多者，彼應如是觀察，五蘊體性皆空。」（餘略）。

　　史上對於「薄伽梵」的

事蹟記載頗多，但相異性也頗大，然大多數均謂他能除魔降妖去煩惱。這是在說薄伽梵住王舍的城鷲峯山之中與許多的菩薩在一起，世尊也來了，在說甚深法的時候，「觀自在菩薩」提出了他個人長年而深入的實踐心得，那就是五蘊體性悉皆是空。這時候，舍利子問「觀自在菩薩」說：

「若要修行甚深般若波羅蜜多，該要如何去修學呢？」

「觀自在菩薩」回答舍利子說：

「想要修行甚深般若波羅蜜多者，最重要的是應該要觀察到五蘊體性皆空的真相。」

這段經文最主要的意義是在說「觀自在菩薩」回應了舍利子的疑問，就是五蘊體性悉皆空。要注意的是，當佛陀說法的時候，在場的有「大苾芻（Bhiksu）」，這是一個梵語的音譯字，也就是大比丘的意思，以及眾多的菩薩摩訶薩。觀自在菩薩只是眾多菩薩中的一位，而且一再的以此身分應答，這是十分明確的，這是有別於其他的菩薩摩訶薩的。至於在舍利子之前加了「具壽」這兩個字，是一種對比丘之尊稱，但也用在為師的稱呼親近的弟子之用，或是長老稱呼少年之用。當然，「菩薩」的身分要比舍利子高出甚多，故親切的稱呼他為「具壽舍利子」。

這部《般若心經》是敦煌石室本，它甚至可能來自唐朝之前。敦煌石窟，俗稱千佛洞，座落在河西走廊西端的敦煌，它始建於十六國的前秦時期，歷經十六國、北朝、隋、唐等歷代的興建，是世界上現存規模最大、內容最豐富的佛教藝術地。所以，燉煌石室本的《般若心經》為真跡本的

可信度最高。事實上，後人的佛像、菩薩像與相關的佛教圖像等，亦多源自於此。

2.《般若波羅蜜多心經》。唐般若共利言等譯：

「如是我聞：一時佛在王舍城耆闍崛山中，與大比丘眾及菩薩眾俱。時佛世尊即入三昧，名廣大甚深。爾時眾中有菩薩摩訶薩，名“觀自在”。行深般若波羅蜜多時，照見五蘊皆空。」（餘略）

這是唐般若共利言等在西元 790 年的譯本。經中所說的名稱就更清晰而明白了，它直接而明確的說出與佛同時在場的菩薩摩訶薩之中，有一位名「觀自在」。行深般若波羅蜜多時，照見五蘊皆空。在場的人物雖多，但具名者僅「佛」與「觀自在」兩位，其他的都未具名。這是在眾多的菩薩摩訶薩之中，直接稱呼其號的，而這位菩薩摩訶薩的名號就是「觀自在菩薩」而不是其他的菩薩摩訶薩，這應該是相當清楚而不會混淆的。

3.《普遍智藏般若波羅蜜多心經》。唐摩竭提國三藏沙門法月重譯：

如是我聞：一時佛在王舍大城靈鷲山中，與大比丘眾滿百千人，菩薩摩訶薩七萬七千人俱，其名曰觀世音菩薩、文殊師利菩薩、彌勒菩薩等，以為上首。皆得三昧總持，住不思議解脫。爾時觀自在菩薩摩訶薩在彼敷坐，於其眾中即從座起，詣世尊所。面向合掌，曲躬恭敬，瞻仰尊顏而白佛言：「世尊！我欲於此會中，說諸菩薩普遍智藏般若波羅蜜多心。唯願世尊聽我所說，為諸菩薩宣祕法要。」爾時，世尊以妙梵音告觀自在菩薩摩訶薩言：

「善哉，善哉！具大悲者。聽汝所說，與諸眾生作大光明。」於是觀自在菩薩摩訶薩蒙佛聽許，佛所護念，入於慧光三昧正受。入此定已，以三昧力行深般若波羅蜜多時，照見五蘊自性皆空。

這譯本當可證明當時與佛陀在一起的有大比丘、觀世音菩薩、文殊師利菩薩、彌勒菩薩等菩薩摩訶薩有七萬多人。但是，真正與世尊交談的卻是觀自在菩薩，而世尊回應的對象，則是以「妙梵音」單獨的告訴觀自在菩薩「善哉，善哉！具大悲者。聽汝所說，與諸眾生作大光明。」這是佛單獨要求就觀自在菩薩能將他行深般若波羅蜜多時，照見五蘊自性皆空的心得說給大家聽。這是佛單獨對觀自在菩薩的要求，不需要讓其他人知道，所以佛用的是「妙梵音」單獨的告訴觀自在菩薩，而觀自在菩薩也依言的照做了。還有一點值得一提的，那就是，法會中除了有觀世音菩薩、文殊師利菩薩、彌勒菩薩等等在場外，另有菩薩摩訶薩七萬七千人，但由於佛知道觀自在菩薩對「五蘊皆空」的道行解悟，於是使用「妙梵音」單獨對觀自在菩薩講話，希望他能把自己的心得說出來給大家分享，所以，觀自在菩薩摩訶薩才從坐位起來，講出這一段話來。否則有觀世音菩薩在場，又何必專對觀自在菩薩傳「妙梵音」，這理當是分屬於兩位不同的菩薩。

4.《般若波羅蜜多心經疏》。唐·慧淨作：

"觀自在菩薩"行深般若波羅蜜多時。此經。三乘具足。文義深砂。若受持讀誦。當成佛果。名教不思議。不生不滅。乃至無智亦無得。皆契真如妙體。名理不思議。謂起悲智。真俗雙行。不被涅槃生死所拘。是故得名觀自在菩薩。

「乘」是搭坐的意思。也就是用以乘人而使人可以到達果地的教法，名為乘。所謂「三乘」就是指小乘的聲聞乘、中乘的緣覺乘、大乘的菩薩乘。這是說明了此經不但真俗雙行，而且不被涅槃生死所拘，這是超越了生死涅槃的境界，這是直接的在一開頭的地方，就以第一人稱說明了「觀自在菩薩」的這個名號。

5.《般若波羅蜜多心經略疏》。唐‧翻經沙門法藏述。

“觀自在菩薩”者。是能觀人也。謂於理事無閡之境。觀達自在故立此名。又觀機往救自在無閡。故以為名焉。

「觀達自在」這四個字用得好極了。諸位要注意的是，「觀達」而不是「達觀」，不要弄顛倒了，一個不注意就容易弄錯了，而他們的意思就差遠了。「觀達」是直接以「觀」而「達」到。所以說是「觀機往救自在無閡」。「閡」這個字唸「ㄏㄜˊ」，是妨礙的意思。而「無閡」則是代表流暢而沒有任何絲毫的妨礙。所以「觀自在」是在說觀達自在而又觀機往救，自在無礙。這更簡單而明瞭的說，「觀自在」就是觀照般若已經自在無礙了，所以，「故以為名焉」。故而稱之為「觀自在」。

7.3 觀自在的智慧更高

　　驗之以這種種的「經」與「疏」，正如經文中所言，「觀自在菩薩」就是觀自在菩薩。而實在不必躲避隱藏，或是另以張冠李戴的行述。但是，正如先前所說的，民間絕大多數的人已經就將他解釋為觀世音菩薩，長年積非成是，故而一些同俗者，將他解釋為觀世音菩薩也是能夠讓世人絕大多數毫無疑義的認同，故而真實的名稱也就不計較了。但是，就知識分子而言，既然大家都認同唐三藏玄奘法師的《般若波羅蜜多心經》的譯本，他經過長年，在這本《般若波羅蜜多心經》中使用的是「觀自在菩薩」的名號，我們就「應該」也要同時的「尊重」這位高德的翻譯者，使用經文的正本之譯，實不必再另有他義。

　　事實上，《心經》所說的這種境界，它並不是用在觀察別人身上用的。它是用在自我提升，自我晉化，自我度苦厄，而不是依賴他人。在法華經上

有一段話說：「苦惱眾生，一心稱名。菩薩即時觀其音聲，皆得解脫，以是名觀世音。」由此可知，「觀世音」是要觀其音聲，察世間眾生心聲的。但是「觀自在」卻是在觀照「心」而照見五蘊皆空，這五蘊皆空不是別人告訴他的，而是自己身體力行，才能體悟，才能度一切苦厄。他這是在教人們如何才能自救，而不是仰賴他人的救助。能夠自救，就能夠有自在心。所以，「觀自在」的慧智是更高的。一個人如果處處皆能自在，時時亦皆自在，那不是菩薩，也是佛！

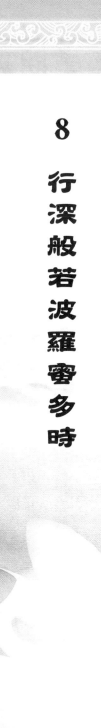

8

行深般若波羅蜜多時

8.1 大學問與小學問

經曰：「行深般若波羅蜜多時」

　　《心經》在觀自在菩薩之後，緊接著就是行深般若波羅蜜多時。現在，先讓我們就從「行深」的問題談起。在一般的世俗注疏中，有些將它寫成為：「行深般若」這個名詞，用它來硬性的區分淺層的「人空般若」與較深層的「法空般若」。事實上，佛法即是世間法，而佛法在本質上並無深淺的問題。世間所有的學問，都沒有所謂的深淺問題。諸位可說得出來，甚麼是「深學問」？什麼又是「淺學問」的？不要以為那些廟堂之上，位

居高位的人，所謂官大學問大？那是用來嚇人的，當然沒有官大學問大的這個道理。所以，若是有人硬要將「般若」區分為「深般若」與「淺般若」，那是後人的畫蛇添足的賣弄，反而讓人弄不清楚。更何況，所有的佛學辭彙中，也沒有與「深般若」相對應的「淺般若」這個名詞。

　　古人有言：「萬般皆下品，惟有

讀書高。」這是在北宋時期，有一位汪洙的進士，它是元符三年（1100）進士，官至觀文殿大學士。曾寫了一首「神童詩」，這首詩很長，我們看看前面幾句：

天子重英豪，文章教爾曹；萬般皆下品，惟有讀書高。
少小須勤學，文章可立身；滿朝朱紫貴，儘是讀書人。
學問勤中得，螢窗萬卷成；三冬今足用，誰笑腹空虛。
自小多才學，平生志氣高；別人懷寶劍，我有筆如刀。
朝為田舍郎，暮登天子堂；將相本無種，男兒當自強。

這是中國古代封建為官的統治者，有重文輕武的風氣。而兩宋時期，這種風氣尤其盛行，不僅是科舉制度在政治中明顯地反映出來，而且更成了社會普遍的價值觀。所以，宋朝時期兒童發蒙時期所唸的〈神童詩〉，一開頭就是：「天子重英豪，文章教爾曹；萬般皆下品，唯有讀書高。」這是官僚體系之下的教育，在古代是曾被壟斷的。但今天行行出狀元，早已經不是如此了。全世界最有錢的人是美國的比爾‧蓋茲（William henry "Bill" Gates III，1955－），他是微軟公司的董事長。1995年到2007年的《富比士》全球億萬富翁排行榜中，比爾‧蓋茲曾經連續13年蟬聯世界首富，但是他沒有大學畢業。這兩年讓全世界瘋狂的蘋果電腦的賈伯斯（史蒂芬‧保羅‧賈伯斯 Steven Paul Jobs，1955－2011），他是蘋果公司的創始人之一，曾任董事長及執行長職位，他設計的手機讓全世界瘋狂了好幾年，他也沒有大學畢業，可惜的是他英年早逝（56歲）。美國人沒有官僚思想，真的是行行出狀元。

　　所以，千萬不要以為在鄉野之中，農田之事就是小事。這世間很多事情其實是被官宦與權勢蓄意的倒置了。實際上應該把從事農漁畜牧的人的待遇調到最高的待遇才是。畢竟，農漁畜牧才是整個人類生活的一切根本，糧食如果不足，將直接影響人類的生存。別忘了，現在的今天全世界有七十億的人口，但仍有三分之一的人們是在飢餓之中，在過去西元 2000-2002 年已統計出來的資料中，曾任聯合國秘書長安南曾表示全球每天平均有 25,000 人死於飢餓及貧窮之中。換句話說，每 3.4 秒，就有一個人因為飢餓而死亡，這個數字讓人心中非常的難過。

　　再舉一個我們日常生活中，大家最不以為意的事，但是，卻是關係重大的事情。說起我們日常走路，哪一個人不會？那麼你說它是深學問還是淺學問呢？大部分的人都會認為平常從來就沒有想過如何走路的問題，要走就走，說走就走，甚至沒有想過它跟甚麼學問有關。然而，當有一天我們喪失了走路的能力或是中風而必須終身躺在床上的時候。這時候要他起來而隨意走走，那可就是大學問了。所以我說，這世界上所有的學問都是學問，而學問的本質並沒有甚麼大學問、小學問或是深學問與淺學問的。如果有人說人類的頭部學問最大，那麼你可以反問他？心臟、腸胃或其他器官的學問就不重要嗎？

　　「般若波羅蜜多」這六個字許多人習慣上或在口語上簡稱之為「般若」。但是，我想再提醒諸位一下，「般若」這兩個字本身就有它單獨的意義存在，也就是「智慧」，或是「大智慧、妙智慧」的意思。而如果以為「般若」就是等同於「般若波羅蜜多」那就不對了。這在一開始的幾個

章節中我們談了很多，諸位如果還不很清楚的話，可以回頭再把前面的章節看一看。

整個「行」的目的是什麼呢？其實，這是一個重點，能夠力行與實踐勝過千言萬語。而「行」的目的就是在於「行」般若波羅蜜多，這是它的目的，正如我們要到一個地方去，那個地方是我們的目的地。至於到了那個目的地會有什麼成效？或是會有什麼結果？在此，暫時停頓一下，讓諸位可以好好的想一想。

「行」是實踐與力行，而「行深」則是代表全神貫注，竭盡力量的實踐與力行。正如單說讀書用功是不夠的，而是全神貫注，竭盡心力的用功才可以。也就是說，一般的實踐與力行還是不夠的，而是全神貫注，竭盡力量的去實踐「般若波羅蜜多」才可以。

至於這樣努力的結果與效益，則是出現在下一句話裏「照見五蘊皆空，度一切苦厄」。這是到了目的地的效益。所以，這整句話「行深般若波羅蜜多」是由「行」開始，然後是「深」的努力。也就是貫徹而徹底的實踐，實踐什麼呢？實踐「般若波羅蜜多」，才會有「照見五蘊皆空，度一切苦厄」的效益。

在這地球上七十億的人口裏面，芸芸眾生，悠悠個體，除了沒有能力者之外，每一個人隨時隨刻無不在思想與思考，思想可以想一想，思考則就是認真的在考慮一些事情了。在這如螻蟻般七十億人口裏面，每一個人

都會有他自己的目標。不但是每一個人都會有專屬於自己的生命目標，更複雜的是，即使是屬於同一個人，不同時期他的生命目標卻又必然會不同。我用「必然」這兩個字是有它特殊意義的。

我那可愛的小外孫，才剛五歲，他有五十輛的各式各樣的玩具車，每天可以自己玩上半天，所接出來的軌道則把它看成是臺北的捷運系統，每一站都清清楚楚的模仿著捷運開車、停車、開門與關門。這幾天我問他：

「牧牧過來，老爺問你，你將來長大後想做甚麼？」

他說：

「我長大後要做高鐵司機。」

我覺得奇怪，於是再問道：

「你不是一直說要做公車司機嗎？」

他最喜歡坐公車了，每天幼稚園的娃娃車送回來後，婆婆還要帶著他坐一坐公車，不論是去買點心，或到動物園門口走走，或坐捷運逛一逛。他記得每一路的公車，很難想像的是，他連公車的車牌號碼都記下來了。很多司機都對他印象深刻。但是，為甚麼現在又改了呢？原來在這之前從沒有機會坐過高鐵，但是，自從上個月他父母親帶他到墾丁度假，搭乘高鐵來回，於是他才知道原來高鐵是那麼快又舒適，所以，志願也改了，一個人的志願可以變得如此快，這就是一個見證。

8.2「行」是這句話的關鍵

　　人生貴「行」，菩薩更是如此，所謂「六度萬行」。這個「行」就是「實踐」的意思。離開了「行」，也就沒有證，也沒有菩薩，更談不上佛了。坐在那裏不動，只靠嘴皮子說說，是不能到達彼岸的。所謂「六度」也就是「六波羅蜜」，在舊稱上為「波羅蜜」，而在譯名上則曰「度」。「波羅蜜多」也有簡稱「波羅蜜」的，兩者是相同的，都是到彼岸的意思。「度」就是度生死無邊之海，而「到彼岸」則是到涅槃之岸。波羅蜜多在於實施，而「行」法上則共有六種波羅蜜，也就是所謂的「六度」：一佈施，二持戒，三忍辱，四精進，五禪定，六智慧。而「六度萬行」也就是說經由這六度，可以擴及萬種一切的行門。

　　「深」是「徹底」的意思。「行深」意思是說徹底而確實的實踐與實行之意。故而，整個「行深般若波羅蜜多時」則是在說觀自在菩薩，的確是確實而徹底的實踐著般若波羅蜜多，並且能因而得自在，圓滿而無礙的到達了生死的彼岸。

　　所以說，「行深般若波羅蜜多時」是一句標的話，也就是說，這《般若心經》整體最重要的一句話，他也是要所有的人們學習「觀自在菩薩」，是具有行動能力的，而且是確確實實而徹底的實踐「般若波羅蜜多」。而

整個《般若心經》在這句話之後所有的經句，都是在進一步的論述實踐「般若波羅蜜多」時候的真諦及其結果。

　　觀自在菩薩所真實而徹底實踐的是「般若波羅蜜多」，也就是徹底的實踐度向彼岸的大智慧。這個大智慧畢竟有其極為宏偉的生命觀與世界觀。但是，這樣的格局對一般人而言畢竟是太大了，也太過於深奧了。於是反而產生了無力感，不知道該從何處著手。而如此美好的人生，如此美好的事情，也因而使得許多的人仍停留在口頭上，唸唸有詞而已。這種現象也像孫中山先生常寫給其他同志「天下為公」的這一句話，這是治理國家最高的理想。但是，該如何去實施，卻又缺乏真正有理而又行得通的真實辦法來。所以，至今也還停留在標語口號的階段，殊為可惜。

佛法則不然，佛法重於實踐。所以在上一節說到人生貴行，菩薩是徹底而真實的實踐者，就從「六度」開始，離開了行，也就沒有證，也沒有菩薩。為什麼佛教對於「力行」是如此的重要呢？佛法認為世界上的一切萬般種種的事情，都是由人類自己所造就而成的，也就是所謂的「自作自受，共作共受」的道理。我們身上所承受到的一切，都是緣自於「業」。所謂「業」就是「造作」的意思。我

們所做的一切又稱之為「業因」，是一切「業」的因緣而起，過去的「業」又稱之為「宿業」，而現在的則稱之為「現業」。有「業因」則必然有「業報」，也就是對應於我們所做的善惡業因而後有的苦樂果報，這也就是這個世界上最根本的因果道理。

8.3 力行的真諦

　　講到「業」這個字其實是用得非常的好。一件事情做完了或是完成了階段性任務，我們說是「畢業」。從事於耕種、務農及相關的生產我們稱之為「農業」。去做一番事情叫做「事業」，去創造一番事情叫做「創業」。「業」這個字的本身就有「實施」與「實踐」的意義存在。既然對於事物有了「實施」與「實踐」，就必然會有結果產生，而佛教把「實施」與「實踐」所衍生出來的結果，也歸納在「業」裏面，故又稱之為「業報」，這是非常有眼光與遠見的。

　　佛法的偉大是在於他認為這個世界是「我造世界」，不是老天爺在管這一切。什麼是「我造世界」呢？我是人人，人人是我，人人都可以造就這個世界。所以，這個世界是屬於每一個人的。人與人之間沒有任何的主從關係，也沒有任何的隸屬關係。古代的皇權時代可以說你的命是屬於皇上的。然而時至今日，沒

有人可以說誰是屬於誰的。

　　「行深般若波羅蜜多時」的這個「時」字，代表的是「時因緣」。「時」即時分。「因緣」是能生為因，得助而成為緣，「因緣」可以產生萬物。我每次在思考「因緣」這兩個字的時候，都覺得十分的感動。諸位也許不十分明白，當我們放下自己，將視線伸向無窮宇宙的時候，我們所看到的一切，並不是只有一個「因」字所造成的，單獨只有一個「因」未必能成就事物。科學講求的是「證據」，而表達「證據」的則是「數據」。當我們涉及到宇宙的起源，基本粒子的不可思議現象，在《量子力學》中竟然與「緣」這個字卻是息息相關的。只不過在科學沒有使用「緣」這個字，畢竟那是抽象的意境而無法「量」化。那麼，這個事實該如何處理？於是科學家就採用了「機率」這個「量」。「機率值」是一個量化的數值，但是，卻仍包含著抽象的意境存在。下雨天站在大樹下被雷擊的機率是萬分之一，這不是說你在下雨天站在大樹下一定會被雷擊，但也不是說不會。這只是在告訴我們，它要比不在大樹下被雷擊的「五十」萬分之一的機率高出五十倍。這也是為甚麼佡解讀宇宙而進入《量子力學》的時候，會用到許多的數學與微分及偏微分的道理。

　　在歷史上有一個很有意思的事情，我個人很喜歡這個故事，因為它有很深的啟發性。宋朝的皇帝宋仁宗（趙禎）（1010年-1063年），他13歲即帝位，享年54歲。在位41年。自幼喜歡讀書，是他首次把《論語》、《孟子》、《大學》、《中庸》合在一起併為《四書》而流傳後世。他對於道教與佛教也有很深的研究，我們從他死後的諡號「體天法道極功全德

神，文聖武睿哲明孝皇帝」，就可以體會他的文聖武睿。如果我說宋朝的宋仁宗皇帝，可能很少人知道他是誰，但若是我提到「狸貓換太子」這件事，則很多人就會有印象了。他是民間流傳最為有名的歷史故事之一，在電影裏、歌仔戲、野台戲或是話劇裏及民間的茶餘飯後裏的「狸貓換太子」中的太子就是指宋仁宗。趙禎愛好學習，崇拜儒家，但也深涉佛教與道家經典。

有一天，宋仁宗到大佛寺去進香，看到佛堂裏如來佛的手掌上手持佛珠，唸唸有詞的樣子。於是他臨機一動，他問主持：「唸何佛號？」

意思是如來佛如果要唸佛的話，該唸誰的佛號呢？主持回答：「唸自己的佛號。」仁宗又問道：「那他對自己該唸什麼佛號呢？」主持回答：「南無阿彌陀佛。」仁宗再問道：「唸自身佛號，有何意義？」主持答說：「求人不如求自己啊！」

這個故事除了表達仁宗與主持之間的巧思對答之外，更重要的是，連如來佛都要自求多福，我們一般人卻事事都想到要去求佛，而佛則身體力行，表達出要我們自求多福才是，而此中更重要的啟發是，我們應當要去真實無妄的身體力行才可以。所以，這「行深般若波羅蜜多時」將「行」這個字放在第一個位置，也正是說明了「力行」的真諦所在。

9
照見五蘊皆空，度一切苦厄

9.1 心窗與啟蒙

經曰：「照見五蘊皆空，度一切苦厄」

《般若心經》是這個世上我最喜愛的作品之一，單從《心經》這兩個字來看，它也是魅力美得令人無比著迷。事實上，它的確是人世間最美好的作品之一，若是沒有誦讀過或是研讀過，那可真是很可惜的事，它絕對是可以讓我們終生品味無窮的。但是，我也要說，《心經》自古以來就有各宗各派不同的解讀，如此重要的經典，常常也被解讀到不知所云，有許多卻還停留在經典的文字虛幻、反覆造詞的層面上，那才是更為可惜的事。

首先我要談的是《心經》在這兩百六十字裏面流傳了兩千多年到現在，究竟有多少人懂得它是在說甚麼？很多人都能夠把《心經》這兩百六十個字背誦得非常流利。但是，《心經》的主題是甚麼？它究竟能給我們的福祉是甚麼？這一段的經文是：「照見五蘊皆空，度一切苦厄。」所以，很多人說：「《心經》是用來消災解厄的。因為裡面有一句最重要的話，就是要幫人們『度一切苦厄！』」。當然，也有人說：「《心經》是在談『空』的問題，因為《心經》裏一再而反覆強調的，那就是人人都會唸的色不異空，空不異色；色即是空，空即是色。」略有程度的人則會體驗到：「《心經》可以更深入的解讀為『色空不二』的宇宙中『色』、與『空』相容並

蓄的道理」。但是，無論如何，《心經》這兩百六十個字中，它只是在談一個極為重要的主旨，那麼，這個主旨究竟是甚麼？這關係著對佛教主題意識上的認知，是非常重要的。

《大般若波羅蜜多經》也就是一般俗稱的《大般若經》，共四處十六會之說，唐玄奘譯有一萬三百三十一紙，達六百卷之多，以古代毛筆及早期所使用的紙張，是一件大工程，傳統上認為東漢蔡倫發明造紙術，距今約有一千九百多年，到了唐朝的時候，紙張的使用已經很廣泛了。但是，用毛筆所書寫的資料則是需要相當大的面積，所以古代要用一整棟樓來典藏所有的佛經，故稱之為「藏經閣」。

讀書是有方法的，不

但是要有方法，而且更重要的是必須講求效率。更確切的說，當我們在讀一本書的時候，首先就必須先要知道它的目的是什麼？它能做什麼？也就是說，它究竟對我有什麼益處？而不是什麼書都需要讀的。否則，不要說是天底下有那麼多書有待我們去讀，就是一部《大般若經》恐怕就不是我們一輩子可以讀得了的。如此龐大的一部佛典，它究竟是在說甚麼呢？其實，我們真該要問的是：「它的主旨是什麼呢？」，也就是說，它的主題是在說什麼呢？總不要說讀了半輩子，卻連「主旨」是甚麼都說不出來，那就白讀了，也白費工夫了。

9.2 心經的精髓

　　《大般若經》不是用讀的，正如同一部《大英百科全書》一般，有誰會去從頭至尾的去讀一部百科全書呢？那麼百科全書就沒有用了嗎？也不，它可以隨時提供我們所需要的資料，也可以做全面性的瀏覽。當然，現在紙本的百科全書幾乎已經看不到了，只存在於圖書館裏面，可惜的是現代的年輕人就更不可能去翻閱了，網路上隨時可以查閱而得到的資料太多了，可以讓人們隨時隨地獲得所需要的相關知識，但是它們的專業性畢竟還是不足的。

　　同樣的道理，這整部《大般若經》也不是用來每一頁都需要讀的，真的想要了解《大般若經》的精神就應該先去好好的讀一讀《金剛般若波羅

寫張青者王厚蘭
銕

蜜經》，也就是俗稱的《金剛經》。但其實《金剛經》也不是很好讀的，一般沒有一些功力的人是讀不下來的，即使勉強讀下來也不知所云，需要有真才實學的人教導才不會偏頗而不知所云或偏離正道。

我們現今所使用的《金剛經》是姚秦三藏法師鳩摩羅什的譯本。所謂「姚秦」是指五胡十六國（304 年－439 年）時期，位於晉朝（266 年－420 年）的後期，上承三國，下啟南北朝，屬於六朝之一，又簡稱十六國。後秦是十六國時期羌族貴族「姚萇」建立的政權（384 年 -417 年），故又稱之為「姚秦」。在當時，從西域進入中土的僧侶為數眾多，而在鳩摩羅什的推廣下，為佛教奠定了發揚的基石。這要比唐朝早了約三百年。事實上，五胡的君主中如石勒、石虎、苻堅與姚興等都非常支持佛教的發展。鳩摩羅什所譯的《金剛經》流傳最廣，含標點共有五千二百五十二字。佛陀在《金剛經》裏面揭示了宇宙與人生間至高無上的終極真理。佛陀告訴尊者須菩提：「盡虛空、遍法界的一切佛，以及他們取得的無上正等正覺，都可以自這部經所講的內容獲得」，的確是了不起的。

《金剛經》有五千多個字，不論是內容或是字數，也還不是每個人可以整部都讀得下來的，最後濃縮的結果與精髓就是這部《般若波羅蜜多心經》簡稱《般若心經》或《心經》來代表了。這樣的說法雖並無正式的紀錄，但卻是大多數人所共認的。《金剛經》與《心經》在字句上雖然有相當大的差異，但這兩部經在主旨上卻是有其一致性與連貫性。《心經》只有兩百六十個字整，其文字之優雅，辭意之深遠，是我們每一個人都應該要去誦讀的，也是值得我們一輩子去品味的。《心經》很容易背誦，但能背得

出《金剛經》的恐怕就不多了，至於，《大般若經》恐怕一輩子能讀完一遍的人都少有。在民間《心經》是被傳頌得最廣也是最普及的佛教經典，但是，如此曼妙的兩百六十個字的裡面，它真正想要傳達給人們的訊息與真諦究竟是甚麼？它究竟是在說甚麼？這才是真正的重點所在。

事實上，整部《心經》雖說是短短的兩百六十個字，但它的關鍵「主旨」其實就在它的第一句話的二十五個字裡面，這是開宗明義的揭示：

「觀自在菩薩，行深般若波羅蜜多時，照見五蘊皆空，度一切苦厄。」

所謂「五蘊」就是色蘊、受蘊、想蘊、行蘊、識蘊這五蘊。「蘊」是積集的意思，但如果說得單純一點，則「色」就是泛指一切有形或無形的「事」與「物」；「受」是指心在思維之下的承受作用；「想」是對境思維之心的作用；「行」是指由心所產生的行體作用；「識」是指我們能夠意識與識別事物之心。

雖然《心經》的關鍵主旨就在這第一句話裡面，但這一句關鍵主旨的話裏面，其更精銳的精髓則只有四個字，那就是「五蘊皆空」這四個字。事實上，這也就是《心經》的真正精髓之所在。

9.3 真理因疑惑而得解

「五蘊」的存在與現象是佛教思想主軸，「五蘊皆空」是不是就是將這色、受、想、行、識這五蘊都「空」掉呢？且看一看古書注疏上所寫的註釋如下：

「色從四大假合而有，受想行識由妄念而生，故此五蘊諸法，如幻如化，從因緣生，本無實性，當體即空，故謂五蘊皆空」。

我不覺得有誰真能看得懂這話究竟是在說甚麼？這些用來詮釋經典的解說，它卻比經典的本身還難懂。說實在的，上面的這些話，初學者簡直就不知道它在說什麼？沒有人質疑嗎？還是大家都很有修養？質疑可能被視為是一種叛逆，叛逆就是不忠，不忠就是德之賊也。我們從小都是一直如此的被教導出來的，沒有人願意做德之賊，也就沒有人願意不忠，當然，就更沒有人敢叛逆。所以，久而久之，一路的就被沿襲下來了。大家都在想，抄襲古人是最佳的選擇了，其一是古人不會講話，其二是有古人權威性。

甚至是還代表自己讀過古代的古書，是有古學問的。當然，一些信徒努力的迎合，而成為同體的一份子，這一切也就幾乎是從來就沒有人想過，是不是有不通的地方，或是可以質疑或反駁的？

「假合」這兩個字，在許多人解釋「因緣」的時候常用，典籍上說：

「假合是眾緣之假和合也。和合必有離散，是一時之和合而非永久，故云假。」

這句話可以說它是對，但也可以說它不對。若是說它不對，至少「和合」在一起的時候應該是「真」，否則這個世界豈不是沒有「真」了嗎？所以是說它對的也對，宇宙中的一切都是因緣而成，所謂：「諸法因緣生，諸法因緣滅」，就是這個道理。問題是，這些註釋的語意不清，道理不明。

絕大多數的人在讀上面這句話的時候，會被「假」這個字給誤導了。一般人所熟知的這個「假」字，是「真」與「假」的這個「假」字，也就是不真實的意思。所以，在這裏如果以「真假」的這個「假」字的意思而論，那上面的這句話從一開始「假合」這兩個字就說不通了。當然也就產生了疑問：

「為甚麼是假的結合？」
「那什麼是真的結合？」
「有沒有『真的結合』這種事？」
「『假』是『真』的對立現象，若沒有『真』何來『假』？」

有太多的人陷落在這裏面了。事實上，「假」這個字很多時候是有

「借」的意義在裏面。例如，：「狐假虎威」、「假手於人」、「假力於人」等等，這個「假」字都是「借」的意思，而跟真假無關。如果懂得這個道理，再看上面那句話，就可以明朗得多。所以，我說那句話是對也是不對的道理就在這裡。如果諸位將這個「假」字當作是「真假」「假」來看，那就不對了。而如果將它當作是「借或藉」的意思，那就是了不起的宇宙真理。問題是，是不是每一個人都有能力去正確的解釋這句話，那就有點學問了。

所以說「五蘊」是「相藉的相合」或是「相借而相合」。這真是了不起而偉大的思想與理論。事實上，宇宙中所有的一切，全都是相藉而合。諸位都知道「水」是氫與氧結合而成的，它可以經由逆向的電解而分離出氫氣與氧氣來，但若將氫氣在空氣中點火燃燒，則又回復成「水」。所以，你說「水」裏的氫與氧，它是「真合」還是「假合」？如果是「真合」，那應該就是永遠的分不開，所以是「藉合」，氫與氧相互的借藉而相合，當借藉的因素消失之後，還是要分開的。再想一想我們的身體是不是「借藉相合」而成的，當使用完了之後，還是要還給這個大自然的。因為，我們的一切原本就是向這個世界「借藉」來的，逝去之後還給這個世界是天經地義的事。所以，這個「假合」其實用得非常的好。

再提一個可能會有爭議性的問題，在佛學的辭彙中定義「五蘊皆空」如下：

「五蘊是色受想行識，色從四大假合而有，受想行識由妄念而生，故此五蘊諸法，如幻如化，從因緣生，本無實性，當體即空，故謂五蘊皆空。」

先不說抄襲與沿襲古代的「八股」，實不知道有多少人可以看得懂上面這段話的意義。「五蘊皆空」這四個字是《心經》中精要中的精髓，就僅僅根據上面這兩行話，就能夠「五蘊皆空」而還要「度一切苦厄」？至少，我不相信。

　　那麼，讓我們進一步的看一看，諸位也不妨可以好好的想一想。若是「受、想、行、識」皆由「妄念」而生。那現在就讓我們打開「妄念」這個「潘朵拉（Pandora）」的盒子，仔細的看一看什麼是「妄念」好了。事實上，這「受、想、行、識」本來就是生命的真實本能，不客氣的說，如果人類自出生以來就沒有「受、想、行、識」這些生命的真實本能，我不認為任何人可以活得下來，也不認為人類可以生存到今天的現在，應該是早就滅亡了。人類是地球上的動物，甚麼是身為動物的最高生存原則？那就是「吃」與「被吃」的鐵律，這是所有動物二擇一的鐵律。諸位不要以為人類的智慧有多高，人類唯一的特質專長就是會使用工具而已，如果不給你任何工具，將你放逐在原始森林或原野裡面。相信那個時候，諸位就能體會那些想要吃掉你的動物，它們所用的技巧與智慧是多麼的高。

　　再進一步的說，「受、想、行、識」本來就是生命的天賦本能，而這種生命的天賦本能，才構成使我們成為一個生命的完整個體。才能夠使人類進步到今天。那麼有什麼理由說它是「妄念」呢？試問，人類想飛是「妄念」嗎？想去火星是「妄念」嗎？為甚麼在解讀「五蘊皆空」的時候，古今的一些文人墨士所用的詞句又是「如幻如化」？又是「本無實性」？又是什麼「當體即空」的？

認知上的問題，其實不是小事，錯誤的認知就是大事，害了億萬無辜的人嘛。事實上，這才是真正問題的關鍵所在，難道不應該細細的思量它的道理嗎？而若是有不通的，不應該提出反問嗎？我們在面對生命的問題時，難道不應該以真真實實的態度去面對嗎？我常說：

「我們的生命是宇宙中最不可思議與最偉大的奇蹟。」

生命不但是可貴的，而且是無可比擬的，更是實實在在的。所謂「此生難再、此身難得」，豈可以認為人類的思想、努力、企圖心這一切都是「妄念」，而活著則是為著虛度時日呢？講到這裡，如果對於「五蘊」是依據上述因襲前人而來的注釋或注疏，強調「妄念」、「幻化」與「無實」的立論，則這樣的釋意，是荒謬的，是談不上有甚麼解悟的。加入了一些幻化虛無的文字，而讓整句顯得高深莫測，這不是佛陀的本意，若是真的依照字面上的釋意而認定那就是《心經》的真諦的話，那問題就很大了。因為，這在根本的思維上就出了大問題。

9.4 究竟甚麼是「妄念」

　　所謂「妄念(教育部重編國語辭典修訂本)」的定義，這裏面只有一句話的解釋，那就是：

　　「妄念就是不正當的想法、念頭。」

　　如此的斬釘截鐵，使得「妄念」這兩個字完全沒有閃躲與託詞的餘地。於是，再請諸位仔細的思量下面接著而來的問題，那就很嚴重了：

　　「如果一個人對於天賦自身的受、想、行、識都認為是『妄念』的話，那不是『妄念』的是什麼？而『真』這個字在哪裡可以找到？難道只有佛經裏的才是『真念』，其它的都是『妄念』？若是如此，則對於人類的感覺、思維、意識，知覺等等豈不是也就沒有意義了？」這種錯誤的認知與思想，在千年以來的時光裏，真不知道害了多少的蒼生？害了

多少的人？能不慎乎？

　　那麼，再回到問題的本質上，如果「受、想、行、識」是由妄念而生，那麼：「人究竟應該如何思想？是吃齋、唸佛？其他都是假？都是妄念嗎？」

　　樹木石頭，也許，我用「也許」這兩個字，沒有感覺、思維、意識、知覺。那麼，如果真是如此，那人與樹石何異？其實啊！樹木還是有知覺的，不但是有知覺，而且是有感性的，這是許多人所不知道，也不了解的。這世界上在意樹木花草的人太少了。花樹是知道有春夏秋冬的，想想看，它們依時而發芽、成長、開花、結果而再生。尼采曾說：「人類因夢想而偉大」，事實上，人類的夢想就是建立在色受想行識上面，才有今天全面性的成就。我倒想反過來問一問：「佛教的成就在哪裡？」也請我佛弟子不要閃避，直接回答這個問題。人類在地球上唯一勝出的就是思想與智慧，如何可以用一個「妄想」就抹殺一切？難道只有佛陀的思想是「真念」嗎？真的可以如此說嗎？佛陀在逝世前一直要人們精進、再精進，但佛教界還是有太多的人停留在抄襲、沿襲古人的八股裏面，佛教的精進在哪裏？這是第一個需要受到質疑之處。

　　根據佛典對於「妄念」的定義如下：
「虛妄之心念也，凡夫貪著六塵境界之心也。」
「虛妄的意念，亦即凡夫貪戀六塵境界的心。」

　　「妄心」是為虛妄之心念也。這話等於沒說，是在弄文字虛玄。想在

天上飛不算「虛妄」？這在古代說來可能算「是」，但現代「不是」。思想方面何者是「虛」？何是「妄」？古代的時候，君要臣死，臣不能不死，現在看來這種思想算不算「虛妄」？

「妄心」是為虛妄的意念。同樣是等於沒說，什麼是「虛妄」？還是在弄文字虛玄。

什麼是「凡夫」。這是一個相當「對立性」的字眼。與「凡夫」相對的人物是「權貴」。因為「凡夫」的定義是「平庸的人（教育部重編國語辭典修訂本）」。事實上，這是帝王時代的用詞，面對官府與官僚體系，每個百姓都要自稱是草民、凡夫。

我們生在「凡間」，當然是凡夫，「凡夫」沒有什麼不好。

這是第二個需要受到嚴重質疑的地方。要解決這個問題的唯一方法，就必須「真正」的遵照佛陀所說的「精進！」、「再精進。」而是走入「凡間」，從「凡夫」開始做起。

9.5 「空」的先期認知

　　五蘊中的「空」究竟是「空」甚麼呢？自古以來對於「空」的說詞千篇萬言，真是說不盡也道不完。最常見的就是將「空」看成是「無」的意義，這並沒有錯，「空」字本來就有「無」的成分在內。事實上，我們也絕不能說「空」完全沒有「無」或「沒有」的成分在內。近代的宇宙科學確實已經證實宇宙中的一切，確實是來自於「無」，而「無」也是宇宙一切的緣起。只是，這樣的說法在佛教中卻是常受到指責的，許多重要的經典中所使用的「空」字，也的確不能用「無」或「沒有」的觀念來解說。但是，不可否認的，「空」字在一些詞句中也確確實實是有「無」的觀念在內，硬是要把「無」字拿掉也是不對的。但是，「空」卻不是只有「無」的觀念而已，在絕大多數佛點的意義上，「無」的觀念的確是嫌太狹隘了，「空」是偉大而了不起的智慧。唐代的玄奘法師與其他的古聖先賢們，他

們能用這個「空」字來表達一種玄妙的思維，我認為這真是把「空」字用到了絕佳的境界，沒有任何的字可以比這個「空」字還更傳神的了。

事實上，「空」的意義當然是遠遠的超過「無」這個字或「沒有」的意思。「無」這個字的定義是非常清楚的，「無」就是「有的反面」，也就是「沒有」的意思。但是，「空」就不那麼簡單了，沒有任何的文獻可以將「空」定義成「無」或「沒有」的意思。

中國的文字是十分玄妙的，我們有許多常用字，這些字的意義並不是可以從表面上或字面上來解釋的。它經常是一字而多意的，也就是說，同一個字可以有許多個意義存在，端看是用哪裏。而「空」這個字更是如此，在不同的詞句裏，它可以有著截然不同的意義。因此，我們要能清楚的看出來，關鍵字句的用法與玄意，故而有許多時候是沒有辦法做成單一論述的。正如在所有的中文辭典裏面，沒有人可以對「心」字下一個確切的定義。因為它在不同的地方，所代表的是完全不相干的事與物。「讀書要用心」，這個「心」是「認真」的意味。而若是「待人要真心」，這時候的「心」則是「誠摯」的意思。若說「這個人心地好」，這個「心」則是「品德」的意思。如果把這些所有的「心」都混在一起談，那就混淆了，也就都說不通了。「空」字不但是如此，而且其延伸的涵義更廣，絕不可以一個意思，而涵蓋所有的論述。我說這些話意思，相信諸位可以很清晰的體悟出這個道理來。而這些同與不同之區分則往往是居於關鍵性的地位。

現在，讓我們再回到這個「空」字上面來。「空」的語意及用法非常

的多，甚至是同一句話，在不同層次的解說中都可以不同，這也是佛家常說的方便法門。所以，我要說的是：「我們不可以以單一觀念或單一思維來詮釋這個「空」字。」所以，如果我們每次遇到這個「空」字，心中不可以就直接的反應是「沒有」或是「無」的意思，那往往就會與佛典的真諦差了十萬八千里，將這種錯誤的意識與思維再傳頌下去，那就是罪過了。當我們在閱讀古文典籍的時候，由於古代所能使用字句要比現代少得多，因此，在詞句上的表達也拘謹的多，所受到的限制也多得多，這一點是要特別注意的。當然，人非聖賢，也有一些古人在其相關的著作上，有意賣弄其文字之巧奪，詞句之華麗，而「捨意就文」，這類的八股文章相當的多，諸位當即棄之，免得浪費時間。

　　許多的佛門子弟們，在長年的薰陶之下養成了「凡事不上心頭」的習慣，凡事都不爭，並自認為這就是「空」的思維，其實，這種行為的本身就是一種「固執」。所謂修養就是修習與養成的意思，並終身奉之而不逾。但是，「空」並不是要我們「凡事不上心頭」，如果凡事都不上心頭，諸位想一想，那是好？還是不好？這樣的「人」與「物」何異？是一種「活死人」，而絕不是「空」的意思。所以，若是將心頭的事一概都不放在心上就以為是「空」的話，那是佛門弟子對「空」的一大羞辱。

9.6「五蘊皆空」的解諦

　　「五蘊皆空」的這個「空」字不是「空掉」，也不是「沒有」，而是「無自性」的意思。「無自性」這三個字是有大學問的，而如果「無自性」三個字還是按照字面上來講解的話，那就掉入了深淵底層，離佛遠矣，故而這三個字無法深知明瞭與省悟的話，那麼「五蘊皆空」就不可能融會貫通而真正懂得它的意義。我說過，《般若心經》真正的智慧就在「五蘊皆空」這四個字上面。所以，若不能深自解悟「五蘊皆空」這四個字的真諦，那《般若心經》肯定是白讀的。

　　所謂「五蘊」就是：色蘊、受蘊、想蘊、行蘊、識蘊。「蘊」是積聚的意思。事實上，這「五蘊」也就是包含了聚集我們每一個人在這世間所有一切的一切。現在，分別說明如下：

（一）色蘊

　　「色」不全然是「物質」或是「事情」的意思，更深遠的意義是「質礙」的意思。更確切的說：「舉凡萬事萬物，會產生質礙者都叫做『色』」。所謂「質礙」的意思就是「變質而具障礙」。「色」廣泛而言是指世界一切萬物為「外色」，近身而言則指我們以地水火風四元素所構成之肉體為

「內色」。請記住，只要是屬於「色」的範圍，就必然會有一個最重要的現象，那就是會有「質礙」的現象，而「質礙」的真正意義則是一定會變質而具障礙性。這個障礙不是阻擋人家，而恰恰是自己的身受，敗壞而死亡。請各位好好的觀察看看，這宇宙中可有不會變壞而永遠存在的東西嗎？答案當然是沒有，我也說過很多次了，宇宙中沒有永恆。

有些人會追根究底的問：「那麼地球之外無限的『真空』地區究竟是有『色』的存在？還是沒有？」如果是如此問或是如此想的人，該算是一位很有智慧與思想的人，但也希望他同時能對《天文學（Astronomy）》或《宇宙學（Cosmology）》下一點工夫。絕大部分的人都會認為「真空（Vacuum）」是一無所有的。但近代的《量子力學（quantum mechanics）》卻證實了在宇宙中的真空地區，那才是宇宙中最具變化，變

化最多也是最不可思議的地區。基本粒子就在那些真空地區，自動的進行著快速的「質」與「能」之間的相互轉換，因為那些地區不會受到干擾。事實上，「空間」也是屬於「色」的範圍。「空間」的存在直接影響我們人類身體上的一切機能。「真空」也只是代表沒有地球上的空氣而已，並不代表沒有其他的東西。

（二）受蘊

「受」是領受納入的意思。除了「色蘊」是來自於物質或是身體外在的因素之外，其他的「受、想、行、識」這四蘊則都是來自於我們的內心。「受蘊」即是對境而承受事物之心。所以，這是一種「心」的作用，它又涉及到「五根」與「五塵」的功用與受用。所謂「五根」指的就是眼、耳、鼻、舌、身，它幾乎就是我們人體對外界的一切的感測與感覺的來源與憑藉。而「五塵」則是領受與接納我們身上那「五根」所造成的一切境界，那分別是「色、聲、香、味、觸」。「塵」這個字不是指地上塵土的塵，而是專指它由於會染污我們的真性，以其能污染身心故名之為「塵」。諸位可以相互對應的觀察一下，「五根」與「五塵」它們的各項是相互感應、對應與對照的。

那麼，什麼又是「所緣之境」呢？也就是色、聲、香、味、觸、法這「六塵」之境，這「六塵」比「五塵」多了一個「法」字，「六塵」產生了解與分別的心。這是一種心的「識別」作用，這種心的「識別」作用若以現代的術語來說，它也就是《心理學》中所謂的心理活動下的認知狀態。更確切的說，也就是我們的眼。耳、鼻、舌。身、意這六根，與作用後相對應而蘊生的色、聲、香、味、觸、法這六塵，這「六根」對應著「六塵」，彼此相互蘊合而作用之後，所產生的認知及意識效果。

在「五蘊」中由眼、耳、鼻、舌、身、意這「六根」，與作用後相對應而蘊生的色、聲、香、味、觸、法這「六塵」。我們之所以稱之為「塵」，

那是因為這些外境真會污染我們的內在的「真性」，有的時候又稱之為「六境」，以其是眼、耳、鼻、舌、身、意六根所對之境，故又名「六境」。而在這「六根」與「六境」的蘊合作用之下，則必然會產生認知與意識的效果，故而在最後的相互作用下，再次的對應而產生了「六識」，也就是：一、眼識，二、耳識，三、鼻識，四、舌識，五、身識，六、意識。

（三）想蘊

　　依據《三藏法數》所曰：「想即思想之義，謂意識與六塵相應，而成六想，和合積聚，故名想蘊。」所謂「六塵」指的是色、聲、香、味、觸、法之「六塵」，比「五塵」多了一塵，故謂「六塵」。至於千古以來古人對於這方面的相關典籍注疏，那就多得不得了了。但是，無論如何，這個部分的注疏對於思想方面的研究，仍是停留於口舌所及的範圍。甚至古人們還認為人類的思想器官是以「心」為其作用的，所以才說讀書要「用心」的這一類話。我要說的是：「沿襲古人使現代的人不知長進，沿襲古風使現代的人不知所處。」所以，我想談一點近代新鮮一點的知識。對於人類最重要的思維器官「腦」的研究，近代人類在各方面科學輔助的研究與探討的實務之下，已經有了非常大的進展與成就。在近代的科技下，「心」是可以移植的。南非外科醫生克里斯汀·巴納德（Christiaan Barnard）在1967 年 12 月 3 日完成了全世界歷史上的第一例人類心臟移植手術。在將近五十年前人類就可以移植心臟，時至今日，移植心臟的手術在許多較大型的醫院都有能力完成這項作業。但是，真正能代表一個人的則是他的「腦

子（Brain）」。所以，想要移植一個人的「腦子（Brain）」，恐怕至今，所有的科學家連想像都不敢想像。因為，那並不是只有涉及到器官移植的問題，那還是小事，道德上的事也還不大，重要的是對於「人」的基本定義，則是會從根本上出了問題。換了頭以後的那個人，究竟是誰？先要定義清楚，再來解決問題，否則，大家對於自己的腦袋或是長相，或是腦子裏的東西只要不喜歡了，就成天的換來換去，肯定是天下大亂。

但是，我要說的是，這一天肯定是會到來的，因為科學是無止境的，只是時間上的問題。看過「星際大戰（STAR WARS）」那部電影的人一定印象深刻，因為那裏面有許多的「人類」，長得都是牛頭馬面的。事實上，這種事情在研究室裏早就在做了。2012 年 8 月 14 日的英國《每日郵報（Daily Mail）》報導，美國國防部的「國防先進研究計畫署」正在研究各種強化戰力的辦法，包括以基因改造方式提高身體將脂肪轉化成能量的效率，甚至重新長出炸斷的手腳。諸位想一想，如果可以重新長出炸斷的手腳，那換一換腦袋瓜子恐怕就不是什麼難題了。所以我說，諸位得有心理上的準備，未來人類的能力將超越神格甚多。但是，這個問題的層次就更高，而問題就更大了。

我們還是先回到「五蘊」中的「想蘊」上。「想蘊」中的「想」是思想的意思。人類的心智對境而自能產生想像事物之心。「思想」是人腦對於現實事物直接或間接的，以內隱或外顯的方式所表現出來的。事實上，思想的本質是對於語言文字或圖案及影像的運用。思想是一種高級生物的心理活動形式，而人腦對於相關的信息，會產生進一步處理的行動，這其

中包括有：

1. 抽象處理：這個「抽象」是指由實體中抽離出概念的思考過程。也就是說，人類會將事件的共有特徵與共有的屬性都抽取出來，並且對其中的相同與不同的部分，進行反應或捨棄的動作。

2. 概括處理：這是以「比較」做為事情之前提條件。人類會比較是一種很特殊的現象，對於各種事件的相同以及不相同之處，會對其進行相關的歸納。

3. 分析處理：分析是把所遇見的事與物，將其整體性進行分解，而成為相關連的各個部分。然後，在將這個整體事件的各個屬性，都單獨的分離開而進行研究的過程。

4. 綜合處理：它是把事與物件的每一個部分與支脈或屬性，進行相關連的結合，並將它形成另一個更清晰的整體事件。綜合是分析的逆向程序，以便於獲得人類所需要或期待的結果。

以上這四種是人類對於「思想」過程的最基本形式。

近代的《心理學（Psychology）》就是專門研究人類的心理現象、精神功能和行為的科學，即是一門理論學科。這門科學經過現代化的廣泛研究，而更由於研究的領域之不同，則又更進一步的區分為相當多的領域。諸如：理論心理學、教育心理學、生理心理學、認知心理學、比較心理學、

發展心理學、健康心理學、人格心理學、社會心理學、定量心理學、異常心理學、神經心理學等等。《心理學》是一門非常有趣，但也是非常複雜的科學。畢竟我們的「思想」與「心理」是分不了，也離不開的。但無論如何，這其中的每一種心理學，在科學上都已經有著很深入的研究與成果，對於人類也有非常長遠而重大的貢獻。

（四）「行蘊」

這個「行」字用現代的話，簡單的說就是「行動」的意思。古語曰：「遷流造作」之義，現在已經不流行這種說法了。這種「行動」其實是可以分成兩個層面而言：其一是「心行」，另一個是「身行」。從這兩個字義上，諸位應當就能夠體會許多的事情了。

在「心行」方面，是指我們的「心」的思想、思緒或思維，都是在念念不停、前滅後生，從過去到現在，從現在到未來，一直的都在作用而流轉不已。「心行」畢竟只是在自己的心裏面的思想而已。思想如果沒有付之實踐，也只是一種空想，或是虛念。在歷來許多佛教的論述中，經常都喜歡用「妄想」或「妄念」這兩個詞語來談別人的心識的問題。這一點我認為是不妥的，也是我佛弟子們應該要懂得尊重別人，也要懂得自愛、自重。因為，「妄」這個字不是一個很好的字眼。它只有一種解釋，就是有「胡亂、任意、行為不正的、荒誕不合事實」的意義在內。事實上，我們每個人無時無刻都在想像之中，但卻未必是「妄想」，也未必都是「壞念頭」。古代的人如果你說人類要上月球，那絕對會罵你那是「妄想」與「妄念」。

但是，如今人類登陸月球已不再「妄想」與「妄念」。我認為「妄想」與「妄念」是不可以任意使用的，這對別人是一種污辱。愛因斯坦曾說過：「人類因有夢想而偉大。」諸位想一想！

「心行」是一個緣起，它還不能產生作用，真正產生作用的則是「身行」，這個時候就會產生了「業」。從過去、現在到未來的一切善惡之心的作用，相繼不停，念念不止，甚至而生生不息的都是這個「行蘊」。所以，「行蘊」是可以跨越過去而到現在與未來，這是真真實實的。

（五）「識蘊」

「識」這個字自古以來就是當「了別」的意思。「了」字千萬不要會錯意，它不是「完了」的「了」，而是「了解」的「了」，一字之差，差之千里。「別」是分別。也就是說，此識對於「所緣之境」，具有「了解」與「分別」的作用。

事實上，在五蘊之中這個「識蘊」也是整個佛法中屬於最深入的，宇宙雖是萬有，但若歸納到最後，其實只有「色」、「心」這二法。而「色法」不論如何遠近，或是如何大小，均屬觀顯易知。然而「心法」則不然，漠漠難測，明暗不顯，遠見難分，虛實難知，所以，這才是最難測，也是最難知的。

佛教的《唯識學》，把一心分為「八識」。這「八識」中的前五識即

眼、耳、鼻、舌、身五識，只能了知自己身體界限以內的東西。在「五蘊」法中，這「六識」的「識」是以「了別為性」。前面提過，這「了」就是了解或了悟的意思。「別」是分別或識別的意思。但無論如何這只是通性。要注意的是，這「六識」是依「六根」對「六境」所起的作用而命名的。

當「意識」在我們內心中開始起了作用的時候，就會產生了一個時時刻刻有「我」在內的思維存在。這時不但有了深層之「我」的感覺，而且也會處處以「我」為一切事理的出發點，以我為圓心，對外畫出同心圓。這個時候即使是在日常生活的用詞方面，都會將這個「我」字，放在正中間。例如說，我要吃巧克力；我要喝可樂；我想要聽到音樂；我要賺大錢；我要住豪宅；這東西是「我」的，別人不可以拿走等等。由「我」而衍生出一切的一切，而「我」則是這一切的中心，也就是以「我」為中心所畫出來的範圍都是「我」的，都不容他人的侵犯。

9.7 六識之後的更上一層

　　現在，進一步的深究，這隱藏在「我」的意識之後，也就是每一個人直覺式的「我」，究竟是什麼呢？事實上，它也是一種「識」，也就是第六識「意識」之後的第七識，梵文的語名為「末那識」。「末那」這兩個字緣於梵語的「Manas」。這是《唯識論》所說第七識。「末那識」又譯為「意」，這個「意」則是有「思量、意識」的意思。但它容易與第六識「意識」相混淆，所以仍然必須保留它的梵語原音，而為「末那識」。

　　這個「末那識」它是以「我」為自身的起點，經常的在自我「審、查、思、量」。「審」是審度；「查」是察看；「思」是思慮；「量」是度量。

一個人又是在審度，又是在察看，還又在思慮與度量。那麼，他究竟是在想幹甚麼？原來在這「審、查、思、量」的過程中，唯一的一個起點還就是「我」這個字，念念不忘也還是「我」的一切。這才是我們一般人幾乎是天天所面臨的，每天都在「我」這個字裏面打滾，無時或忘的，一生至死都脫離不了的。甚至，連死了之後還想讓自己所謂的「靈魂」能夠去到所謂的天堂或極樂世界去

「極樂」一番。這種連「死了」之後都還要牢牢的把自己握住，死都絕不放手，連死了之後都要指定的安排「我要上天堂」。實在無法想像「極樂」究竟是怎麼一回事？我也不相信這個世界上有任何人可以說得出來，生前要如何「極樂」？死後又要如何才能「極樂」？諸位當然應該知道，這宇宙中哪來的什麼「極樂」，樂極必然生悲的道理如果不知道的話，豈能說是知識分子？當然，邪亂惡神不必去提它，至少，佛教是絕對不主張有神格存在的。事實上，佛教的中心思想體系，早就超越了所謂的「神格」以及那些低俗與不堪的層級。在佛教中凡是有「神格」思維的，必然是邪教。而《般若心經》正是用來破除神格與邪教用的，這一點諸位一定要銘記於心，而且了然於心的。

「末那識」是以「我」為起點，而又經常的是處在「審、查、思、量」之中。所以，我癡、我見、我愛、我慢這四個根本煩惱，也就永遠的無法脫離，而如影隨身的難棄難捨。越是想去極樂世界，則越是我執的多，越是成見深，則相對的煩惱也越多，痛苦也越多，這便是這個「末那識」因執著於我識而產生的因果。故而若能斷此識，即成菩薩。諸位請注意，「菩薩」不在極樂世界裏。

但佛教的宗旨是「無我」，而且是破除「我執」的。所以，如果只有到了第七識的「末那識」，當然是不究竟的，也是不完整的。故而，我們應該可以意識到，在這第七識的「末那識」中，僅僅是屬於個人的「我」，如何能成為「究竟」？又如何能成為「了義」？原來在這第七識之後，還有個第八識，它才是宇宙人生的本源。

9.8 宇宙人生的本源

　　這第八識稱之為「阿賴耶識」，它也是《唯識學》上，最深奧難解的一個領域。由於它所涉及的思維與層次都是《唯識學》中極高的領域。雖然我們的主題是《般若心經》，但是，我還是希望能將它的精髓給諸位說清楚，講明白。有些人將「阿賴耶識」說得太虛太玄，那就是在說妖邪與講神話了。

　　這「阿賴耶識（A^Layavijn-A^Na）」是梵語的音譯，它的意思是「無沒」，在經書中則將它譯為「藏識」。「阿賴耶識」還有許多異名，如有譯為「本識」、「現識」或是「無垢識」的不一而足。而正典的用法還是用「阿賴耶識」為宗。剛剛說了，「阿賴耶識」的意思是「無沒」。什麼是「無沒」？它就寫在字面上，所謂「無沒」就是「不會沒有」的意思。言其能保存一切事物的

種子，而不會斷絕。諸位看到這句話，應該肅然而惕。而「藏識」的意思也表示它可以含藏一切事物之種子，可以歷劫而生死流轉，永不壞滅。

現在，再略為深入的談一談這個「藏」字，它究竟「藏」的是什麼呢？它藏的是有什麼法寶嗎？當然不是。它藏的是萬法得種子，正就是能夠包藏宇宙中一切事物之種子，不令毀壞。這樣的功能，諸位想想看，是如何的偉大。所以說它是宇宙人生的本源，其意義就在如此。我們在這兩段文句中，多次的用了「種子」這兩個字。這個「種子」當然不是在談論植物開花結果一粒一粒的種子，只是藉其義而已。而是無形無質，卻能發生作用的「業種」。請注意，它是「業種」，這就很重要了。所以，這個「種子」實際上就是一種「能力」，「能力」這是一般的說法。更正確的說，它是一種「緣力」與「業力」。所以，它當然不是有形體可見的東西，甚至它也不是「東西」。

我這麼說諸位可能覺得奇怪，不是「東西」那會是什麼「東西」？我請教諸位，「萬有引力」是諸位所熟悉的，它作用在宇宙中一切的物質上，你能說「萬有引力」是個「東西」嗎？但是，萬有引力當然是一種無形的力量，我們雖然是看不到，但是，它確確實實的就存在於我們的每一個地方。萬有引力無所不在，即使是任何再小的物質都受到它的影響。在關於宇宙及地球的現象有一個很有名的理論，那就是《混沌理論（Chaostheory）》，而在這個理論中最有名的案例就是「蝴蝶效應（Butterflyeffect）」，它是美國氣象學家勞侖次（Edwardnortonlorenz，1917-2008）在 1979 年 12 月 29 日於華盛頓的美國科學促進會的演講：「一隻蝴

蝶在巴西飛動翅膀，可能會引起在美國德克薩斯的一場龍捲風」。諸位，這豈不正就是我們所謂的「緣力」與「業力」的作用的結果嗎？它是無遠弗屆的。

我們的「心」也如同此中一般，它無所在，也無所不在。「心」的念念生滅也就是剎那生滅，而在此剎那生滅之際，這就是一種「緣力」，而「種子」一旦開始發生功用，那跟隨著的就是「業力」了。所以，「種子」在各種的「緣力」作用之下，則可以產生新的種子，而「業力」亦相生相隨，如此雖是剎那生滅，但也生生不息，可以歷劫而生死流轉，永不壞滅。我們每天所面對的每一個環境、每一個世局，都是因緣和合相繼相續之下而存在的，這一切都是「唯識所現」的影像。所以，若是沒有了「藏識」，這個一切也就不存在了。所以說，「阿賴耶識」，是宇宙人生的本源，就是這個道理。

9.9 空是無可比擬的

在談完「色、受、想、行、識」這五蘊之後，進一步的就要進入關鍵的主旨了，那就是「五蘊皆空」之後，究竟想要如何？或是究竟會是如何？因為，這才是事情的關鍵所在，而不是在一番對於五蘊的解說之後就沒事了。事實上，這一切才是事情的開始。而如果只是說：「五蘊」是由妄念而生，故五蘊諸法，如幻如化，從因緣生，本無實性，故能度一切苦厄。相信能看得懂真正意義的人就不多了，而更難以相信這樣的說法就可以度一切苦厄。

「五蘊皆空」的意義是在說明五蘊的身心色法，皆是眾緣和合而成，由於這一切都是眾緣的相繼相成，故而這宇宙中所有的一切，都是無自體性的。什麼是「無自體性」？這一點應該是蠻容易理解的，先不必談整個宇宙了，就諸位所見到的這個世界而言，可有任何事與物是自成的？所謂「自成」就是自體成就的意思。這天底下不要說是物質的「物」了。諸位想一想，即使是事情的「事」字，天地之間也沒有任何的事情是可以自己成就自己的。如果要舉例子，那就舉不完了，因為這天底下所有的一切，沒有任何是可以自己成就自己的。就以人體而言，除了是由各種不同的元素所化合而組成的之外，還必須是由億兆個不同的細胞組織而成。其他的就不再一一例舉了。不要說是生物了，即使是無生物的各種物品，哪一種

不是由物理與化學合成的？即使是一個簡單的陶瓷藝術品，裏面所有的化學成分，恐怕一個黑板都寫不完，更不要說它起碼也是由億兆個細砂所組織而成。這是「諸法因緣生」，宇宙中所有的一切，都是因緣相聚而成。如果說得大一點，當然連地球，太陽的本身及太陽系的所有行星也都是如此，即使是再大一點的如銀河系或星團等，當然也不例外。所以說，這「諸法因緣生」是可以擴及整個宇宙中所有的一切。

如果整個宇宙都是如此，那麼「色、受、想、行、識」這五蘊當然也不能例外。所以，這「空」的第一層意義就是說這「色、受、想、行、識」的五蘊，它是因緣和合而成的，不可能有各個獨自於外的自性存在，這就是「無自性」的意義。那麼，卻又為什麼說它是「空」呢？諸位想想看，這「諸法因緣生」相對的一面就是「諸法因緣滅」。世間的一切事物都在這「諸法因緣生」與「諸法因緣滅」之間來回的擺盪，也在「生」與「滅」之間來回的相繼相滅而生死不已，這不是「空」是什麼？

「空」除了是以《緣起論》為其根本的立意之外，我說過，「空」這個字並沒有那麼單純，正如其他的中國語文一般，它不是僅有一種意義，

也不是僅有一種的用法，它可以同時包含相當多的意義在內。這《般若心經》裏的「空」字，事實上，還有着另一層較高層次的意義存在著，那就是：

「空是具有至高無上的。」

由《天文物理學（Astrophysics）》裏面我們可以知道，宇宙誕生於137億年前的「大霹靂（Big Bang）」，它產生了「時間」、「空間」與「能量（質量）」。能量實質上就是等同於物質的，所以能量與質量是可以互換的。我們在宇宙的深遠處，也確實的觀察到基本粒子在「有」與「無」之間，幾無限制的在快速的相互轉變著，這也就是代表著「質（Mass）」與「能（Energy）」是可以在基本粒子之間相互的交換與轉換。

「時間」是宇宙中的另一個主題。「空間」在我們存在與生活的現況狀態下，直接的與「空」產生了相關的連繫。剛才說過了，宇宙自大霹靂以來，首先產生了「時空」與「能量」。因為，「空間」給了宇宙的存在，沒有「空間」，宇宙將無以存在。所以，宇宙中沒有任何是比「空」還大的，它在實質上是包融了宇宙中的一切。「時間」不能超越於宇宙之外，沒有人可以想像超越於宇宙之外的「時間」是什麼？同樣的，「物質」也僅能存在於宇宙的「空間」裏，這個宇宙之外是不是還有其他的時空與物質，不是目前的人類可以探討與思考的。至少至目前為止，人類確切的知道，這宇宙中也沒有任何事與物是「空」所不能包容在內的。所以，它是「無上」的。

9.10 破除五蘊

　　「五蘊皆空」的「空」是「無自性」的意思。許多人也許會說：「每個人都有自己的個性啊！如何能說無自性呢？即使是花草樹木都有它們的各不相同的特性。」這樣的說法，是對佛法中的「自性」做了錯誤的解讀之故。

　　在《心經》中佛陀要我們明白，我們的肉身，是由五蘊的要素依外在的眾因與眾緣和合而成，這種藉由「眾因」與「眾緣」和合而成的肉身，非自體可以獨自而成。所以「五蘊」其個體「色、受、想、行、識」皆無自性可言，因為這些都是眾多因緣匯聚而成的，所以「五蘊皆無自性」。

若是諸位還是不能夠理解的話，我就以我們的身體做為例子好了，這樣子最容易明瞭這其中的含意。這「五蘊」就如同我們一個人的身體的器官，若將我們的兩隻手、兩隻腳與頭部，都把它們各自分離開來的話，這些肢體對一個活人而言，有沒有什麼意義可言？當然，分開來的肢體是沒有行為能力可言的，這時候的四肢與頭部也就沒有自性可言的。我們的手，它本來的自性是可以取用東西的，而當他離開了人體，你不能命令你的雙手，讓它們到山上去摘水果回來給你吃。當然啦！《封神榜》的神話是例外啦！同樣的，我們的雙腳本來是可以用來支持身體與用來走路的，但若是脫離了人體的單獨雙腳，它同樣的就沒有這些功能了。我們的四肢與個體器官它們的本質都是無自性的，必須與我們整個人體配合協調才有意義，也才有屬於它自己的「自性」存在。故而，佛陀破除了「五蘊」，告訴我們「五蘊皆空」，直接的破除了色受想行識這五蘊，不要執著於自以為是的「事」與「物」的外相上面，如此才能度一切苦厄。若是心神固執，而執著於那些沒有自性的個體與「事」、「物」的外相上面，這樣的我執與偏執，將會使得自己深陷苦境，甚至是絕境，而終身永難脫離。許多人信奉佛教，認為它可以帶領我們，使我們的身心都能脫離苦厄。但是，能度一切苦厄這並不是人生的唯一目的，這樣的格局太小了。生命必然有其更高的意義存在。

9.11「空」的更上一層意義

　　「空」有着更上一層的意義存在，那就是「包融」。「空」能夠將宇宙的一切萬有都「含融」其中。「含融」也就是「包含而融合」的意義。這裏面有着雙重的含意在內，「包含」是包而含之，它可以將所有的一切都「包」在其內，也「含」在其中。除了「包」與「含」的意義之外，它還具有「相融」、「融合為一」的寓意，將所有的一切，使它相融，不再異議而為一體。即使是一顆石頭，其中不也是包含了許多不同的成分在內嗎？這是「相融」。所以說：

　　「空」可以成就一切。

　　這可能是許多人從來沒有想到過的。什麼？「空」可以成就一切？是的，「空」可以成就萬物，所以它真是偉大的不得了。除此之外，「空」還有更為大的呢！那就是「空」沒有自我性、沒有對立性、沒有挑戰性、沒有排斥性，而萬物在其「含融」之下，也均由此孕育而生。所以，我常說：

　　「空」是充滿一切生機的，它蘊育著「有」，也是宇宙中一切存在的本源。

　　在日常生活中，我們常常於不在意的時候，會有對不住人家的言詞或舉動，這時候我們會說，請多多「包涵！包涵！」。這個「涵」字就是包容、容納的意思。除了這個之外，它還有更深一層的意思，那就是「涵養」

的意思。「涵養」則是有更近一步「涵養化育」之義。所以，「包涵」這意思說得非常的好，那是要彼此都能夠「包容」對方、能夠「容納」一切，而且還要能有進一步的涵養化育彼此。諸位想想，凡事能夠「包容與容納」而又可以彼此「涵養化育」。當然就能「容」得下一切，「納」得了所有。所以，能夠「包涵」就不但不會生氣、不會計較，當然也就消氣了。凡事能夠不生氣、不計較而又能包涵甚至是涵養化育，當然也就沒有所謂的「苦」這個字了。所以，就「空」更上一層的意義來說，它除了是可以「成就」一切之外，它同時還有「包融與涵養化育」的意思。它不但是「涵容」了一切，而且還近一步的「化育」了這一切。「空」是將宇宙與生命中的一切都涵容化育合而為一了。如果生命是個共同體，都能夠視人為己，大家都能夠貢獻己力，都能夠位對方設想，體諒對方，幫助對方，所謂「得道多助」，就是這個道理，當然也就能夠度過一切苦厄了。

所以，當我們面對「空」這個字的時候，在思想上除了必須要審慎細膩之外，更需要提升自己的思維層次。如此，才可以真正的體會出那份真實與確切的涵義。「空」不是知識，有了知識也不一定能夠真能體認到「空」字的真諦，所以，還必須有極為敏銳的思維與體認，尤其是在「體認」上，真的就是只能去「體認」而不能言傳了。畢竟大乘佛教的核心就是這個「空」字上面，只是在人們長時間的沿襲，而不求甚解的一直抄下去，失去了隨時代而進步與提升的精進能力，也背離了近代知識與智能的認知，而許多身為人師者，亦多沒有足夠的智能與對真理的認知，也因而逐漸的偏離了佛典的精髓與真諦。

　　整部《心經》的真正精髓與關鍵字語就在這「五蘊皆空」的四個字上面，為什麼「五蘊皆空」可以度一切苦厄呢？上一節是以「空」的因緣性、包融性、視人為己，大家都能夠貢獻己力，都能夠為對方設想，體諒對方，幫助對方，以其能包融、涵養與化育，故能得道多助，因而能離一切苦。現在，以另一個不同的角度，也就是以「無」的思維來談一談「度苦解厄」的問題。當然，這個層級就又更高一層了。

　　事實上，「空」還具有另外的下列八個字更深的意義，那就是：

「無我、無相、無法、無住。」

　　所謂「無我」並不是「沒有我」，或是認為「我」是不存在的，或是要去掉「自我」才行，這都是不對的。如果認為「無我」就是我不存在，

而且是虛幻的，那麼我想問諸位一個問題：「你到這世上是做甚麼來的？」我當然是存在的。所以，我常一再的要強調，閱讀經籍的時候，絕不可以只是依表面上的字義來解釋，有的時候，弄錯了，不但是相差十萬八千里，甚至是「以是成非」，將原有的美意完全弄反了，這是適得其反，反而害了人。

9.12 什麼是「無我」？

「無我」不能說完全沒有我，但也不能完全的排除「自我」。我還是在的，這是事實，也是真實，沒有「我」則其他的一切對於「我」而言，則是沒有意義的，人生是無價的，諸位一定要記住一句話：

「人生的無價就不能沒有自我。」

然而，「無我」這兩個字與「自我」豈不是對立的情勢嗎？事實上，它們之間並沒有任何的牴觸。「無我」是將自我相融於萬物之中，也就是把自我與宇宙萬物予以相融，不要把自我獨立於萬物之外，不要在心中設立起「對立面」來。

競爭是必然的，逃避競爭絕對不是辦法。正如時代已經走到了這個階段，不是任何人可以逃避的。第一名永遠只有一個，冠軍也只有一個，要考上好的大學就一定要通過無數的競爭。那麼，許多人會問，這種競爭豈不是「我」在參與競爭嗎？是「我」在對立面，一個一個的打敗對手而得到的榮譽，如何能說沒有我？是的，那些話都沒有錯，但是，思維的層級可以提升，生命的本質可以提升。這是甚麼意思？是的，這也是絕大多數的人所不懂的道理。

我們可以獲得第一名，但是，這個第一名並不是用搶來的。也就是說，

我的目的是為了讀書與求學而努力的，至於是不是第一名並不在我的思想或心思之內。我更不是為了要搶別人的第一名而要去得第一。這是兩種截然不同的心理狀態，也是兩種完全不同的人生觀。第一種人，他是為了讀書與求學而努力的才獲得第一名。所以，讀書是他的根本意識，至於是不是第一名則是屬於不在意的。第二種人是以拼第一名為目的，而讀書與求學問則不是他真正關心的。他的第一名是為了老師在同學們前面的讚美，父母親的獎賞，與自我的一種虛榮心。

這兩種人在心態上一開始就是有很大的差別，第一種人那為讀書與求學而努力的，他沒有心中的對立面，沒有敵對面，他的目標重點是讀書。由於他沒有對立面也沒有敵對面，所以他可以過得很自在，很自然，而心中也坦然自在，而這個第一名也很可能就自然而然的降臨了。雖然，這個第一名未必是他的重點。這第二種人則是以拼第一名為目的，他絕對見不得別人好，只要有人可能會超越他，就會想盡了辦法去打擊他，去除他。所以，他在周圍所建立起來的完全是「對立面」與「敵對面」。諸位應當可以體會，這第二種人的人生，是充滿了敵對的，而周圍的一切也都是對立的他被單

獨的孤立了。這樣的一種日子，長久下來，人生除了災難與苦厄之外，我看不出他還有什麼可以依存的？同樣是「讀書」，有人可以「無我」，而喜悅得勝。有人卻最終落得終身憤世忌俗。這之間人生落差，只是千萬里之差。

連讀書考試都可以有「有我」與「無我」之別，這第一種以讀書為本的人的，他的心是「空」的，所以他可以容納得下所有的一切，如此反而容易成功，相反的這第二種人，他處處在爭，處處要佔，所以，當別人面對的時候，也必須要爭、要佔。所以，他一輩子的在對立面，都在爭、佔、搶。其它的事情就更不必說了。所以，這個「無我」的關鍵點，就是不要為自己建立起「對立面」與「敵對面」來，要以「我」來「和樂」自然人生，則自然人生就會與「我」相互和樂，這個我還是「自我」，而又由與外界的大千世界整體和樂融洽，是又是「無我」之道，若能真正懂得「無我」之道，則必然心生喜悅，其實啊！懂得人世間的和樂與喜悅的道理，那才是最珍貴的寶藏，豈只是可以度苦厄而已。所以，《心經》的第一句話開頭就說道：

「觀自在菩薩，行深般若波羅蜜多時，照見五蘊皆空，度一切苦厄。」

信哉！信哉！

9.13 什麼是「無相」？

　　「無相」是不具表相，也就是事物的本質並不在於它的表相上面。「相」的有形是指物體的「外形」。「相」的無形是指事物的「現象」。「無相」當然也是諸法悉空的意思。甚麼是「諸法悉空」呢？這裡又是一個「空」字，但是它的說法就不同了。「諸法悉空」指的是宇宙中森羅萬象的一切事物，它們相互之間都有著萬般的相互作用關係，這些作用的關係，在外表上看起來卻都是空無的，因為它是相互的「作用」與「關係」。這種「作用」與「關係」不是外表或外形可以看得出來的。也就是說，這宇宙中森羅萬象的一切事物與相互之間的萬般作用與關係，都不是在表相上可以看得出來的。

　　諸位當知，「空」的本質是「無相」的，而《心經》是以「空」為其主體架構。故經曰：「色不異空，空不異色，色即是空，空即是色…是諸法空相。」這「諸法空相」幾乎就是直接的說明了這一切都是「無相」的。那麼甚麼是「無相」？於一切相，離一切相，即是「無相」。既然這一切都是「無相」，那麼「佛」究竟要在哪裡才可以找得到呢？是天天對著佛像鞠躬拜拜？還是每天木魚唱經就可以親近佛呢？這就是大哉問了。諸位，想必知道如下的一句話：「萬般皆佛法，佛住無相中。」

　　佛陀說：「佛法者，即非佛法。」這個「非」字不可以解釋為「是非」的「非」，也不是「沒有」的意思，更不是說佛法就是無法的意思。絕大部分的人有一種誤解，以為那些好不容易千年傳承下來的佛經典籍就是佛法，能夠隨時背誦那些經典裏的詞句或是能夠照著經典上所說的去執行，那就是佛法了。這可就是大錯特錯了。如果那些寫了字的紙本經典就是佛法，那麼石頭可就是佛陀了。

　　所謂「萬般皆佛法，佛住無相中」，那為甚麼佛陀是住在「無相」中呢？說到這裡，我想反過來問？如果佛陀不住在「無相」中，你認為他應該住在哪裡呢？甚麼是「相」？「相」就是表現於外而能想像於心，並能成之於外的各種事與物，都稱之為「相」。在「凡所有相，皆是虛妄」這句話中，這句話是非常、非常、非常的有學問的，我用了三個「非常」，諸位可以想像得出來，那必然是非同凡響的。「凡所有相，皆是虛妄」這句話幾乎是我佛弟子每一個人都會唸的。但是，會唸是一回事，而如果硬把它說成人生是空無的，是虛幻的，所以，甚麼都不必計較、不必在意，那就不應該，否則科學家與許多善心人士為人類的發明與努力又算甚麼？

　　我在此再稍微的提一下，就以「時間」來說好了，它是完全「無感」的，摸不到、看不到、聽不到，若是以人類眼耳口鼻舌身而言，絕對是感覺不到「時間」的存在的。那麼，你敢說：「時間是虛幻的嗎？」這個「相」並不單指現在的所有事、物、心的「相」。佛陀說這句話的時候，其實它是包含著過去、現在與未來的一切。

就以最簡單的人體來做為比喻好了，我們每一個人的身體都是這宇宙中的「元素（chemical element）」，又稱之為「化學元素」所構成的，「元素」指宇宙中至今被發現118種不同的最基本單一結構物質，它也是構成一切物質的最基本單元，一些常見元素的例如有氫、氧、氮等等。各種物質它們只由同一種原子所組成，而原子中的每一個核子又具有同樣數量的質子。「元素」的特質之一就是不能用一般的化學方法使之分解。人類曾經使用鈾元素，以高能量的基本粒子撞擊它，讓它分裂開來，結果就是原子彈。所以說「元素」是不能用一般的化學方法讓它分解，就是最好的說明。人體是由細胞所組成，而細胞卻又是由各類元素結合而成，諸位一定可以想像，各類元素的特性並不等於細胞的特性。再推而廣之，人體每一個細胞的特性，當然也不等於人的特性。如果硬要將每一種細胞的特質與整個「人」綁在一起，而成為一個「人體統一論」，讓由細胞的行為可以解釋為人類的行為模式，我想，這種方式是說不通的。還是佛陀說得好：「無有定法，如來可說。」宇宙萬象，世界萬有，各有其法，不可能有單一性的法則，可以解釋全世界的每一種的現象，也不可能有單獨性的法則，用來應付全世界的需要與所求，更不要說那億兆無垠的宇宙了。

就以宇宙中作用在一切物質上面的牛頓的「萬有引力定律（Newton's law of universal gravitation）」來說好了。它作用在整個宇宙之中，所有的物質都跟它有關係，都受到它的作用。也許諸位之中有科學家會說：「恐怕未必吧？」當然，我所說的宇宙是一般我們所認知的宇宙，至少在「光」的宇宙中是如此。至於佔有真正宇宙絕大部分的黑暗宇宙，也就是佔有整

個宇宙百分比高達 74% 的黑暗能量（Dark Energy）與高達 22% 的黑暗物質（Dark Matter），合起來佔有整個宇宙的 96% 的黑暗宇宙，則不在我們的討論範圍。事實上，人類對於這個部分雖然非常的確認它們的存在，也找到了證據。但至今為止，人類對於這些部分的宇宙可以說是完全的一無所知。因為這個部分的宇宙與「光」完全不發生關係，完全不能用光來觀察的黑暗宇宙，人類真的還不知道它究竟是什麼？但是別忘了，它們與「光」沒有任何的關係，也是一種「關係」，它們與「光」不發生任何的作用，也是一種「作用」。

先不要說那麼遠好了，就以我們在天空中所看到的白雲為例好了，我們所看到的白雲如同是一團團白色的棉絮，輕輕的、飄飄的，在天空中隨風輕盈的飄浮著。事實上，若是仔細的思考就一定知道，雲的本質是水，而且它一點也不輕，一場大雨由天上所下來的雨水，少則數百萬噸，多則幾千億噸，這幾百萬噸或是幾千億噸的水，你能說它是輕嗎？但是，它就存身於地球上最輕的物質「空氣」裏面，你說它不神奇嗎？如來是甚麼？如來就是法身，諸法的一切作用都是法身，而法身是無相的。正如我們看不出雲的本質就是水，我們不可以執取眼見的相，就認為那是真實的實像。所以說，諸法的作用，有其作用與功能的一面，但卻不是我們可以從外觀上所看得出來的。

9.14 什麼是「無法」？

　　「無法」當然不是說沒有「法」的意思。而是正如《金剛經》上所說的「非法，非非法」的道理。這個「法」不是律法，也不是法規。在這裡的「法」是指能夠「作用」的一切事與物。在《金剛經》裏常把它用作是「過渡」的東西。甚麼是「過渡」的東西？如過江必用筏，這個「筏」可以載我們渡河，所以，這個「筏」也就是「一種」作用。請注意，我用的是「一種作用」這四個字。任何的「法」都有其作用，當然也有其限制，「法」

不是萬能的，即使是「萬有引力」，雖然可以遍及宇宙，但也只能作用在物質身上，不屬於物質的東西，它就無能為力了，譬如說我們的「心」，它當然就不受這個「萬有引力」的影響。

所以，到了彼岸就應該捨棄，而不應該把船一直的揹在背上。我們坐車到了目的地就應該下車，不要賴著不走。人生也是如此，該要告別的時候，就不要一直不死不活的賴著。這個「法」雖然有通於一切的意思，也就是宇宙中一切的道理所在。但是，這宇宙中是「法無定法」的，宇宙是千變萬化的，「法」也是千變萬化的，豈有一法可以定天下的？但在「法無定法」之中，卻還是有某些「法」是可以依循的，所以說它是「非法，非非法」就是這個道理。正如如來所說的：「皆不可取，不可說。」這意思是說，宇宙中這一切事理的現象與運作，我們千萬不要死守在一個道理上面，它是千變萬化的，守在一個道理上面是絕對應付不過來的。也就是說，萬事萬物都有它的道理，不要以為用一個「法」或一種「法」，就可以面對這一切萬般的事物，這就是「非法」。但這宇宙中也不是完全沒有法理的存在，所以說是「非非法」。

佛法在哪裡？佛法就在宇宙時空裏。「時空」是兩個很重要的字，「時空」這兩個字是「時間」與「空間」的簡稱。「時間」與「空間」的問題涉及到了宇宙的最根本，它們是在宇宙的起源中同時產生的。

但是時間與空間對於佛有甚麼關係呢？有的！不但是有，而且關係重大。因為，佛就是活生生的存在於我們這個時間與空間裏，離開了時間與

空間而高談闊論的談佛，就如同魚兒是生活在水裡面的，但卻把水忘記了，而大談水面外天上雲彩的事物，畢竟是不實際的，而且也是不究竟的。就時間與空間的現象與本質而言，自古以來就很少有人敢去觸碰，總認為「時間」既是捉不住，也看不到，甚至是感覺不到的，它是一種近乎虛幻而不可確得的事物。最多，也只是讓人於事後用想像來描寫時間或時光的逝去，諸如光陰似箭、日月如梭等等的。事實上，近代科學告訴我們，時間不但是存在，而且是具有相對性的。更正確的說，我們每一個人的時間都不一樣，也都不相同。請各位必須要注意的是，「光」與「時間」是不可以混而一談的。「原則」上，「光」與「時間」是風馬牛不相及的，我們在密閉的房間裡可以沒有「光」，但是時間並不會有絲毫的停留。我所謂「原則」上的意思是指在一般地球上與日常生活上，「光」與「時間」還扯不上關係。但是，在宇宙中「光」與「時間」之間就不是沒有關係了，而是關係緊密。「速度」是可以改變「時間」與「空間」的。我們就生活在宇宙的時空裡，而佛也在這宇宙的時空裡，能夠多了解宇宙的時空對於佛法是重要的，因為，佛法不在天上地下，就在這宇宙的時空裡。我希望各位能逐步的開拓自己的視野，真正的知道佛法的真相，並讓所有的人能夠共同的分享這個真相與真實的知識。請諸位記住：「唯一能真正描述宇宙現象的是數學」。如果要談高深的佛法，明瞭宇宙的真相，就不應該跳過數學。離開數學而高談闊論的談宇宙時空與佛法，就如同魚兒是生活在水裡面卻把水忘記了。如果我問：

「地心引力是怎麼回事？為甚麼地球另一端的人，不會覺得自己是在

倒立的狀態？」

　　難道認為這個問題與生活無關嗎？還是認為這個問題是邪說異教？事實上，在兩百五十年前牛頓的一個《萬有引力》方程式就回答了所有的問題，人類還用它上了月球及相關的宇宙航行。

　　佛法在哪裡？滿山遍野皆佛法，但就是沒有固定不變的佛法這東西。故佛陀更進一步的說：

「亦無有定法，如來可說。」

接著又說：

「如來所說法，皆不可取，不可說。」

　　那麼，這就直接衝擊到許多人的信心了。究竟到底是有佛法還是沒有佛法？事實上，朗讀佛經那還在入門階段，而真懂得「空」這個道理的也未必是佛教徒，相信許多物理學家及天文學家對於「空」的感受是非常強烈的。所以，這整個問題的答案就在於佛法就在宇宙時空裏，無處不佛法，那當然就是「無法」了。

9.15 什麼是「無住」？

　　「無住」是整個問題關鍵性的所在點。它不但是《心經》的精隨所在，而且也是《金剛經》的真諦之所存。《心經》與《金剛經》它們之間的道理當然是相通的，「五蘊」是因緣而生的，世上的一切也都依因緣而成。人士間的紛紛嚷嚷，爭權奪利，不擇手段而舉世皆然，眾生如此，這是社會的生態問題，非唯一人可以改之。這種現象自古而然，而整個世界也都如此，雖然它背離我們的心性很遠，但面對這些紛爭與貪婪的陰影與遭遇到的災禍與苦難，如此，我們該怎麼辦？

　　有人選擇了遠離社會人間，而隻身的躲到深山峻嶺裡面。事實上，他的結果往往是躲得了「身」，卻躲不了「心」。情覺還是依然與人世間有著關聯，妄想還是在自身心內飄盪。這也難怪，如果說硬是要捨棄親情，不顧念父母子女，不在乎人間冷暖，不顧人情世故，這種的修行其實不是修行。

　　那麼，我們究竟該怎麼辦？答案就在「無住」這兩個字上面。《維摩經》曰：「從無住本立一切法」。這是在說佛遍宇宙萬法，而萬法的本質是無自性的，也因為是無自性的緣故，所以萬法的本體是無所住著的，故而無住也就是涉及到了萬法之根本所在。在生命的過程中，我們的一切本

質是隨緣而起的，而心當隨緣故而理當「無住」，「無住」並沒有逃避的意味在內。相反的，它是積極的，是主動的，是修養生命的一種最高境界。各位當能體認，生命才是宇宙中最珍貴的，也是最無可替代的：

「苦難並不是事物的本質，端看我們的心如何去面對它。」

許多人認為苦瓜是苦的，而不喜歡食用，有人卻甘之如飴。不會游泳的人，在涉水過河的時候引以為苦，但對於一個喜歡游泳的人而言，則是樂趣無窮。自己所引以為苦的事情，相對於他人而言則未必是苦的。這也是為甚麼說：

「苦厄並不是事情的本質，而是在於我們的心。」

這一句話是與上一句有著相互呼應的關係。當我們面對苦厄的時候，只要我們的心不以為苦，那麼，苦厄就是不存在。懂得「無住」的道理，則苦厄自然不能上身，更不能棲心。「心」是我們生命的主體，當「心」不覺得是苦厄的時候，則苦厄既不能上身也不能棲心，故而當然可以安然度之。世事本來就是「無住」的，執著的心使我們備受身心煎熬，永無止息也永無寧日。能深切的體認「無住」是萬法的根本，也是修行的根由所在，更是心的主體。也唯有如此，才可以不必逃避苦厄，才可以面對世事與萬有一切。當然，也必然可以安然度過苦厄。所以，《心經》的第一句話開頭就說道：

「觀自在菩薩，行深般若波羅蜜多時，照見五蘊皆空，度一切苦厄。」

信哉！信哉！

有句話說得很好：「風過疏竹，風去而竹不留聲；雁過寒潭，雁去而潭不留影。」這是在說君子修心養性的工夫，事來而心始現，事去而心則隨空。這句話其實有著更深一層的含意，尤其是後面的那一句話。許多唸佛修禪都一定要躲到人煙渺至的深山裏，免得人家來打擾。這種人其實只是「自了漢」，這個「漢」未必都是指男人，那是一種通稱，包含男人也包含女人在內，只知道顧念自己而少有他人，對社會也少有什麼貢獻的。我剛剛說：「雁過寒潭，雁去而潭不留影。」這句話很有學問，一般人只看表面的意義。事實上不然，它的真實意義不在表面上。

　　雁過寒潭是大雁飛過了平靜無波的潭面，這時候在潭面上會完全對應的反射大雁的飛翔身影，然而當大雁飛過水潭之後，潭面依舊平靜無波而無雁影。這有一個重要的寓意在裏面，那就是當大雁飛過的時候，潭面完全對應的有雁影。這有更深的意義嗎？是的，這是在寓意，當事情來臨的時候，我們不應該去逃避事情，我們的「心」完全與事情對應，既不逃避，也不過度反應，而是與事情完全的因應相待。而當事情過去了，潭影也空了，我們的「心」則同樣的是不再罣礙，這就是「無住」的真諦。

10

色即是空

10.1 前言

經曰：舍利子，「色不異空，空不異色，色即是空，空即是色。」

　　《心經》的這四句話：「色不異空，空不異色，色即是空，空即是色。」，可以說是人類所有經典之中，最有道理與特色的經句之一，而事實上也的確是如此。凡是受過中國文化薰陶的人，最起碼都會唸上這麼一句。而這句話也有一個最了不起的地方，那就是遇上的人知識淺一點的，它可以解釋得淺一點。遇上程度較高的，它可以解釋得高一點。而如果對方是高深莫測，那它同樣可以解釋得高深莫測。但也因為經句的詮釋可以具有如此大的差異性，有高低之別、深淺之別，甚至對於有極端智能的人，則可以有超越之別。這樣的經句，在全世界的經典裏是獨一無二的。

　　在這一句話中，一開始是以「舍利子」這三個字起首的。「舍利子」這三個字在佛

教中有兩個不同的解釋與意義，不可以混淆：

（一）是釋迦牟尼佛既卒，他的弟子阿難等焚其身，得有餘骨如五色之珠，光瑩堅固，而不壞朽名曰「舍利子」，因造塔以藏之。「舍利子」這三個字是梵文（Sarira）之漢譯，後來也指高僧圓寂火化剩下的餘骨，是由修戒定慧之功德結晶而成的，通常埋葬於塔中。塔起源於佛教，又稱為「浮屠」。

（二）「舍利子」為佛十大弟子之一，以智慧第一著稱。從其母姓，故被號為舍利弗。有一點是要注意的，「弗」這個字不唸「佛」，而是唸音為「福」，有去災求福的意思。

這一段話是佛陀直接對他最喜愛而又以智慧第一的徒弟舍利子所講的一段話四句。「不」是一個否定的用字，而「異」也是一個否定的用字。所以，「不異」這兩個字加在一起，就成了「否定中的否定」而為肯定的字語。也就是「負負得正」的道理。

那麼，在日常生活中可有「負負得正」的道理的事情呢？當然，那幾乎是比比皆是的。在戰場上或是商場上，我們不是常說：「敵人的敵人就是同志。」的這一句話嗎？這不就是「負負得正」的一個現象嗎？如果這還不了解，那麼我如果說：「我不是不愛你？」諸位說說看，那到底是愛不愛呢？「我不是不想去？」那是想不想去呢？「我不是不想要？」那是想不想要呢？太多了，這一類的例子說不完。否定中的否定其結果必然是肯定。這不都是「負負得正」的道理嗎？那麼，為什麼要講這一段呢？因為「色不異空，空不異色」正就是這個道理。

10.2 古人的「空」用

　　「色不異空，空不異色」這兩句當然都是肯定的用詞，這真是了不起。這「不異」兩個字就是「等同」的意思。所以跟著在後面立即的說道「色即是空，空即是色」。這是進一步除了等同化的用語之外，更進一步的強化用詞。說到「空」這個字，它當然是具有「無」、「沒有」或是「徒然」的意思。不知道為什麼大家都要全盤的去否認它，而那也是該字的基本立意所在。鳩摩羅什大師與玄奘大師，他們具有國學上極高的造詣，他們當然不會不知道「空」這個字是具有「無」或是「沒有」的意思。事實上，即使是在經書上面的用法，諸位只要注意，就可以看到有太多地方的使用

上，是具有上述的意義的，這是實實在在的事，也是不容否認的事實。

　　也許各位會說，我們現在所認知的「空」的確是具有「無」或是「沒有」的意思。但在唐朝時期可能或也許，這個「空」字並不是這個意思，而會不會可能是具有其他的意義或用法？人類的歷史的確是很有意思，它並不是只是讓一些墨客騷人用來消遣別人的。歷史留下了古人生活上的記憶，讓後人可以回憶，這才是它了不起的地方。「回憶」不是自己的事情，如果「回憶」可以跨越時代，而讓那所存在的未來與不知的時間與空間裏的人產生了響應，那才是了不起。

　　現在，就讓我們回到唐朝的那個時代，看看「空」這個字究竟是怎麼用的？首先，我們就先看看唐朝時期最有名的詩人李白，他在「登金陵鳳凰臺詩」是這樣寫的：

　　鳳凰台上鳳凰游，鳳去台空江自流。
　　吳宮花草埋幽徑，晉代衣冠成古邱。
　　三台半落青山外，二水中分白鷺洲。
　　總為浮雲能蔽日，長安不見使人愁。

　　在第一句話裏的「鳳去台空」講的是鳳凰已經飛走了，而鳳凰台也（空）沒了鳳凰，留下這座空臺，獨自的伴著江水不停「空」自的流逝。

　　再看一首唐詩，也是人人都能夠朗朗上口的，那就是唐朝的詩人「崔顥（704-754）」所寫的《黃鶴樓》：

　　昔人已乘黃鶴去，此地空餘黃鶴樓。

黃鶴一去不復返，白雲千載空悠悠。
晴川歷歷漢陽樹，芳草萋萋鸚鵡洲。
日暮鄉關何處是，煙波江上使人愁。

這第一句的意思就是在說，傳說中的仙人已經乘著黃鶴離去，而在此地只是「徒然」留下了一棟黃鶴樓。這個「空」字，是「徒然」的意思。這首詩是藉著懷古的心情，寫出他登上了黃鶴樓，在那暮靄蒼茫的無際之中，遙望鄉關在虛無飄渺之中，面對著長江無盡的蜿蜒，江水煙嵐。仰望白雲，那亙古常存的不知從何而來，而又不知從何而去，感嘆人生短暫與無常與那濃得化不開的鄉愁。日子在遙不可知的未來，而生命之無所依歸，飄搖而不知所終，那心中的愁緒也只是更加添了無比的悵惘與迷離的感傷，真想駕鶴而去，永遠不再回來，把那份濃得化不開的愁，還給大地紅塵。

崔顥這個人我是很欣賞的（顥這個字念「ㄏㄠˋ」，與「浩」字相通），雖然他的名氣沒有李白來得大，而且知道他這個人的也不多，這是歷史的「業」，也是無可奈何的事。事實上，他的詩詞寫得比李白還要好，這一點連李白都妒忌他。崔顥寫下了「黃鶴樓」這首詩後，在當時的人們競相傳誦，而有詩仙之稱的大詩人李白有一天也親自來到了黃鶴樓，他看到了崔顥所寫的「黃鶴樓」這首詩之後，就默默的回去了。按照往日的習慣，他總不會空手而回的，也就是總要題他一兩句詩詞在上面。但是，這次他沒有。但是，他沒有忘懷，而是記恨在心上。一日，他來到「鸚鵡洲」這個地方，於是也仿崔顥「黃鶴樓」的這首詩，也寫下一首〈鸚鵡洲〉的詩，

想與崔顥比較、比較：

> 鸚鵡來過吳江水，江上洲傳鸚鵡名。
> 鸚鵡西飛隴山去，芳洲之樹何青青。
> 烟開蘭葉香風暖，岸夾桃花錦浪生。
> 遷客此時徒極目，長洲孤月向誰明。

　　諸位可以看一看，這是他模仿崔灝的黃鶴樓詩而作，在《黃鶴樓》那首詩的前三句都有「黃鶴」這兩個字，而這首詩也同樣的是在前三句都有「鸚鵡」這兩個字呢！當然，於是這首詩也傳誦了出去。但是，李白總覺得自己寫得不如崔顥好，於是便又回到黃鶴樓上，題下了一首打油詩，也傳為千古佳話：

> 一拳擊碎黃鶴樓，兩腳踢翻鸚鵡洲。
> 眼前有景道不得，崔顥題詩在上頭。

　　想想詩詞不如你，我就用打的，用踢的，硬要贏回一些面子來。

　　當然，我們不是在這裏談論詩詞歌賦的，而要給諸位說明，即使是在與玄奘法師同一個唐朝時代的用詞，「空」這個字的確就是有「無」、「沒有」或是「徒然」的意思。

10.3 生命是最偉大的奇蹟

在世俗之間，幾乎人人都可以瑯瑯上口的一句話，也成一般口頭禪的一句話，那大概就是「色即是空」的這一句話了。每個人都會講，怎麼來的？從小聽來的。但可能有許多人甚至不知道這句話是出自哪裏的？但不管是誰，不如意的時候，就會唸上這麼一句，來消消氣，解解悶。但若是要問起這句話的真實涵義，大多數人都會說，人世間的一切來也空空，去也空空，一切都不要太認真，錢是身外之物，生不帶來，死不帶去，所以一切都是「空」的、都是「假」的，凡事都不要太追求，不要太執著，不必太認真。這樣的說法也幾乎就是「通俗版」的《心經》的民間意識與認知了。

如果諸位真的是抱持這樣的想法與人生觀態度，那我倒想問諸位一個最根本的問題，那就是：

「如果這個世間上的一切都是空的、都是假的，那真的東西哪裏去了？」

這不是打高空，或是唱高調，而是人生最根本的認知與態度問題。我常說：

「我們的生命，是宇宙億萬年裏最偉大的神奇，也是最不可思議的奇蹟。

　　生命是如此偉大與不可思議的奇蹟。而如今卻說他是「空」的，是「假」的，不可以認真的。放棄了生命的真實意義，那真是糟蹋了，也可惜了大好而永世不再的自我生命。錯誤的解讀，讓太多的人走錯了方向，這是一個大問題。我要說的剛好就是相反的方向，那就是：「生命是真的，生命是有的，生命是需要有自我意識的。但這一切卻與『空』並不牴觸。」再說一次，這是個生命的大問題，這些相關的思維，都必須是認真的。

　　這個世界上有三分之一的人是在飢餓的生死邊緣，若是你在他們面前說：「錢是空的，生不帶來，死不帶去。」恐怕沒有人會聽得下去。因為它的肚子裡也是空空的，飢餓會要了他們的命。而你卻說人世間的這一切是空的，當然沒有人會聽得下去。當然，把明明是「有」的東西，硬要說成「沒有」，也是一種「詭辭欺世」之論，在道理上是說不過去的。我佛弟子講求的是要有修養，凡事不爭，也不習慣打破沙鍋問到底，他們更不與人爭論與辯白。所以，也多不堅持自己的意見，免得落入人家說自己是「我執」的見說。這還不要緊，最怕的是自己認為自己是「我執」。所以，於是大家也就習慣呼呼哈哈的，大家也都是這種相同的認知，故而都能彼此相安無事。但是，就知識分子而言，做學問就不可以如此。在「理」字上相讓就是「不講理」，不講理就是「霸權」。佛法當然是講理的，所以，這一切必須在「理」字上面，方能站得住腳。

　　諸位應當要仔細的思考一件事情，一個國家的領導者如果也可以不必太認真的經營國事，那可以嗎？國際經濟的競爭是一種無時無刻的戰爭，它也是整個國家的生存命脈，在面對競爭的時候，那就是一種戰鬥，可以有絲毫的鬆懈嗎？常言，一個不賺錢的企業，是萬惡之源。雖然話是重了一點，但也不無實情，因為公司的倒閉，必將造成許多家庭與人員的失業，而無以為生。想想看，讓許多人無以為生，又如何不能說它是「惡」呢？所以，對於「空」的正確思維，不但重要，而且是近代知識分子必須真正而正確認知的。

10.4「空」究竟是不是空的？

　　「空」這個字是一個非常神奇的字，在整個所有的中文字裏面，恐怕找不出有第二個那麼神奇的字來？你說「空」當然就是「沒有」的意思，但是佛家告訴你說，「空」不是沒有。你說「空」在用法上當然是「無」的意思，我們常說一個人或是一個地方甚麼也沒有，稱之為「空無所有」。但是佛家則又告訴我們說，「空」是非常有意義的，當然不是「無」。那麼，「空」既不是「有」，也不是「沒有」，是「無」也不是「無」，那它究竟是什麼？

　　千古以來有過相當多與此相關的註疏與論述。但是，在這堆積如山的典籍論述中，究竟有多少是真正可以讓世人明白一些道理的？讓世人可以融會貫通的呢？別的不說，我們就以佛門最重要的這個「空」字而言，試問諸位，究竟有幾人可以說得清楚，講得明白？而又真正的把道理說得通的？這是一個講理的時代，而且會是越來越講理，故不可以因循沿襲而無所精進。

在許多傳頌的口號裏面，我們常覺得它是有理的，而且也是正確的。因為，周圍的人從來就沒有人去懷疑過它。事實上，這裡面卻往往隱藏著極大的錯誤與認知，只是一般的人可能是看不出來的。在這個世界上，我總是感覺到：「口號太多，真理太少。」這樣的說法諸位一時可能體會不出來，也不太清楚。我直接的舉一個生活中的例子好了，也希望能藉這個例子諸位能省悟而獲益。在生活中，不論是小學、中學或是大學，老師或家長們經常會教導孩子一句話，要孩子們努力認真而用功的讀書，所謂：

「凡努力耕耘的必歡呼而收穫。」

這是一句大家都會琅琅上口的一句話。不論你如何看它，這句話都是沒有錯的。也因此會被家長們貼在牆上做為孩子的座右銘。但是，這句話是有問題的，而且是有大問題，尤其是對近代具有較高智能的高知識分子而言，更是有值得商榷的。諸位再想一想，你真看出來這裏面隱藏著甚麼問題嗎？

現在，就讓我們來談談「真實」的現象與道理。那麼，首先我就要問：「只要努力『耕耘』就一定會有『收穫』嗎？」

答案是否定的，相信諸位的答案應該在心裏面也是清楚的，相信未必會認同上面那句話的。我們可以做一個小實驗來驗證一下這句話的真實性。諸位知道，現在油價很貴，若能夠挖到油田，不但可以致富，說不定還可以振興國家經濟。於是，我給你一把鐵鏟，然後就讓你在自家院子裡開始挖井，我不認為你的努力會得到收穫。也就是說，我不認為你的努力，

不論你有多努力，你大概不可能挖得出石油來。這種樣子的「努力」與「耕耘」，在我們日常生活與許多老師及家長的要求下，其實是比比皆是。我們應該告訴大家，尤其是我們的下一代，「努力」與「收穫」既沒有對價關係，也沒有對等關係。真正的關鍵是在做事情的「方法」與「效率」上面，這才是關鍵。在事情上「方法」對了，可以事半功倍。相反的，用錯了「方法」，不但不會有收穫，反而可能就是個禍害。誤人一生事小，一個領導者走錯了一步，那可能就是一個大災難。

10.5「色」就是物質嗎？

「色」是甚麼？當然，許多典籍是在解說於「物質」的層面上，或是指一切具有形象與佔有空間的事物。然後又分甚麼內色、外色、顯色、表色、形色，甚至是顏色的。這些都是後來的人們，自以為是而自行添加上去的，我們不必花時間去理會它們。事實上，這個「色」字的真切意義則是有「變壞」與「變礙」之義，也就是「壞礙」的意思。「壞礙」是什麼意思？相信諸位從字面上就可以看得出來。「壞」是「毀」的意思，所以說「毀壞」就是這個意思。「礙」是窒礙不通的意思。

「壞礙」當然也是包含著「有形」的與「無形」中的一切。「有形」的東西會變壞，這世界上，不！應該說它是整個宇宙的終極定律。

各位也許會想，有形的東西會變壞，是可以理解的。那麼「無形」的東西也會變壞嗎？它既然是無形無影，如何變起呢？更如何會變壞呢？是的，請問諸位一個問題，「感情」是不是「無形」的東西？它不是物質，是無形無影的。但是它會不會變壞呢？諸位想一想就知道答案了。宇宙中的一切森羅萬象，萬事萬物，所有的一切，不論是「有形」或是「無形」的，都是以色相的形式而存在。「色」的本質並沒有甚麼「好」與「不好」的問題，也沒有甚麼「對」與「不對」，所有的認知都是人類所區別出來的。不論是晴天或是下雨天，它的本質同樣是跟「是、非、對、錯」無關的。我們就是真真實實的活在「色」的世界裡，放眼萬里山河，無垠的星空，它們都是物質世界裡的「東西」。諸位請不要忘記，我們的人身乃至於這個地球或是整個宇宙的存在，「色」遍及宇宙一切的事物與現象，包含你我的一切，可以視而不見？沒有了色身，你認為可以到哪裡去？可以不屑一談嗎？

10.6 空是一種「法理」故無實體

　　「空」這個字在佛理上當然沒有那麼簡單，從典籍上我們可以看到，它是通達於這整個人世間的，前人對於「空」的定義如下：

　　「因緣所生之法，究竟而無實體曰空。」

　　這句話的確是說出了「一些」人世間的真理。當然，這一句話雖是有它的道理在，但卻也不能代表整個世間的一切現象，所以在上一句，我用的是「一些」這個字眼。在上述「空」的定義中，相信真能看懂的人恐怕不會很多，而誤解的人倒是不少。讓人看不懂而又會導致誤解，那是需要注意的。

　　「因緣所生之法」這句話談的是一個大題目，這《緣起論》事實上就是佛教的基本理論，而真能通達《緣起論》也就是通達了佛的境界。在《了本生死經》中說道：

　　「若比丘見緣起，即是見法，若正見於法，即是見

佛。」

　　所以我說「緣起論」是個非常大的題目。諸位在這裡可以看得出來了，「緣起」這兩個字是可以通佛的，你說它重不重要。《造像功德經》曰：

　　「諸法因緣生，因緣盡故滅。」

　　其實，這句話才是最值得品味的一句話，這才是宇宙一切運作的真理與現象。這「諸法」也就是「萬法」的意思，也就是世間所有的一切，萬事萬物皆有其理法，也皆有其運作之法，所以說是萬法之事理，一一皆有其自體各有其則法。這「因緣」之法，道盡了宇宙萬有一切生滅變異的「關係」。

　　請注意「關係」這兩個字非常的重要，所以特別框起來。「空」之所以沒有實體，其實它的本質也就是一種「關係」，既然是一種「關係」，哪來的甚麼「實體」。這個觀念一定要正確才好，否則就很難了解「究竟而無實體曰空」這句話的意義。「因緣」這兩個字是佛教的基本理論的起點，也是以此為宗的，整個佛教自淺而深，所說的一切法，都不山「因緣」這二個字。無「因」不能有「緣」，有「因」無「緣」則亦不能成就一切。所以，諸位在「因緣」這兩個字上面應該多下點工夫，確切而深自的體認體認。

10.7 是法空而不是色空

　　現在，我們來談一談「因緣所生之法，究竟而無實體曰空」。這整個一句話。「因緣所生之法」這句話中「法」字是貫通於一切的大自然的法則與道理。在宇宙中萬物皆有其運作之理。《量子力學（Quantum mechanics）》所告訴我們的是：「宇宙中所有的基本粒子，它的現象是無序的。」所以，在學《量子力學》的時候，一個真正好的老師，一定會跟學生詳細而徹底的解說與分析這《量子力學》的第一個定律，也就

是由德國物理學家海森堡（Werner Heisenberg.1901-1976）的《測不準原理（Uncertainty principle）》，雖然說基本粒子是無序的，但這種無序的道理，也正就是它的道理，這種「無法」的本身也是一種「法」。所以，佛陀常說：「非法，非非法」，就是這個意思。

《唯識論》中說：「法謂軌持。」也就是說，大自然能夠讓萬事萬物都跟著它們自己所屬的軌道而運行與運作，這就是「法」。所以，「因緣所生之法，究竟而無實體曰空。」這句話的道理是在說：「宇宙中一切的事物與萬有，其生、滅、變、異的法理，在本質上是沒有特定的實質與本體的，它是萬形的，也是萬化的。而我們所能見到的一切，都是藉由因緣和合的關係所成的，而能夠讓萬事萬物跟著這個軌道走的就是『法』。故而它是萬事萬物的真理與軌執所在，又由於它並無特定真實體質，所以稱之為『空』。」

諸位請注意，這裡所定義的「空」意是直接源自於「法」字，也就是「空」的源頭就是「法」，這一點一定要特別注意。許多人在動不動就談到「空」的時候，並沒有注意或是從不知道「空」的原意是源自於「法」。而許多的人也沒有能體認到這個道理，再說一遍，不要將「色」都說成物質，或「色空」則認為是「物空」的現象。佛教所談的這一切「空」的道理，都是在談「法空」，而不是在談「物空」。在佛教經典中也沒有「物空」這個名詞，弄錯了方向，也就是流於市井之談了，與佛意相差了十萬八千里。

　　剛剛說過，「空」意它的源頭是源自於「法」的，也就是說，要談「空」之前必須先談「法」，若是不談源頭而盡談其他的一切，則就不切實際了。這一點一定要特別注意，而這也是一般人最容易忽略的或是沒有能體認到的。宇宙萬事萬物都在這個「法」上面運作。有形的稱之為「色法」，無形的稱之為「心法」。以近代的辭彙來說，「法」也就是「道理」，也可以說是「現象」與「作用」的意思。「法」可以遍及整個宇宙，「物質」與「現象」本來就遍及整個宇宙，直到一百三十七億年前的宇宙盡頭。宇宙中充滿著無盡的物質與現象，而所有的物質作用的道理也遍及整個宇宙，這裏面當然也包含了「人」在內，不論是外在的身體與內在的精神與心靈，都包含在「色法」與「心法」裏面。就「色法」而言，人類已經可以上窮碧落下黃泉。然而這無形的「心法」，才是讓人感覺到最難處理，最難意料，也是最難安撫的。

10.8 色空不二

　　「空」與「有」是不二的。「空」與「有」是相依相立的。但是，也不要急著把「有」與「存在」畫上等號。如果我說：「地上『有』一塊石頭。」那確是表示石頭是「存在」於那個地上。但如果我說：「我有一塊石頭。」諸位就必須好好的想想與體悟一些真實的道理了。我「有」一塊石頭的那個「有」，那只是名義上的「有」而已，我跟石頭的存在未必可以劃上等號。再說一次，那只是名義上的「關係」而已，在實質上是它只是一種「空有」的關係。許多人無法體悟與理解「空有」這個名詞的實質涵義。怎麼既然

是「空」卻如何又會是「有」呢？這兩個字放在一起豈不是天大的互相矛盾嗎？事實上，一點都不矛盾，它是一種「意境」上的觀念，而且在道理上是沒有任何衝突或是矛盾的，諸位一定要先懂得這個道理。

我說：「我有一塊石頭」。在事相的真實層面上，我與石頭之間只是一種「關係」而已。而「石頭」還是「石頭」，「我」還是「我」，石頭不會是我，而我也不會變成石頭。這其間最多也只是人類「自以為是」的在「聯繫」我與石頭之間的一種「關係」而已。事實上，這種的關係那也只是一種虛幻的自我意識而已，而這種關係在大自然界中是不存在的。在地球上許多人都會說某些地方是屬於自己的，但是，地球的本身卻不會在意它是屬於誰的。

在上句用了「聯繫」這兩個字來表達與「關係」的相互作用。想想看，我們每一個人是不是幾乎每天都在「聯繫」著所想到的一切，一輩子沒完沒了。我們的心從小就聯繫著願望，聯繫著理想、親人、朋友、金錢，聯繫著心裏面所想像的一切。一些有錢的人會說：「我很有錢」。雖然在表面上看起來我是「有」，但還是一種你與金錢之間的「聯繫」與「關係」而已。你並不是錢，而錢也不會是你。這種「聯繫」與「關係」並不存在於實體的層面上，所以只能說是「空有」的關係而已。也許你會反駁道：「我有支配權」。但那還是「空有」，當你支配他人或他物的時候，在實質上「支配」這兩個字就是從「聯繫」開始而延伸到「關係」而已。它只是在現象界中的一種「介面」而已，「介面」就是介於兩者之間的一種「聯繫」與「關係」而已。

許多人都以為能夠支配別人，是很神氣的事，是一輩子所夢想的事。然而，我卻要告訴諸位，如果你真的認為能夠支配別人，甚至是影響他人的命運，而認為這是很「神氣」的事，那真是就是很無知了。事實上，諸位一定要能體認得出來，能夠「支配」別人一點也不「神氣」，更不是「福氣」。它真正的是一種「大負擔」，是一種「大責任」。你能夠支配的人愈多，則你所負的義務也愈多，責任也愈大，而負擔當然也愈重。想想看，如果有那麼多的義務要盡，那麼多的責任要負，所有的負擔又都沉重無比，我實在看不出來可以支配別人，有甚麼可以「神氣」的？支配任何人與物，你都要為他們負責任。若是支配他們一輩子，那你就得為他們負責一輩子。所以說，支配或指使他人絕對不是「神氣」的事。而自以為是「有」的，其實是「空」的，這就是空有不二的道理。

10.9 為甚麼「色即是空」是可逆的？

提到「色即是空」這一句話，後面緊接著是「空即是色」的這句話。就好像是詩詞歌賦一般，大家都能唸得琅琅上口，一氣呵成。但如果要問：

「色可以是空，但為甚麼空又可以是色呢？為什麼倒過來也通呢？」

《心經》是一部佛經，它不是詩詞歌賦，可以弄文字學來加強情節。既然如此，那除了「色即是空」的道理之外，為甚麼又可以回過頭來說：「空即是色」呢？這世間絕大部分的事情是不可逆的。正向可以通的，並不代表它的反向也可以通。就以「時間」來說，「時間」過去了它絕不可能再反向回流。水由高處向下流，也不會由低處向上走。失去的青春不可能重來，失去的親

人也絕不會再回來。世間的事情在「時間」的因素下，都是「不可逆」的，所謂「覆水難收」就是這個道理。但是，為甚麼「色即是空」的倒轉「空即是色」卻是可逆的？說到這裡，諸位可以先停下來，好好的想一想這其中的道理究竟何在？其實，能夠領悟與體會這一點的人不多，但這對於知識分子而言，它不是需要服從權威，卻需要深思而深明大義。

由於人世間的事情均皆多為不可逆。所以，對於「空即是色」這一點的查證與求證就顯得非常重要了。唸詩詞講求對稱，講求韻律，講求句子的美觀，也都琅琅上口，不亦樂乎。但是，佛經可以這樣嗎？當然不是，而佛經的偉大也正在於此，因為，它是超越的。剛剛我說過，在「時間」的因素下，人世間絕大部分的事情皆多為不可逆。但是，如果是「超越時空」則就不然了。它是可正可反、可去可回、可往可還的。

首先諸位要知道的是，不論是「色即是空」或「空即是色」，它的立論基礎都是本於「五蘊」的基石上，對「五蘊」而說則是「空有不二」的。「五蘊」真的是空嗎？色、受、想、行、識皆為「有」，因為我們是人啊！怎麼能說「五蘊」是沒有呢？那豈不是石頭嗎？前面說過，「色」的真諦簡約的說是「壞礙」的意思。所以在「色蘊」中，找得到不會變壞與不會變礙的東西嗎？當然沒有，一切都會變易的，而且很快就會「質變」、「質損」、「質壞」與「質礙」。所以「色蘊」不會常存，也不會常在。因此「色蘊」就實性而言，當然是「空」的。「色」是「變、損、壞、礙」的意思。而「實性」就是「真如」的意思，「真」就是真實的意思，「如」則是如常之義。所以，在「色即是空」的這句話裏，「色」是因而「空」是果，

它們有著緊密而不可分的因果關係。

　　那麼，反過來說為甚麼「空即是色」卻又是通的呢？「空」又如何會是屬於有的「色」呢？世間一般的認知，「空」的意義是具有「無」或「沒有」的意思，這是「空」最通俗的認知。而「色」則是人世間一切有形象和佔有空間的物質。那麼，「空」如何又會能夠等同於「色」呢？難道可以硬是將「沒有」的東西，強說是「有」嗎？硬是將「不存在」的東西，強說是「存在」？

　　所以說，佛法層次之不同在這裏就顯現出來了。「方便般若」雖說只是一時的開了方便之門，讓有心唸佛的人可以暫行方便之門。所謂「方便」者，方即方法，便即便宜，也就是「善巧」的意思。例如說勸人佈施可得大富，勸人行善可得善果等，如是以種種方便之法，開化眾生。雖是「善巧」但是立意良善。但若要認真的講求佛理，那就不是「方便般若」可以隨巧的了。

　　那麼，「空即是色」究竟何解？事實上，在我們生存的這個人世間所有的一切，舉凡會有「質變」、與「質礙」的「色法」或是「心法」等等，亦均皆是由「五蘊」所構成的，故又稱之為「五蘊世間」。而「空即是色」的真諦則是在闡述：

　　　「具有『空性』的『諸法』，但持『因緣』之聚合則為可『起（色）』。」

　　這就是「空即是色」之待「因緣」而生萬物的道理，相應於「諸法因

緣生」之道，則此皆為天道。

　　雖然這「諸法」以及「因」與「緣」都是非眼所能見知，亦不是我們肉身所能夠感知的。但就「諸法」而言，雖是一切的萬法，但同樣是會有「質變」的時候，也必然會有「質礙」的時候，所以說它是「空」。「諸法」是「空」的，說得更詳細一些，「諸法」是「空性」的。因此，這屬於「空性」的「諸法」在「因」與「緣」的相融聚合之下，終於得以有「生」。這是由「空」而成「生（色）」，也就是「空即是色」的道理與真諦之所在。

　　同樣的理法，諸法經由「因緣」聚合可以「生（色）」萬物，但反過來的時候，也同樣的可以「滅」萬物。也就是說，諸法經由「因緣」離散則可以「滅（空）」萬物，這就是「諸法因緣（滅）」的道理。故而，「色即是空」所對應的是「諸法因緣滅」的因緣法。而「空即是色」所對應的則是「諸法因緣（生）」同樣的是這個因緣法。故而「色即是空」與「空即是色」這兩句話，各自對應的是「諸法因緣滅」與「諸法因緣生」的無垠宇宙的至大真理。不論是「色即是空」或是「空即是色」，皆是在這「因緣論」之下而生而滅。所以，當知這「因緣論」也正是佛教的基本立論之根基盤石。

10.10 凡所有相，皆為虛妄

　　我想換一個比較現實的角度，給諸位看看這個「色」與「空」所呈現的另外一面。在地球上所有動物之中，唯獨人類對於顏色的感知特別靈敏，那全是因為腦子的關係，正如地球上也唯獨人類的智慧具有超越性的思維，這代表我們腦子的結構是特殊而精密細緻的。也正因如此，我們的腦子會呈現許許多多的假象，讓我們「以假為真」。這種在視覺上「以假為真」的現象，讓我們深切的明白，「所見為真」的這一句話是絕對靠不住的。

　　「視覺暫留」是人類一種相當粗糙而明顯的以「假象」為真實的例子。任何物體的速度，只要有超過十六分之一秒的移動現象，我們的腦子就會判讀「它」是連續的存在狀態。我們人類的視覺，對於「影像」其實是感應得很慢，相對的消失的也慢。也因此，科學家們利用這一個弱點，製作出電影與電視等，讓大家看得很高興，以為那就是真的。事實上，從早期的螢光幕（CRT）

電視，到現代的數位電視，都是如此。螢光幕 (CRT) 電視，從頭到尾都只有「一個光點」跑而已，快速移動的結果，卻讓人們看出每一個畫面中的每一個動作都是連續的，而信以為真。數位電視也是如此，它只不過是以每秒鐘更換 30 個畫面給各位看而已，當然，各位就以為是連續的，而且也看得很真切。再舉一個煙火的例子，每逢重大節慶都會放煙火，看起來真是五光十色，像花、像樹、像月亮、像人臉，各種的火樹開花，真是漂亮。但是，諸位一定也知道，煙火裏爆出來的都是一個個的「亮點」而已，哪裏是什麼花與樹的，是一個個的「亮點」在快速的四射而已，看起來就是那麼的壯觀。這種「以假為真」的現象，極為普遍的存在於我們的周身的每一個地方，每一時、每一刻，人類以虛幻為真的這一點，近代知識分子應該是了然於心的。這也印證了《金剛經》中所謂的「凡所有相，皆為虛妄」的道理所在。信哉！

所以，「色即是空」並不是在否認「色」的存在，更不是否認物質世界的不存在，而只是在敘述一種「空有」的關係。也因此，「色即是空」並不是唯心的，也不是唯物的，它是宇宙的真理，能夠深自的體悟這種「空」與「色」的關係與道理，自然就不會為物所困，為物所乏。由此而知，「色即是空」的思想體系是一種超越性的思維，也是偉大而卓越的。而「空」的思維更是有著無比的智慧。故而《心經》中有言：「照見五蘊皆空，度一切苦厄。」能夠為億萬眾生拔苦得樂，其功德不可思議。也因此，真正懂得「空」之真諦的人，是有著無比福慧的，而終身受用不盡。

10.11 空有不二

　　「空有」這個詞句在佛學辭彙裏面確實是存在的，而人們在談論到「空」與「有」的時候，總在心裏認為是對立的二門。不論是「空執」的或是「有執」的，這種執著都會自以為是，也都不會相讓。因為，他們的確是看到一些屬於自認的事實，而我們也不能都說他們錯。事實上，只要是有存在的，只要是有事實證據，都不能說別人的錯。但是，這種兩極化的執著，是不是其他不屬於兩極的地方就不存在了呢？人世間的事情，都只有這兩個極端存在嗎？無「空」不能存在「有」，無「有」不能顯示「空」。「空」「有」本是一體的。「空」與「有」本是相合的、相成的、相依的、相契的。能體認到這一點的人不多。但是，「空」與「有」又如何會是一體的呢？是文字遊戲嗎？當然不是，這一點諸位一定要特別的注意才好。不論是人與人、人與物、物與人或是物與物，這之間全部或彼此之間，都並存著，而且是具備著「有」的關係

與「空」的蘊涵。

　　事實上，《心經》中的「五蘊皆空」是整部《心經》的真正精髓之所在，是超越的，不但是說的好，而且可以說得上是前無古人而後無來者。它是超越一般的認知與思維的，不但是生命的大道理，人生的關鍵之所在，也是解讀宇宙與這個大千世界的真正大學問。

10.12 叩鐘的道理

現在，我們再從「五蘊皆空」的認知上，進一步的看一看對於「空」的解說與可能衍生出來的問題。讓我們再回顧前人的這一句話：

「色是從四大假合而有，而受想行識則是由妄念而生，故 蘊諸法，本無實性，當體即空。」

這句話是需要正確解讀的。因為在句子裏擺明了有兩個最「詭異」的字，並且是與結論相反的兩個字。其一是「色是從四大假合而有」這其中

的「有」字，其二是「受想行識則是由妄念而生」的這個「生」字。它也直接的說出了「空」並不是甚麼都「沒有」。那麼，既然文中談的是「有」，又如何能牽連的說出一個「空」字？既然文中又有一個「生」字，又如能還是歸納出「無」的結論來？這句話在基本的邏輯上，豈不是就有著基本上的矛盾與邏輯不通的現象存在？諸位可曾仔細的端詳與思量過？如果以前沒有想過，那麼不妨在把上面的那一個句子，好好的再多讀幾遍，再思量一遍。

　　事實上，這裡面真正的學問則是在於如何能將原來是「有」的，以及原來是「生」的，都能在最後歸結出一個「空」的真諦來。而不是用幾個難以解讀的字眼，潦草而強硬的收尾。「五蘊」當然是存在的，也都是真實不二的，如果這世界上真是沒有這種東西，就應該連「名字」都不會有。也就是說，根本不存在的東西，它就連名詞都不應該會有。更何況是「五蘊」的色、受、想、行、識的每一樣東西都是明確而實證存在的，絕對不可以硬說它是不存在。不要被「五蘊皆空」得這個「空」字所迷惑了。而這卻是大多數人的心中疑義。看不見的未必不存在，摸不到的也未必就沒有，更何況色、受、想、行、識這五蘊構成了宇宙的一切萬有。當然，也包含我們的身體在內。我也不認為以因緣和合而成之物，就可以輕易的以「空」為其歸結，這中間還有許多問題沒有說清楚。

　　中國文字其實是全世界最簡單，但也是最複雜的一種文字。了解這個「空」之前，先要有一種認知，那就是中國的文字並不是一字一用，而常常是一字多用，這就是它複雜難懂的地方。就以中國字中最常使用的這個

「心」字來說，如果想與外國人來談「心」，可能不那麼容易。自古以來，「心」的用法可多了，我們可以把「心」說成是身上的心臟。醫院裏面有「心臟內科」，指的就是它，門診常是大排長龍的。但是，大部分時候「心」並不是如此的用法。例如，打破了心愛的東西，就不需要去掛「心臟內科」給醫師看，而是心裏捨不得的意思。「不用心」講的是不認真。「不小心」則是不留神、不注意的意思。「沒良心」不是心臟冷熱的問題，而是秉性不良與品德不好的意思。「分心」則是不專心的意思等等，諸位看看，單單一個「心」字，可以有說不完各種不同的說法與用法。

　　同樣的，我們不可以把「空」這個字，用單一的思維去認定它，「空」這個字涉及到相當廣泛的層面，在不同的時間、地點、人物、事物等上面，簡單的說，在不同的層面上都有相當大的不同解釋空間與差異。所以，在不同的層面解說與讀經的時候，將會需要有不同的詮釋與意義。這一點是很重要的一種知識與認知，而如果連這點都不知道，那不論是學了多少年的佛，甚至是用了一輩子的時間都在想學佛，但那肯定是白花時間、白學了。

　　就文字的層面上來說，「空」當然是含有「無」或「沒有」的意義，這一點是不能否認的。你能說我們在「談心」的時候，就一定要把「心臟」排除在外嗎？也因此，許多人在讀佛典的時候，很自然的也就將這種「無」或「沒有」根深蒂固的觀念，帶進了佛教經典之中，用來解讀佛經與相關的思想。但我要說，這是非常可能導致錯誤的方向與錯誤的思維。所以，要注意的是，若是從一出發點就走錯了方向，那肯定是越離越遠而終究難

以回頭的。

「色即是空」真正的用意是在說認為宇宙中各式有形之萬物皆為「因緣所生」，非本來實有，也就是說，任何事物在因緣相繼相合之前是不存在的，故是空也，故謂之「色即是空」。「空」的確在某種程度上是有「無」的思想成分在內，這也是「空」最原始的意義之一。但是，這個原始的意義並不能解釋較高位階的「空」意。正如，用來解釋肉體上的這個「心」，不能用在思維上的這個「心」。甚麼是較高位階呢？在人類的知識領域中，人們對於相關知識的認知是有著相當大的差異程度的。先不必說有些人不識字，即使是高學歷也未必有高的智能水準，但這個社會上的確有許多高知識水準的人士。面對著具有如此大差異性的人群，如何教導如此大的差異性之人群，這當然是一個大問題。對於佛典的詮釋亦須如在佛堂中的叩鐘一般，大叩則大響、小叩則小響、不叩則不響。雖然這字面上的意思是在談敲鐘的問題，但骨子裡卻是在說學問之道。大響、小響或是不響皆因己身而異，所能領悟到的事情，人皆有差異，不能勉強。這種差異是必然的，而不可以不區分的以一概全。

10.13「法空」的思維

　　至此，諸位應當可以理解，要想對於「空」的解析與領悟，的確是存在著相當多的不同層級。所以，有關於「空」字的真正意義亦是隨著時空之不同而必須有相對應的道理。現在，首先一定要先知道下列的這一句話。因為，它是一個起點：

　　「空」所要表達的不是「物空」而是「法空」的思維。

　　「物空」這個「物」指的是「物體」或是「事物」。而「物空」則是在敘說「物體」或是「事物」的不存在或「沒有」這個東西。而甚麼是「法空」呢？援引前人的定義是：

　　「色心之諸法為因緣生之俗法而無實體，謂之法空。」

　　什麼是「色心」？這個「色」字它不是用來代表所有的「物質」現象，更不是男女之間的事情。簡單的說，「色心」就是眾

生的根本之心。這個觀念是很重要的，不要小看了它，因為它是所有眾生根本的心，也造就了你我，也成就了這云云眾生與這整個大千世界的生命所在，故而，它蘊含了億萬的生命。諸位當知道：

「有億萬的生命，就會應運而有億萬以上交錯的因緣而生。」

「因」與「緣」的交錯相繼相續，產生了無比的交互作用，既是作用，何來實體？它們之間相互的交錯作用，不但產生了這億萬的眾生，也產生了這無以計量的大千世界。因此，「法空」它所表示的意義則是表示宇宙萬事萬物彼此之間存在的是一種「關係」與「作用」。而「關係」與「作用」當然是沒有實體可言。至此，諸位當可以領悟得出來，在這人世間所有的「關係」與「作用」都是絕不會恆久的，都是以各式各樣的形式在變化不已，而且是永不停止的。所以，「色心」是個眾生的根本，當然沒有甚麼不好？事實上，「色心」就是「法心」的起點與根源。許多的人看見了「色心」兩個字，而產生了文字體上的偏執與誤解，而用有色的眼光來看它，那是他們的一知半解，或是根本的無知。

10.14「空」是「無我」

　　現在，把對於「空」所涉及到的思維，將它不同的作用與涵意整理如下。當然，「空」的真諦廣涵，正如我在前面所說過的，「空」的本質就具有相當廣泛而特殊的意義，並非單一語意可以涵蓋的，因此，將「空」以不同的層面來做進一步的詳細說明：

　　《心經》對於我們個人最重要的啟發與貢獻是什麼？一部經典如果對於我們沒有啟發，也沒有貢獻，那就根本不需要去理會它，更不需要去研究它。在《心經》裏的一句話就告訴我們「度一切苦厄」。它以啟發的方式告訴我們「五蘊皆空」，並能夠幫助我們度一切苦厄。這對於我們個人

而言，不但是生命的啟發，而且給了我們最大的生命助益。對於一個漫長、奮鬥而又有智能的人而言，還有甚麼比「度一切苦厄」更重要的？

諸位想想，「五蘊皆空」所要闡明的第一個目的不就是「無我」嗎？所以，「無我」是《心經》最重要的起點精髓。再如，於《金剛經》中有許多與「無我」相對應的話，但是，最直接的一句而且完全對應的話是：

「若菩薩通達『無我』法者，如來說名真是菩薩。」

所以說，若想要修成菩薩，要懂得「無我」是必經之路。否則，就是假修行、假修道了，即使不是「假」的，而如果修錯了方向，忘記了好好的在「無我」上面下真工夫，也還是徒勞而無功的。

那麼，甚麼是「無我」？歷來的論述與註疏中的說法，則多以為「人」是由「四大」的「地、水、火、風」成體，由「五蘊」和合而成，故而「我」亦是無常之體，既無「人我」，亦無「法我」。所以畢竟「無有實我」，是為「無我」。這樣的沿襲說法，到了今日就受到考驗了。古人說「人」是由「四大」成體，單就這一句話，現代的人們可能就看不下去了。古人連「細胞」這個名詞都沒有聽說過，更不要說「細胞」是個甚麼東西了？而如果連「細胞」都不知道，談甚麼人體的生理與結構問題？古人這種將人體由「地、水、火、風」所組成的認知，並將人體的器官分別歸類到「四大」裏面。諸位想想，會不會與近代的人體基本生理知識直接的對衝。當學生或近代的知識分子問道：「古人連人體是由細胞結構而成都不知道，談什麼人類的成體與成形問題？至於管控人體一切（Living beings depend on genes）的基因（Gene），甚至於更深入的組成生命的「遺傳指令」與「生命機能運作」及「儲存生命資訊」的DNA（去氧核醣核酸），那就更不必談了。」我佛弟子不可以避開這些問題，而是要有更為精進的說法。

就另一方面而言：「我們每一個人都是宇宙萬古洪流中的唯一真實。」

不但自己這個「我」是唯一的真實，即使就宇宙時空而言，此時此刻也是唯一的真實，每一個人都是宇宙中真真實實的唯一。那麼，真真實實的是「有我」，而現在又卻說是「無我」呢？

事實上，諸位必須知道，「我」的存在當然是一個事實。然而，我們的生命，不論是往前看，或是回頭往後看，更真實的一個現象與事實，那就是：

「我們所賴以存在的生命，其實都只是一個『過程』而已。」

請注意，我所說的是「過程」。也就是說，生命的存在是事實，而根據整個生命所呈現的一切，卻只是一個「過程」而已。所以，用另一句話說：

「生命所呈現的『存在』只是一個『過程』而已。」

然而，不論是生命存在是事實是如何，或是其所呈現的過程是如何，這一切都是無時無刻的在改變與變化之中，沒有一刻是可以停留的，也沒有一分一秒是可以握住不放的，當然，也沒有一分一秒是停止的。我們的生命是如此，這個世界是如此，整個宇宙同樣的是如此。希望諸位知道，這個宇宙中可以有任何的可能，唯獨沒有「永恆」的存在。宇宙所有的一

切都在以極高的速度在運動之中，從基本粒子的「量子電動力學（Quantum Electro dynamics）」，到宇宙銀河系與星雲星系等，都在快速的飛奔運動。「時間」與「空間」的是相對性的存在，沒有永恆的時間，也沒有永恆的空間。

不論是有形或是無形的一切事與物，全都是相對的。所以，我們千萬不要迷失在「我執」裡面，要把自我的心胸放大，契合這天地中的一切而與萬物相融相和合。所以，我總是喜歡說：

「我是風，來自於那萬裏長空。我也是雲，屬於這山河大地。」

說了這麼多的相對性存在的事實，諸位當可以逐漸的通曉典籍上所說的「無有實我」這句話的意義了。古人的確是有了不起的一面，雖然他們可以用的工具不多，但是他們的感覺會比我們靈敏，因為他們受外界的影響少，而使用感覺的時刻多。所以，「無有實我」這句話是在告訴我們，對一切事情而言不要總是在「我執」之中翻滾，而終究耗盡了一生，這才是「無我」的真諦所在。

10.15「空」是變化不已的「存在」

　　「空」不是沒有，非但不是沒有，而且是一種「存在」。「空」怎麼會是一種「存在」呢？是的，諸位請記住：

　　「空」是一種變化不已的「存在」。

　　變化不已的「存在」，就是人們口中常說的「無常」。「存在」這兩個字，是相對的說明了「空」不是「沒有」，但也不是「空無」。宇宙中一切萬象都在瞬息的在變化中，所有的物質必然都會有「成、壞、敗、空」

的現象。即使是「時間」，也同樣的在宇宙中一直而持續不斷的朝一個方向進行，永不回頭。這也難怪我們經常要嘆息光陰與歲月的流失，使得這世間的一切都是「無常」的現象。在這一切都在變化的宇宙時間與空間裡，沒有一個恆常不變的世界，也沒有一個恆常不變的宇宙，一切萬事萬物都無時無刻不在變化中，甚至包含我們的心智與思想，都在變化。這就是「變化不已的存在」的意思，這是「無常」的現象，也是「空」的深維思想之所在。

諸位應當可以在生命的過程中感受得出來。然而，單是感受並不足以說明一切。時至今日，這一方面的證據就多得不得了了。事實上，在人類的文明過程中，科學上很早就證實了宇宙中沒有任何的事物是可以靜止不動的，就連基本粒子的電子，都必須以次光速環繞著原子核在飛轉，質子與中子其自身也都必須自轉不停，宇宙中的一切都在動，都在無時無刻不在變化中，沒有一分一秒是停止的。甚至連「時間」與「空間」也都是如此。這不是「無常」是什麼？

巨觀與微觀的現象是如此，一般人也許不容易體會得到。也許你會說，樹木總該是靜止在原地不動的吧！這個問題表面上看起來的確是如此，說得有理，該是不會錯了吧！其實不然，這是一般的人們對運動與速度不了解的緣故，所有的運動都具有相對性，而速度的本質更是具備有相對的問題。一顆樹在地面上不會動，但如果我們離開地球，而在太空中看它的話，那就會發現它其實還跑得蠻快的。在地面上，若以赤道而言，它旋轉速率是每秒 456 公尺，每小時達一千六百公里，跑得比超音速飛機還快。也就

是說，若是我們在太空中看那棵樹，它是以超音速飛機一直的在跑著，如何能說它是不動？若再以地球環繞著太陽公轉平均的速度是每秒 30 公里來算，那就快到非任何人造物體可以想像的了。我們的銀河系直徑是十萬光年，以「光」的速度，要花十萬年才能穿越我們的這個小小的銀河系，而我們的銀河系也只億兆兆恆河沙數中的一個。不僅如此，若再以太陽系隨著本銀河系在旋轉，一個週期稱之為一個「銀河年」，對我們太陽系而言，一個銀河年是兩億年的事了。至於距離我們最近的另一個銀河系稱之為「仙女座」銀河系，它與我們之間的距離是 230 萬光年，那就不僅僅是古老、古老的故事而已。至於目前人類可以觀察到，並實際攝影得到的宇宙最深遠處，那是 120 億光年前的事了，當然，也遠遠的超越了盤古開天的故事。

　　宇宙中的一切，不僅僅是地球，也不僅僅是太陽，也不僅僅是銀河系，小至基本粒子，大至整個宇宙的一切，都在瞬息萬變，永無停止，永遠在「無常」中變化，而這一切是在近代一百年來才經過科學確認的事實。但是，佛陀卻在兩千五百年前就說出了這個「空」的道理，誠然不可思議，不可思議…。

10.16「空」是「無上」的

　　從這個字面上可以看得出一個大概來。所謂的「無上」就是沒有比它更高、更廣、更大的了。那麼,「空」既然是「無上」,如何還會有大小的問題呢?當然,「無上」本身是超越比較層級的。在證據上是可以得到充分佐證的。在這個宇宙的真實層面上,諸位知道:

　　「這整個宇宙就是被『空』所包裝的。」

　　人類對整個宇宙的探索,歷經了千百年,但進度不大,那是因為工具的關係,僅以人類的單純肉眼,是無法了解宇宙的,更不要說談論宇宙的真實狀態與現象。前人對於太空最多也只是一些彩麗的神話與想像罷了。就以中國古人最常稱道的「北斗七星」而言,它是由大熊座的七顆明亮的恆星組成,在北天排列成斗狀,也像是一個勺形,自古以來就被當作是指示方向的重要標誌。這七顆星距離我們當然是很近的,因為我們用肉

眼看起來就很亮。它們距離我們分別是 78 光年到 124 光年之間，雖然我們用肉眼看起來是一個群星，但事實上，它們彼此之間的距離則在數萬光年之間，當然，他們彼此之間則是毫無關係的。北極星的本身是一顆距離地球 430 光年遠的黃巨星，他的體積是太陽的 10 萬倍。

當然，這一切都還在我們直徑十萬光年的「本銀河系」內，我們的「本銀河系」內的「恆星」有兩千億顆之多，而太陽也僅是其中的一顆而已。而地球則是連邊都排不上的。因為，地球是行星（Planet）而不是恆星（Stellar）。至於距離我們最近的另一個「銀河系」是「仙女座星系（Andromeda Galaxy）」，它距離我們是最近的，約在「230 萬光年」之遙。「光年（Light Year）」是距離的單位，也就是光走一年的距離（光速是 30 萬公里 / 每秒）。有趣的是，它不但在外形上與我們的銀河系相似，甚至連大小也幾乎相同，它的「恆星」也有兩千億顆之多顆在內。至於人類到目前為止，所能發現宇宙中距離我們最遠的銀河系是 130 億光年遠，它幾乎已經接近宇宙的起源大霹靂（Big Bang）的時代了。

科學家對於「光宇宙（黑暗能量（Dark Energy）與黑暗物質（Dark Matter）除外）」的結構與認知，正在做深入的了解，對於整個宇宙所收集到的與顯示的一切證據而言，這整個宇宙的確是「包裝」在「空」裡面。「包裝」是包容與裝置的意思。「空」把宇宙中所有的一切，都「包容」在裡面，都「裝置」在裡面，也都「設置」在裡面。整個宇宙的一切都被包含在「空」裡面，宇宙中沒有比「空」還大的了，所以它是「無上」的。如此，你說這「空」偉大不偉大？是不是「無上」？

諸位也許有人會問，這「空」的「無上」究竟有多大？或「無上」到哪裡？或則只是一種用想像的形容詞而已，許多哲學的書用的全是各式各樣的形容詞，怎麼說都可以。但是，科學是講求證據與數據的，所以，我們也略微的提到這個「空」的數據好了，讓諸位也可以有個印象。就《物理宇宙學 (Physical cosmology)》的發展理論與實際觀測的事實，證實了整個宇宙起源於 137 億年年前的大霹靂 (Big Bang)。大霹靂 (Bigbang) 是比利時宇宙學家史勒梅特（Georges Henri, 1894-1966）於 1927 年在教授《天體物理學》時提出了對於《愛因斯坦場方程式 (Einstein field equations)》的一個「特殊解」，這個「特殊解」後來經過了八十多年無數科學家的驗證，解出了宇宙最初起源於一個「重力奇點，也稱時空奇點 (spacetime singularity)」的爆炸而成。大霹靂是宇宙在有時間之前，由一個蜜度極大且溫度極高的太初狀態演變而來的，目前根據 2011 年所得到的最佳的觀測證據顯示，大霹靂是發生於距今 137 億年前，也就是說，宇宙是誕生於距今 137 億年前，並經過不斷的快速膨脹，到達今天的狀態。當然，目前整個宇宙還是維持在快速的膨脹之中。這是一個大的謎題，根據宇宙中重力現象的效應，各種的萬有引力現象應該會使宇宙走向收縮的未來，而不是越來越快速的在膨脹。目前科學家發現佔有宇宙絕大部分（96%）的黑暗能量（Dark Energy）與黑暗物質（Dark Matter）是使宇宙走向快速的膨脹的真正肇因。

10.17「空」是「包融」的

　　一般人很少能夠深自的體會到，「空」其實是一種具有超越性的包融「力量」。講到「空」與「力量」有關係，可能會有很多的人是不敢聯想的。事實上，這個宇宙中的一切都是由「力量」構成的。物質的構成需要力量，我們可以站在地上是重力，太陽系能夠和諧的存在需要力量。整個宇宙是由四種最基本的力量所維繫著，對於這四種最基本的力量一般又稱之為「原力（four fundamental interactions of nature）」。它們分別是：

　　「強力（Strong interaction force）」：這是亞原子粒子之間能夠聚合的作用力。

　　「弱力（weak interaction force ）」：次原子粒子的衰變力量，它也是敗壞宇宙中一切物質的力量。

　　「電磁力（electro magnetic force）」：電與磁的力量遍即宇宙每一個角落，每一種物質。

　　「重力（gravitational force）」：它涵蓋了整個宇宙，重力不能遮蔽，宇宙中的一切星體，乃至銀河系、星系群等，都因重力而聚集。

事實上，宇宙中的這四種原力都是屬於「超越場力」，也就是說，這種力量是可以超越時間與空間的，不需要接觸就可以傳達力量。「場力（Field）」是看不到的，但是卻無所不在。重力是看不到的，但卻無所不在；電磁力是看不到的，同樣的是無所不在的在影響著一切。宇宙中的一切都是由「力量」所構成。當然，「空」亦不能例外。畢竟「空」不能脫離宇宙而存在。

　　那麼，甚麼是超越性的包融？任何有形與無形的事與物，都有其一定的存在範圍。「有形」的物體當然是包融在「空」裡面，但諸位可能會想到，那為甚麼「無形」的事與物也能包融在「空」裡面呢？當然，諸位想一想，這天底下所有一切的事與物，都必然有其一定之範圍的。

　　就如「我」現在心裡面所想的「事情」來說，「事情」的本身可能涉及人、事、物這三方面，包含有形與無形都在內。但無論如何，那個範圍還僅是關於「我」而已，對於不認識「我」的人，別人既不知道，也不關心，更不在意。所以，「我」也只是一個範圍而已。即使是再如何「大」的人物，對他而言，「我」也同樣是一個範圍而已，也許範圍大一點，但還是在範圍之內。

　　我們在形容詞內常用到「無量數」，所謂的「無量數」並不代表沒有範圍，常言多如恆河沙數，恆河裡的沙子雖然是「無量數」，但畢竟它的範圍還只是那一條河裡的沙子而已，甚至談不上是長江或黃河裡的沙子。所以說，都有其存在的範圍。而這些一切任何有形與無形的事物，也必然都「包融」在「空」裡面。

　　「包融」這個字需要注意，「包融」它不是只有將一切包裹起來而已，最重要的是它尚具有「融」的作用，也就是「化育」的功能。僅僅的將一切「包」起來那沒甚麼。「包融」不僅僅是將一切「包」起來，而且進行「融化匯合、合成一體」。「空」是「包融」，它不但是容納而已，還具有「相融合一」的意思。「融」這個字的本身所表示的是在古代煮飯的時候，飯鍋裡的水逐漸的消失而轉化為蒸氣，所以，「融」字的本身有「轉化」的意義與作用在內。而「融化匯合」則不但是具有轉化的能力，而且還具有合成一體的意思。諸位想想，「空」是「包融」這個涵義是多麼的深遠，多麼的偉大啊！

10.18「空」是「無」但也不全然是「無」

　　「空」是「無」也不全然是「無」。那它究竟是甚麼？很多人似乎到了這裡就很難想像下去，如果兩者都不是，那「空」究竟是甚麼？正如我們日常說一個人有「思想」。但「思想」在哪裏？「書」裏面有「思想」，但我們卻不能說「思想」就是「書」，更不能將「思想」當作是「東西」一般，放在桌子或椅子上面，或是裝來抬去的。「思想」這東西究竟是有沒有？或是在哪裡可以找到？答案是「無」。因為，沒有這樣的東西，即

使到天涯海角也找不到這樣的東西，所以它是「無」。但是，真的人世間是沒有「思想」嗎？答案卻又不全然是「無」。「空」有的時候的確是有「無」或「空乏」之義。但「無」或「空乏」卻不能說就是「空」。絕大部分的人，在想到「空」的時候，直接聯想到的就是「無」、「空乏」或是「空寂」的意思，那就將空看得太狹隘化。常年習佛的人都懂得「空乏」其身，讓身心都處於空虛而幽微的狀態。這是在講我們的精神狀態，它是「有」，但卻哪裏也找不到它，所以也是「無」。

　　整個宇宙是以「能量」的形式所構成而存在的，我如果隨意的指一個地方問道：「那裡可以看得到能量嗎？」。答案是「無」。但是那裡就真的沒有能量存在嗎？不！答案卻未必是「沒有」。能量可以任何的形式存在，甚至它可以轉化為物質。所以，若說「空」雖然也是「無」，也不全然的是「無」，就是這個道理。「空」正是孕育著宇宙中一切的可見與不可見，也包融了宇宙中一切，而且它是雷霆萬鈞的，也是宇宙中一切的力量與能量的來源，請先記住：「空」才是宇宙中所有一切的來源。

10.19 「空」與「零」的思維

　　「空」與「零」之間的關係，是與大多數人在想法上還是有差距的。人們大多認為「零」是等同於是「沒有」或是「無」的意思。但這種想法是錯誤的，事實上，如果懂得數學的人一定知道，「零」不但是「有」，還是一個「數」，而且還是一個偶數。如果「零」是什麼都沒有，那談什麼是偶數的問題。所以，「零」當然不是甚麼都沒有，說得更深入一點，「零」這個數是十分特異的，它的特質是「中性」。

　　龍樹菩薩的《中觀論》這是自古以來佛學的三論之一，具有極為重要的地位，而其「八不中道」的思維，是與「零」具有相當程度之契合。所謂「八不者」是：

　　「不生不滅，不斷不常，不一不異，不來不出。」

　　這句話中實則有八句與四對。事實上，它與《心經》是完全對應的。數學是表達宇宙的真理，諸位如果能夠將數學融入諸法之中，那

就會發現，諸法是可以用數學說的，而且可以解說得更為詳盡，是真偉大的。

「零」是一切尚未誕生之前，既然是尚未誕生，自是無生，故亦無所滅。所以「零」是當然是「不生不滅」。再說「不斷不常」，所有的「實數（Real Number）」都存在於一條「數線」上，也就是說，在任何的一條沒有中斷的線條上，可以找到任何的實數。我們的世界就是生活在實數的領域裏，所以，我們日常生活所使用的任何數值，都是實數。在所有的數學的常數中，如 π（註：π=3.14159）、E、M 等有許多，但卻從未將「零」列入常數，所以它不是常數數值。要注意的是，「零」在數線上不是一個「斷點」，但也不是常數，它不是常數也不是「斷點」，故為「不斷不常」。「零」不具有任何的「物相」，不可以用「物相」來計值，它也不具有屬於「一」的個體。但是，宇宙所有的一切卻是由它而開始，不能將它「異」之於外，所以是「不一不異」。「零」嚴守著中位，它即不偏左，也不偏右。既不偏上，也不偏下。不偏來，也不偏去。這就是「不來不出」的道理。

「零」是具有契機的，也是充滿生機的。一切的事物自「零」開始，它不是向正值，也不傾向負數，是所有一切初始之值。同樣的，「空」是具有無比契機的，更是充滿生趣機緣的。諸位一定知道，人類現在已經進入數位時代，生活中所有的一切科技產品都是「數位化」了。甚麼是數位化科技？數位化科技就是「零」與「壹」的科技，也就是以「零」為基礎，其他所有的信號做為相對應的基礎，也由此發展出今日科技文明，你能說「零」不偉大嗎？在宇宙中，也只有「零」是可以通達「空」的。

10.20「色」的思維與認知

　　在一般大眾的認知裏「色」是指一切的物質，包含一切有形的和無形的以及佔有空間的一切。這樣的說法已經長久的被大眾所認同，但事實上，「色」有着相當深層的思維與內涵，而不是一般籠統大而化之的說法。深入的探討，則「色」在主觀及客觀的條件上，可以區分為「五色」。所謂「五色」就是共有五種不同的「色」法的意思。其一是「內色」，指的是「眼、耳、鼻、舌、身」之「五根」，因屬於我們內身的運作，故名「內色」。其二是「外色」，指的是「色、聲、香、味、觸」之「五境」，因屬於來自於我們身體之外，故名「外色」。其三是「顯色」，是為顯現之色彩，

意謂青黃赤白，光陰明暗，雲煙塵霧等，顯為可見之色，是名顯色。其四是「表色」，指的是我們有情眾生的色身之各種表現與動作，如喜怒哀樂及行走跑跳等等行之於外表。其五是「形色」，指的是各種物體的形狀，因形狀之各不相同，故名為「形色」。

深入的思維，「色」的真實意義是延伸到物質之外，當然也包含人類之間所存在的「事」與「情」。「事」與「情」的結合就是「事情」，這是兩個非常大的生命意象，不是一般我們常說的你有什麼事情可以幫忙的嗎？或說那是小事情等等。「事」與「情」如果分開來講，那就是天底下所有的學問了，「事」是對物，「情」是對人，你能說它不夠大嗎？事實上，我們每天所能遇上的，而且也會放在心上的，不就是「事」與「情」嗎？人類彼此之間，或是人類與自然界的相互的活動與作用之中，必然會產生許許多多的「事」與「情」。必須知道的是，「事情」的本體則未必就是物質的本體，它必須結合人類的心性與行為才能成立。人世間的「事情」往往在我們生命中佔有極大部分的份量與比例。「事情」在本質上已經超越了「物質」的單純效應，而是進入了屬於「物質」與「精神」的交互作用的層面，要討論這個層面的等級就必須更高了。

事實上，人生在世與整個社會之間的相互關係與相互作用，幾乎可以說都是在「事情」的這個層面上，而絕大部分的人每天忙的也都是「事情」。我們常常聽到周圍的人，最常講的一句話就是：「我好忙啊！」或「我正在忙耶！」這個「忙」字，並不是「物質」，它所指的正是不折不扣的是「事」與「情」的本身，它幾乎佔據了我們整個的生命，有些人天天在忙，

有些人一整年都在忙。當然，還有人一輩子都在忙。如果一個人的一生就等同一個「忙」字，那他其實不能算是一個人，反而比較像是一部機器，或是一部大機器中的一個小螺絲釘而已。

在本世紀中的人類有一個很重要的現象，這個現象將會改變全世界人類的整體的面貌，當然，也必然會改變人類的真實生活，這是個大問題，也是全體人類所必須共同面對的，那就是：

「人越來越像機器，而機器則越來越像人。」

諸位想想，這句話不就正是在面對「事」與「情」的問題上嗎？而它也正是屬於「色」所涵蓋的領域。所以，就大部分的人或是未來的人類而言，如何處理「色」的這個問題，是極為重要的課題，甚至是人類生命中最為關鍵的問題。「色」的真諦涵蓋了「物質」、「事情」與「作用」的層面，並進而融入到宇宙的真理裏面。

當「色」的真諦涵蓋了宇宙整體得時候，「色」已經不再是單純的指「物質」、「事情」與「作用」的這個層面，而是進一步的到了「自然的終極定律（The Ultimate Law of Nature）」的這個「熵（Entropy）」上面。「熵．音商）」原是熱力學中的第二定律（Second law of thermo dynamics），是一種測量在動力學方面不能做功的能量總數，它是一個描述系統狀態的函數，而當熵值增加的時候，其做功能力則下降。熵的量度正是能量退化的指標。所以，熵亦被用於計算一個系統中的「失序」與「敗壞」的狀態與現象。這樣的定義，卻完全的符合了「色」的深層思維與真

諦，「色」的深層思維正是指的是蘊育在宇宙中的「一切」，包含「事」與「情」，甚至包含「時間」與「空間」在內，都會有「變壞」與「變礙」之義。佛陀的思維，卻印證在兩千五百年後科學昌明的現在，能不嘆為觀止乎。

10.21「色」其實更是一個動詞

　　一般的人們多將「色」這個字當作是名詞使用，也因此都將它解釋為一切有形象和佔有空間的物質。但這種解釋是不究竟的，是有嚴重偏差的。「色」這個字許多時候是當「動詞」使用，它的真實面是含有「質礙」與「變壞」之義。這說明了宇宙中任何的一切，都不可能永久的存在，一切都會變質而變壞。「色即是空」它的另一層更高的涵義，那就是告訴我們，宇宙中一切的事與物都在變質與變壞之中，都在進行之中。這個「變質」與「變壞」是動詞，所以，它也是「空」的另一種屬於動詞的真諦。

　　「空」是動詞屬性的這個道理，我說了，它是屬於較高的層級的道理，雖然是很有道理，但卻是絕大多數的人沒有能想通的。所以才會有那麼多的人想上天國，想去永遠、永恆的極樂。佛的因果論並不如此的認為是如此：

　　「以人生僅僅數十年的業力，而想得到無限久遠的果報，那是不對等的，也不會是無限的。」

　　剛剛說了，這與科學家所發現的宇宙《自然終極定律(The ultimate law of nature)》的「熵(Entropy)」是一致的。它的意義是在定義宇宙中的能量之無序程度或擾亂程度的增加程度，並以數學模式證實的表達出：

　　「宇宙中任何事物或系統，最後都必然趨向於毀壞。」

　　「時間」包涵了宇宙中所有的一切中的一切。但是，它與「熵」有相關嗎？是的，宇宙中的一切都與「熵」關聯，「時間」自是不能例外。這也是為甚麼時間是一個「向量」，所謂「向量」就是具有方向的量。為什麼「時間」必須一直的往前走，而不能回頭呢？那就是因為宇宙中的「時間」是跟隨著「熵」的方向而行。著名的奧地利物理學家波茲曼（Boltzmann，1844 － 1906）是近代物理學家，熱力學與統計力學的奠基人之一，在生前曾經說過一句極為重要的話：

　　「人類因熵而興盛，人類也將因熵而滅絕。」

　　他用的是「滅絕」這兩個最嚴重字句。而他也為了表示對於這一句話負責任而舉槍自盡，這在科學家中是少有的。他不是在說氣話，更不是神

話，而是真情實話。就以人類本身而言，早期的人類，因不會使用能源，故而一直停留在極低熵值的原始狀態，社會與文明的進步不大。但是到了工業革命之後，人類開始大量的使用能源，也因而導致熵值快速的增加。尤其是到了近代，熵值增加的速度更是快速的不得了，而人類的這種熵值無序程度與擾亂程度都在急遽增加的狀態下，終有一天，人類的熵值必然會達到失控的程度，那就是物種「滅絕」時代的來臨。這不是預言，而是可見未來的必然。而唯一能讓人類熵值慢下來的，則正是「佛」的道理，佛陀在二千五百年前就看到了這些，聖哉！

10.22「色即是空」的深涵真諦

　　如果只是將「色」用來泛指一切的「事」與「物」，甚至不論是「內色」、「外色」、「五色」、「五根」，一切有形的和無形的以及佔有空間的物質與作用等等，這種的意義是屬於一種淺層的涵義，這在剛才說過了。而「色」的深涵上義則是在指：

　　「空」的真諦是在表示整個宇宙之中，包含時間與空間在內，一切的物質與現象都必然會「變質」、「變壞」與「變礙」。

　　所謂「變質」者，就是質地改變的意思。而「變壞」則是指「情況由好轉變為毀壞」之義。「變礙」則是指變得阻礙不通的意思。這個「變」的結果是造成了宇宙中的一切，由「變質」到「變壞」最後則是「變礙」。在宇宙中，任何「有礙」的事與物，必然都會遭受徹底的毀滅，這是宇宙中的最高原則，也是宇宙的終極定律。

　　為甚麼說「壞」與「礙」是宇宙運行中的最高原則，也是宇宙的終極定律呢？因為這些都是「時間」的因子。「時間」是一個向量流，它是單一方向流動的，而宇宙中所有的一切都架構在「時間」的因子上，如果：

　　宇宙中「時間」是停止的，則宇宙中的一切都不具任何意義。因為，

在停止的時間下，宇宙沒有「未來」。它就像一張圖畫，貼在牆上，但就是不會動。因為任何的運動都是以時間為基礎的。我們所走的每一步路，每一次揮手，一眨眼，都要用到時間。所以我說：

「宇宙中的『時間』若是停止了，則宇宙沒有『未來』，而一切都不具意義。」

所以，時間在「膨脹」的過程中，就如同特定的「空間」而言，它是單向的，所以「空間」也會隨同它因它的存在而存在，也因它的流動而流動。這就是為什麼說「時間」會帶走一切。詩人常將「時間」比喻如同是一條透明的溪流，而這個宇宙就是漂流在這條溪流上的落葉，隨著溪流一直的向前奔流，一刻也不停留。沒有人知道「時間」會把我們帶往何處，

也沒有人知道「時間」的終點是甚麼。然而，我們卻深切的知道，「時間」是一個單一方向的向量，它從單一方向而來、而去，帶走一切卻永不回頭。

　　有一些電影，它的內容是在敘述人類回到過去的一些奇情妙景。所以有人會說，未來的科技也許可以讓人回到過去。這種回到過去的電影是無可厚非的，電影講求的是娛樂效果，未必可以當真。想要「回到過去」，是每一個人的想法，我常會想，如果能夠再回到過去的時光，我一定會如何…如何…。當然這是不可能的，有人以《相對論》改編成的時間旅行（Time travel），認為人可以由某一時間點移動到另外一個時間點上。事實上，所有的時間旅行現象都是違反自然時間定律的，也是荒謬的。先不要說別的，就以「回到過去」這四個字來說，一般的人沒有這方面思考的能力，人們不知道這個「回到過去」的想法，是連基本的邏輯都說不通的。我們有的時候也會將「時、空」比喻做是一列「光速」的火車，掛著有無限多的車廂，而每一節車廂都可以看作是一個不同的社會或世界，但無論如何都是在這同一列的火車上，以相同的速度永不回頭的在奔馳著。

　　如果這一列火車已經高速的通過了某一個地方，逐漸的遠去消逝，但是，如果你想要上那列已經遠去的火車，記住，那是一列已經「過去」的火車，所以，唯一的方式是「追」上去，豈可以反過來用「回」頭的方式上去呢？其次是，要追上以光速前進的火車，就必須比光還快才行，比光速還快的飛行，以人類目前的認知，在宇宙中是絕對辦不到的。第一個確認的就是「光速是一切速度的極限」。也就是說，在宇宙中，光速是不能超越的。即使是一列以光速前進的火車，火車的本身已經是光速了，而如

果它在打開它的頭燈，那麼這火車的頭燈速度其不是超過光速了嗎？答案是否定的，光速是不能以向量的方式相加的。

再說，如果人類可以回到過去，那麼就可以改變過去的歷史，所謂「祖父悖論（Grandfather paradox）」的矛盾，那豈不是荒謬至極？甚麼是「祖父悖論」？這個說法是，如果你「回到過去」並槍殺了那個時代你的祖父，而如果你的祖父還年輕未婚，卻被你槍殺了。你的祖父就過世了，那麼就不會有你的父親，沒有你的父親則又何來你自己？所以，如果你能回到過去而槍殺了你的祖父，則肯定你是不會存在的。既然如此，你又如何能夠坐時光機回到你祖父的年代？因為「你」根本就沒有存在過，所以這是荒謬的。有人認為平行宇宙或是「蟲洞（Wormhole）」的觀念可解決這種悖論。所謂平行宇宙（Parallel universes）所指的是我們生存的宇宙之外，還有其他平行的宇宙存在，在同時而平行的進行之中，而蟲洞的觀念則是認為宇宙的曲率可以是一個捷徑，為什麼宇宙的曲率可以是一個捷徑？正如一張平放的紙張，我們會認為這張紙上的任何兩點之間最短的距離，一定這兩點的直線連接。事實上可以不然，在曲率宇宙中，這張紙可以是對折的，如此則最短的距離未必是兩點的直線連接，而是透過對折的兩點直接的相通。雖然這種理論是可以解釋得通的，在時間上也確實是可以達到縮短的時效，但是他們忘了，用紙張所做的比喻本身就是不倫不類，因為紙張是二維的，而「時間」與「空間」卻至少是四維的，用二維的想法來比喻四維的「時間」與「空間」，所以說是不倫不類的。即使「時間」可以處理，但是「空間」卻未必能夠隨行。也就是說，即使是用這種方法在「時

間」上是回到了過去。但是，「空間」卻未必是帶得走，也就是說，「時間」與「空間」還是可能錯開了。

「色即是空」這句話的確可以稱得上是無上睿智的。科學雖不是萬能，但至少它是以實證的，不空口說白話。大家都知道，凡走過的必留下痕跡，大自然不會蓄意的作假，也因此在觀察大自然的時候，我們可以鉅細靡遺的檢具恆古在時間與空間裡所留下的一切痕跡與證據。宇宙中的一切，不論是巨觀或是微觀，這個宇宙真的是由「空」所架構而成的，而「空」的涵義卻又是如此的深遠，遠遠的超過一般人所能認知的，故而維摩經佛國品曰：

「精進是菩薩淨土。」

我佛弟子們，不但是在心性上必須精進，更重要的是在知識與智能上要能跟上時代，才能進一步有所發揮，而不要再一味的沿襲古人而沒有精進。

10.23 我們看到的顏色不是顏色

　　如果要真確的談「色即是空」的真實道理，也就是在《物理學》上面的道理，「色即是空」的現象則是理所當然的事。為了讓諸位可以徹徹底底的了解這個道理，我想再加以進一步詳細的解說，讓諸位也能立足於科學的基石上來論佛，而不是僅僅在沿襲口舌上巧奪而已。

　　為了便於解說上的方便，我們就從一顆藍寶石說起好了，這顆藍寶石看起來的確是非常的美麗。但是，我們所看到的「藍」色，事實上是不存在的。在《光學》上來說，這「藍色」並不是這顆藍寶石的真實本質，因為，我們所看到的藍色是靠光線的反射，經由這種反射現象而進入我們的眼睛，才被我們所「看見」。但是，可能很多人可能不知道：

　　「光」在實質上是沒有顏色的，因為「光」是一種電磁波。

　　這個道理，在一百五十年前，英國物理學家，也是《電磁學（Electro magnetism）》與《電動力學（electro dynamics）》的創始者，

馬克士威爾（Jamesclerkmaxwell，1831-1879 年）在 1865 年就以《馬克士威爾方程式（Maxwell'sequations）》證明了「可見光」只是電磁波的一種。並以數學模式進一步的證明了「光速」就是「電磁波」的速度。而「光」的本質是由電場與磁場所構成的一種波動。至此，諸位應當明瞭「光」是一種「電磁波」。那麼要問，電磁波它哪來的甚麼顏色可言？當然，電磁波是沒有顏色的。

但是，我們明明看到藍寶石是藍色的啊！為甚麼硬要說它是沒有顏色呢？是的，我們看到的是「可見光」，而「可見光」是電磁波中極小的一段而已，其波長範圍介於 370 奈米（nm）的紫色至 780 奈米（nm）的紅色。而電磁波是一種能量，不同的電磁波的波長具有不同的能量，不同的能量進入我們的腦子裏，在我們人類的腦子裏，由於腦細胞接受到的光波長之不同，其能量也不同，於是就會在我們的腦子裡感應出一種「虛擬」的對應彩色來。簡單的說，顏色是「虛擬」的呈現在我們的腦子裏，完全不是物質的真實本體，是我們腦子裏在對應不同的電磁波能量時所呈現的「虛擬色彩」。它不是物質真實的本性，也不是它的本體，更不是物性的真面目。

大多數哺乳動物如牛、羊、馬、狗、貓等均是色盲。牠們幾乎不會分辨顏色。在它們的眼睛裏，只有由黑與白所構成的灰階（Gray Level）。最被人誤解的是狗，事實上，狗是不能分辨顏色的，它看景物就像看一張黑白照片。狗追捕獵物除了靠腿，主要靠的是嗅覺和聽覺。但是，也不要因而小看牠們，狗的視覺神經的敏感程度高過人類甚多，牠延伸到了紅外線

的領域，紅外線的波長比紅色光還要長，故而紅外線的能量要比紅色光還要來得小得多，而人類的腦視覺神經已經無法感測到如此低的能量，所以人類看不到紅外線波長的世界，然而狗卻可以清楚的看到紅外線的世界。不信的話，在我們完全看不到任何東西的黑夜，帶著狗兒到郊外跑一跑看看，牠在黑夜跑起來能如履平地，而我們卻寸步難行。

所以，我們所看到的色彩，是人類在腦子裏所呈現的「虛擬」現象。而不是物體的真實與本體。在宇宙中電磁波所攜帶的能量是 $E=H*F$，式中的 E(Energy) 的單位是焦耳(Joule)，H 是普朗克常數（$6.626 \times 10^{-34}J.S$），F 是光波的頻率，頻率與波長互為倒數。在人類的可見光的紅、橙、黃、綠、青、藍、紫的七色中，紫色光的波長最短(370nm)，所以能量也最大，夏天在海邊要特別注意紫外線，紫外線非肉眼所能見，它的波長比紫色光的波長還要短，所以光能量也更大，故而它可以穿透我們的皮膚，殺死表皮的皮膚細胞。宇宙整個電磁波的波長是非常寬廣的，它幾乎是無限的。而人類肉眼可以感覺得到的波常是只在 370nm-780nm 這個非常的狹小的一小段區域而已。除了可見光之外，其他的波長是肉眼所不能見的，必須依靠相關的儀器才能看得到。例如，X 光是非肉眼可見，它具有比紫外線更短的波長，也就是具有更大的能量，所以它的穿透性更強，它可以輕易的穿透整個人體。比 X 光波長還要短得是游離輻射了，也就是我們日常所說的放射性輻射了，大家都怕得很，因為它幾乎可以穿透一切物質，對人體的傷害那就更不用說了。

10.24「空」是有韻味的

　　「空」是有韻味的，它真正的韻就在於「無礙」這兩個字。「空」可以是沒有，但也可以是「有」，那「空」有什麼呢？

　　空的韻味在於『無礙』，而『無礙』則是一種生命的流暢。

　　這其實是「空」的真正精髓之所在，否則要它來做什麼？「空」難道只是一種口號或是理論，甚至是一種意境而已嗎？當然不是，我們要的是

對於人們有實質幫助的，而不是在空口說白話，「空」的精髓就在於「無礙」這兩個字。「無礙」就是一種生命的「流暢」。「無礙」的本身是包含著「內在」與「外界」這兩種完全不相屬的境界與領域，故而可以拓及身心之內外。它是一種「暢順自在」的意識與思維，無拘無束的自由自在當然是一種「無礙」的現象。「無礙」可以是遼闊而遠大的。「自由自在」是一種「自身」的主觀條件。它可以是自己『身體』上的自由，也可以是『心靈』上的自在。當然，最好的是『身心』都能夠有著充分的「無礙」。所以，「無礙」在本質是生命的更上一層樓。

10.25 生命的最高境界

　　現在，我想把「空」的境界再做更上一層的提升。首先，「空」是具有「韻味」與「無礙」的。而「無礙」的本質則是一種「流暢」，那麼「流暢」的根源又是甚麼呢？因為那將涉及到整個問題的根本所在。事實上，「無礙」與「流暢」都會回歸到同一個因由上面。那就是說：

　　「無礙的本質不但是一種流暢，更是一種圓融。」

　　無論是「無礙」或「流暢」，它的的根源都是一種，那就是「圓融」。如果我們要問，生命的最高境界究竟是甚麼？可能會有很多的答案，因為個人的程度與認知皆不相同。但事實上，我想告訴大家的：

　　「能夠達到『物我』圓融的境界，才是人生的最高的境界，也就是佛的境界。」

　　這個「物」不是只有物質的「物」，它包含了「事情」。而「事情」就是「事」與「情」。佛法以有情為本，所以佛是有情的，有情的生死流轉，世間的苦難紛亂，並不能都歸諸「有情」是肇因。「有情」是「眾生」或「有情識者」的意思。這個「有情」當然不是指所謂男女之間的情愛。「有情」是一個泛用的名稱，凡是這世界上所有的一切「生命個體」都稱之為「有情」，也就是「有情識者」。如果僅僅將「有情」認為只是芸芸眾生而已，那就是偏見了。事實上，這世界上「有情」的「生命個體」並不是人類眾

生而已，也就是說，並不是只有人才是「有情」的生命個體而已，其他動物，如豬、馬、牛等都是有情的個體。

很少人能夠認知，或是想過，其實「植物」同樣是「有情」的，植物不但是有生命，而且我認為這世界上最「有情」的生命個體是「植物」。我要說的是：

「植物默默的以自己的生命，供養著整個地球上一切的生命個體，但卻從無任何怨言。」

自大的人類，從來就沒有把它放在眼裡，也從來沒有想過：

「植物是這個世界上所有一切生命的族群賴以維生的恩典。」

我可以肯定的說，這個世界上如果沒有植物，所有的生命系統都必將滅絕。植物提供了它身上所有的一切給所有的生命使用，它的果實餵飽了人類的肉體；它的花朵餵飽了人類的精神；它的樹葉給人類遮蔭之外，才是世界上真正節能減碳的實踐者；它的枝幹人類生火；它的根部固定了土壤。它的生命沒有一絲一毫的浪費而完全的奉獻，地球上所有的生命都必須仰賴於它，而它也毫無怨尤的滿足了這一切。說起這些，其實人類才是無情的，植物對地球上所有的生命做了如此的犧牲，可有那一個人感激過它？說過一聲『謝謝』？

10.26 超越的生命來自於「空」

前面談到「空」是具有「無礙」、「流暢」與「圓融」之韻味的。若能將「空」修成具有如此這般的韻味，而在我們的生命中，舉手投足之間都能夠流露出這般「無礙」、「流暢」與「圓融」的韻味，生命還有甚麼能夠與此比擬的呢？還有甚麼能夠更超越的呢？一些佛修的人士，終日打

坐練身修心，甚至於一心的嚮往老僧入定的境界，其實，倒不如多從「無礙」著手，對於生命才能更真實也更實在些。

諸位一定聽過「老僧入定」這句話，總以為老僧入定才是修佛者的最高境界，也有很多佛門的弟子想要能夠有一天也能達到這項成就。事實上，這是把「入定」想歪了，尤其是「老僧入定」這句成語，自古以來就把許多人導引到一個錯誤的指向，以為「入定」是一種不得了的工夫，是要

學一輩子的工夫。常常看到一些書籍上寫到一些「老僧入定」的盛況，呼吸也沒了，甚至連心跳也沒了，所以還有人用棉紙貼在入定者的口鼻上，如果能夠完全沒有一絲一毫的飄動，才是真為出神入化，而千百年來也就如此一直的如「神話」般的被傳頌與流傳下來。如果「老僧入定」可以不要呼吸也沒心跳，那肯定地上任何一塊石頭都贏他。

甚麼是「入定」？所謂「入定」就是「入於禪定之中」的意思。「定」在人生的修為中非常的重要。《禮記·大學篇》中有言：

「知止而后有定，定而後能靜，靜而后能安，安而后能慮，慮而後能得」

這就是「定、靜、安、慮、得」生命智慧的工夫。它也是在佛家「戒定慧」三學之一。因「戒」可以成就「定」，在由「定」而可以發「慧」。所以，「定」的作用當然是舉足輕重的。「定」是梵語「三昧」的意譯，《智度論》二十八曰：「一切禪定，亦名定，亦名三昧」。所以，「定」其實就是心專注一境而無散亂的意思。它與不呼吸不用心跳毫無關係，更不是什麼特異功能。不要將「入定」與神話相連，能夠入定的未必是『老僧』，即使真的入定了，也沒有甚麼好出神入化的。不要把佛陀神化了，而佛教也不是神教，那些神鬼傳奇與一些甚麼特異功能的，絕不是佛教所倡導的。我也常說，那些有甚麼特異功能的人士，若真有本事，應該在奧運場上亮相給全世界的人們看一看，或是挺身而出，讓科學家真正的檢驗一下，而不必躲躲藏藏的，單靠一張嘴巴在過日子。

　　「入定」可以讓人們暫時的忘卻自己，但是卻與「空」未必有關係，這一點對於知識分子而言，是要能區別的。「空」的韻味可以讓我們回味無窮，而且也可以把我們的生命做無限的伸展，因為，「空」的韻味就是一種「天韻」，是一種無限高雅的韻致，而「空」的本質就是「無礙」，無礙的身心，無礙的時空，無礙的生命，那將是多麼的流暢，而終至可以將生命與宇宙相繼相融，成為一體，而成為生命的極致與歸依。

11

受想行識

11.1 萬物之靈

經曰：「受想行識，亦復如是。」

在五蘊的「色受想行識」，其中的「色蘊」是屬於「色法」。什麼是「色法」？一切屬於物質或是有形有相之事物的現象或作用道理，這些都是有質礙的。而其他的「受想行識」這四蘊，則是屬於「心法」。什麼是「心法」？「心法」是無質礙之法，也是緣起諸法之根本之法。在前面的章節裏，我們談到了色空不二。如此，色蘊既破，如今再破「受想行識」這四

蘊，實際上，也就是破了「五蘊」，故而「五蘊皆空」，才能度一切苦厄。如果我們再推想得遠一點，所謂一法破，萬法皆破。五蘊法如是，則其他一切諸法也莫不如是，這就逐漸的而真正的是契入《心經》的真髓了。

　　人類是萬物之靈，所以人類具有「受想行識」的這四蘊。然而地球上約有一千萬種生物存在，生物（Organism）最重要和基本的特徵有二，其一是新陳代謝，另一個則是遺傳。細胞衰老，是在於存在於細胞染色體末端的一段特殊的 DNA 序列，端粒（Telomere）與細胞的壽命有著很大的關係。它是染色體末端的 DNA 重複序列，細胞每分裂一次，端粒就會變短一些。一旦端粒消耗殆盡，染色體則易於突變而導致動脈硬化和某些癌症。最後造成了位於染色體 DNA 序列的缺失。此時即無法繼續進行正常的生理活動，細胞便會進行一種自身控制的程序性，細胞凋亡，也就是死亡。

　　而如果端粒結構沒有正常的縮短，這也是腫瘤細胞能夠進行無限制分裂的原因之一，而最後仍然導致生命的死亡。每一種生物都有其不同壽命的長短，而壽命也是生物的基本參數之一。有的生物只能生存不到一天，有的生物可以活到百年千年，但無論如何只要是生物，都會死亡，這也是生物的基本定義之一。諸位不是有很多人要學神仙嗎？神仙如果可以長生不死，則肯定它不是生物。想要成神成仙的人，可得先好好的想一想。

　　說到人類是萬物之靈，因為人類確定具有「受想行識」的這四蘊的能力。諸位不要小看了這四蘊，那正是人類身為萬物之靈的特質。其他動物

雖可能也有這些能力，但要低下得多了。自小的時候，老師以及代代相傳的課本就告訴我們，達爾文發現了《進化論》，這世界上一切的生物都是由低階的生物進化而來的，而：

「人類則是由猿猴進化而來的。」

這種說法深植人心。當然，我相信還有許多的人直到今天還是對於這種說法是深信不疑的，那真是罪過。如果人類是由猿猴進化而來的，那麼，猿猴為什麼現在沒有再進化成人呢？甚麼是人類與猿猴之間的動物呢？人類跟猿猴可以生出下一代嗎？

人類則是由猿猴進化而來的這個說法，真不知道是誰編出來的。事實上，出生於英國的查爾斯‧達爾文（Charles Robert Darwin）從來就沒有寫過一本書叫做《進化論》的書，但是他的確是在 1859 年出版了一本《物種起源》的著作，這本書名很長《On The Origin Of Species By Means Of Natural Selection, Or The Preservation Of Favoured Races In The Struggle For Life》，可以翻譯成《經由自然之選擇或生存競爭並進而探討物種之起源》。在這本書中，他認為新物種由早先物種演化而來的，但是，達爾文卻很小心也很警覺的，沒有也不敢在書中觸及人類的進化與演化的問題。但是，達爾文卻認為宗教信仰其實是人類族群的一種生存策略。當然，他更相信，「痛苦」是一種「自然法則」，而未必是神的試練。這種將「痛苦」視是一種「自然法則」的生命觀，他對於生命的觀測，的確是有其獨到的見解。

一百五十年後的今天，人類對於「細胞生物學（Cell Biology）」的進步，使我們經由《基因學（Genetics）》中很明確的知道，人體是由細胞所構成，而細胞之內則有細胞核，在細胞核裏則又有染色體（Chromosome）的存在，而染色體內的基因（Gene）則是在掌控著生物組構的一切。僅就染色體而言，它就直接的涉及到「物種（Species）」的問題，不同的「物種」彼此之間是絕不可能相互演化的，這在近代已經是常識了。

　　當然，這也直接的解答為甚麼人類不是由猿猴進化而來的問題。我們知道，人類的染色體是 23 對，而猿猴的染色體則是 24 對。動物在繁殖的時候，染色體是要分裂並與配偶的染色體配對結合，而成為新生細胞。染色體的對數不同，根本就無法配對，更不必談什麼結合的問題。所以說，染色體的不同則是屬於全然不同的物種，而不同的物種之間，是絕對無法跨越演化的門檻而演化的，這是大自然最嚴謹的限制。這個地球上，只有人類的染色體是 23 對。所以，人類不可能跟其他任和物種生出下一代。人可以跟大牛生出下一代嗎？答案是，當然不可能，因為牛的染色體高達 30 對。同樣的，貓與狗牠們彼此也是屬於不同的物種，貓有 19 對染色體，而狗則高達 39 對染色體，牠們當然也不可能結合而有下一代。一定有人想過，是不是可以將雞與鴨結合起來，而產生生出一個新物種來，那肯定是稀奇得不得了，可以賣的價錢肯定是天價。但是，答案還是否定的，因為，牠們的染色體對數還是不同。要是「人」可以跟「牛」結合的話，各位想一想，那會有什麼結果？若是「牛頭人身」那還好一點，因為牛頭好不好看，但那是主觀的問題，至少身體還很好用，十個手指頭還很靈光。

但若是不幸是另一種組合，落了一個「人頭牛身」，那可能就很慘了，人的牙齒是吃不動草木的。大自然對於不同物種之間的遺傳，使用了染色體及基因進行著極為嚴謹而苛刻的條件與限制，絕對不是可以胡來的，大自然所呈現這種無限高妙的智慧，常令我感動不已。當然，未來的基因科技也許可以跨越這個門檻。但是，我認為還是自然一點的好，我始終認為基因科技，千萬不可以隨意的跨越自然的極限，否則必然會使萬物身受無窮的禍害。

在這個地球上，人類最值得珍貴的不是這個身體。就肉體而言，其他許多動物的身體要比我們強得太多了。鱷魚的心臟和人類一樣有兩房（左心房、右心房）和兩室（左心室、右心室），牠們的平均壽命為 75 歲。牠們的生活環境是如此的惡劣，而免疫系統卻又是如此的強，牠們所在的水域，所吃的腐食，人類只要是喝一口或是吃一口，恐怕都無法存活，而牠們卻甘之如飴。但是，我們卻有世界上獨一無二的腦子，獨一無二的思維，是腦子使人類偉大，是思維使人類超越。

11.2 一切境物皆由心生

　　一切境物皆由心生。自古以來佛學相關的注疏皆以此言而立論。但是，這句話只說對了一半。不錯，這世間乃至這整個宇宙的一切存在，其實皆是存在於我們的心中。當然，你看不到的時候，也並不代表它們不存在。所以說，這「受想行識」這四蘊，則是屬於「心法」。人類的心異於其它的動物，故而，對於這「受想行識」的四蘊也感受特別的深刻。所以我說：「生命其實就是活在感覺裏。」相信諸位是可以認同的。

　　這種感覺其實就是佛性，江山萬里、日月星辰、花木叢林等器世間並

沒有獨立在外，也都在我們的感覺裏，佛性無相，故而能大能小，雖大而無外界，雖小而無內境，這一切並不在我性之外，這一切就是佛！在《金剛經》中，佛陀曾經告訴須菩提一句話道：

「凡所有相，皆是虛妄。」

看見過太多的文章，把這句話解釋為：「這是間上所有的一切的事物，不論是有形的或是無形的，其實這一切都是虛妄而不實的，而生命的本質也如夢幻泡影而非真實的。」這樣的說法似乎就是通俗版的意義，但是，這樣的說法，它究竟想表達的是甚麼意義呢？難道只是在說生命是虛妄的，所以，凡事都不要太計較，反正都是虛無的，生命真的是如此嗎？

「相」這個字在佛學中使用的極為頻繁，它被廣泛的用於一切事物的外現形象或事物的本體或狀態。但是，若指人體而言，則純粹講的是色身。事實上，我們是真真實實的活著，這是再真實不過了，而現實的一切也絕不是虛幻而不實的，我們不可以硬要把真實的事物說成是虛幻或是假的。我們的生命並非全然是虛妄的，請記住，此生只來一次，絕沒有下輩子。我們沒有任何理由認為生命是虛妄的，而放棄了此生與此身。如果我們沒有了色身，那麼我要問：「如果我們放棄了色身，則此身何所在？而此心何所依？」此身是無比珍貴的，「此身難得」、「此生難再」，我們的每一分每一秒都是真實不妄的，當去好好珍惜它都還來不及了，如何還能認為是虛妄呢？因此，如果真是將「凡所有相，皆是虛妄」解釋成凡是宇宙中一切的事物與我們的有形色身，都是虛妄而不實的這樣的說法，那豈不是在教導人們放棄一切，甚至是放棄此生，轉而輕視生命的真實性，那不

但是誤了億萬眾生，誤人一輩子。

　　要了解這句話的真實含意，就必須先要懂得佛學用語上的一些辭彙的解意與不同層次上的意義。在讀佛經的時候，一定要知道由於古人所能使用的辭彙極為有限，而且佛陀是在兩千五百年前的人物，諸位理當可以想見，在遠古時代所能使用的詞句極為有限。同樣的一個字，在不同的地方，不同的詞句的搭配之下，其意義則會大不相同的，這也是文學本身之妙處。因此，在解讀經典的時候不可以就字面上一成不變去解讀，否則也只是一隻鸚鵡，隨著唱本唱和而已，甚至根本就偏離了本意，而誤了一輩子。

11.3 虛妄究竟是甚麼？

　　「虛妄」這兩個字被一般人解讀為「虛空妄想」，這樣的解讀方式是照字面想像而來的。我再說一次，如果我們只懂得照著字面上去解讀經書的話，絕大多時是會偏離真理而難見正道的。「虛」這個字的用法很多，不真實的如「虛名」，為人客氣、謙和的是「謙虛」，在電腦上有一種稱之為「虛擬主機」的，雖然使用者看不到電腦主機的存在，但它事實是存在於遠端而已。所以，「虛」並不代表是不存在的意思。故而，「虛」字的意義還是必須與其它字句搭配，才可以產生各自不同的意義。同樣的是「妄」字，它是任意、隨意，如「輕舉妄動」。「口出妄言」是荒誕不實，「無妄之災」則是意料之外的意思等。

　　如果只講「凡所有相，皆是虛妄」，那是斷章取義。佛陀在講這句話的時候，有前言道：「須菩提！於意云何？可以身相見如來不？」須菩提回答說：「不也，世尊！不可以身相得見如來。何以故？如來所說身

相，即非身相。」。在這段話之後，才又出現了佛對須菩提所說的下一段話，佛告須菩提：「凡所有相，皆是虛妄。若見諸相非相，則見如來。」

在一般的講話中都不可以斷章取義，更何況是解讀經書。當然要注意前言後語，不可以言語道斷，單獨取出幾個字來解釋這一切，那就必然會有偏差的，這一點一定要注意才好。所以說「凡所有相，皆是虛妄」的這句話，如果不見前言後語，而將這句話解釋成這世界上的一切事物不論是有形的、無形的、有相的、無相的，都是虛幻而不真實的，所以一切都是「空」的。那麼我要問：「你到人世間來幹甚麼？」。

事實上，「凡所有相」這句話中的這個「相」字，在意義上是超越了「有形的形色、外相，甚至是心」的字形意義，也不是如我們在一般事與物上的思維。而是特指「宇宙萬有」的意思。而「虛妄」則是指的是在時間與空間的變化之下，一切的事物都不會是永遠的。因此，這「凡所有相，皆是虛妄」的意義的是指：

「宇宙中一切的萬有，在時間與空間的變化之下，皆是變化不已的，也是不會永固的。」

「虛妄」這兩個字在這裏是當「變化不已的」，同時也是「不永固的」的意思。也就是說這宇宙中一切的萬有與萬般現象都是在瞬息萬變的，而且是變化不已的，沒有片刻是可以停留得住的。這真是一句至理名言，時至今日，人類所有的科學也都確實的證實了這些。宇宙中有一切的可能，但就是沒有靜止不變的東西，包含時間與空間與一切存在的事物。

　　我要特別提出來的，一般人都認為「時間」與「空間」是恆定而不會「變異」的。這個想法是錯誤的，在這裏所謂「變異」的意思是「非線性」的意思。一秒鐘時間的長短諸位可能認為全世界都是相同的，但是不然。在地球表面固然是差異不大，一旦離開地球就未必了。即使是天上飛的人造衛星，都必須根據《相對論》而調整它的時間，而不能使用地球表面的時間，否則就連諸位最常用的「全球定位系統（Global Positioning System. GPS）都不能用了，因為若使用地球表面的時間的話，時間相對的誤差值會是衛星對地面的誤差高達 7 公尺以上，這已經超出了道路的使用標準。宇宙中是沒有任何不變的事物，這一切都是在持續不斷的在變化中。

　　佛陀在講完「凡所有相，皆是虛妄」後，接著說：「若見諸相非相，即見如來。」這句話是與上一句話相互因應的，他特別指的是宇宙中存在著萬相，而不是單一性的，也不是僅有單一現象的情況，這一切都是相對的，整個宇宙不論是整體或是個體的，都存在於變化不已的現象界裏。這簡直就是在說《相對論》嘛！「相」這個字在佛經上有其專用的語義，不可與「象」這個字相混。我們在一般的生活上常用到的「現象」、「包羅萬象」、「氣象萬千」等，所用到的這個「象」是具有外觀、形象的意思。但在佛的典籍中的這個「象」字，是專指「象」這個「動物」，「象」在印度是被用為典禮時顯示威儀，被視為神物，也是普賢菩薩所乘之神體。故而「象」與「相」這兩個字的用法上不可不注意。

　　在進一步的談談「諸相非相」這四個字，它指出我們所看到的一切都是相對性的，所謂「正看成嶺側成峰」，正面看是一個樣子，而同一個東

西，再從側面看則又不一樣了。而如果再加上時間及空間的因素，那就更是不一樣了。就以我們的色身而言，前一刻的我與後一刻的我也是不相同的。什麼時候的我才是真我？我們的色身一直的都在變，我們的身體每一秒鐘都有億萬個細胞在死亡，但也有億萬個細胞在新生。細胞的新生是生物發育過程中的必經之路，而生命體在成熟的過程中，其個體內細胞的凋亡也是必不可少的，唯有如此才可以有不斷的更新，使生命體得以不斷的成長，這也說明了「生與死」是相互映照的，而生與死也一再的反覆的輪迴著，如此構成了無盡的生命與綿延不絕世代。所以說，死亡是宇宙最大的恩典，沒有死亡就沒有新生。

我們每一個人的思緒與心理狀態也是瞬息萬變的，我們不可以固執於單一的事相上面，懂得「諸相非相」的道理，就可以貫通宇宙萬相，也才會懂得宇宙是萬有的、是萬變的，更是無窮的。而這也告訴我們，我們在生命的過程中，可能遭遇任何的事端，不可以僅以片面的看法就認定這一切。因此「凡所有相，皆是虛妄。若見諸相非相，即見如來。」這個道理，就是佛陀要我們必須能隨宇宙萬象而因應、而變化，不要固執而不化，如此才能因應一切的變化，當然，也唯有如此才能得見如來。

11

受想行識

12.1 什麼是「法」與「空相」

經曰：「舍利子，是諸法空相」

　　首先，我們要先知道什麼是「諸法」？所謂「諸法」是指世間所有的一切法。這個「法」當然不是什麼法律，也不是律法，或是有規律的法則。這個「諸法」就是「萬法」的意思。也就是萬有之事理，各有其自體之理，也各有其運作的規則，所以才名之為「法」。

　　那麼，這個「萬法」由何而來？事實上，宇宙中的萬法不論它是來自

天涯海角，宇宙星河，這一切的萬法皆由因緣而生，因緣之法不是地球上的專利，宇宙皆然，這是自然之法，所有的一切法皆是因緣相合所生之法。但是，要知道的是，因緣所生之法是「無自性」的。「無自性」是一個相當了不起的發現與哲思，這是在其他任何宗教裏面所見不到的，也是具有超越性的一種萬物思維。

「空相」並不是說不存在。而是因為「因緣相合」所生之萬法，本無自性可言。為甚麼「因緣相合」所生之萬法是「無自性」可言呢？這是當然的，諸位就以我們自身所在的人體談起好了，我們身體是由萬物在因緣聚合之下而生成的。想想看，父母的結合就是一種不可思議的因緣。那麼，你有什麼自性可言？能活下來就不錯了。你有甚麼？當然一無所有，當然也沒有什麼「自性」可言，這些因素沒有一項是你可以掌握的，所以，也當然是空的。

也許會有很多人就「自性」的問題產生了疑惑，並認為當人在長大了之後，就會有各自的「自性」，每一個人都有自己的脾氣與個性。這樣的疑惑是對的，至少是代表他曾經想過這個問題，只是，他把佛教裏「自性」的意義曲解了，方向弄錯了。事實上，「自性」是佛教的專用字語。而不可以用一般通識的意思來解釋的。在一般的通識中，也沒有這個詞句。因此，要解釋這個名詞，不可以就字面「自性」這兩個字，以自己的觀念與想法來解釋它，或是以通識的思維來解讀他，那就牛頭馬面的對不起來了。

《心經》裏面是沒有一個虛字的，每一個字都是極為重要的地位。而

「諸法空相」這四個字，其實就是揭示了宇宙與人生極為重要的認知基礎，同時這四個字，也奠定了佛教是以「空」為立基的宗教。

那麼：「什麼是諸法空相呢？」先要知道，「法」這個字代表著宇宙萬有一切之事理，而所有的事理也都各有其作用與運作的規則。「諸法」則是進一步的告訴我們，在這個人世間之外，包含一切中的一切都是諸法的範圍。

《心經》的宏偉博大從這裏看得出來，它從人世間的「五蘊皆空」開始，告訴人們，我們的所有一切都是因緣聚合而成的，因緣聚合則「生」，因緣離散則「滅」。所以，我們絕不可以以「我執」的自我意識形態與認知，來面對人世間紛紛攘攘的一切。如果人人都我執，則你我爭執，也必然是大家都寸步難行。想要離苦，第一步就是從建立起以「無我」的基礎的思維。

「空相」並不是空無其相。佛教的使用辭彙，絕大多數都是不可以就字面上去解釋它。否則行不由徑，從一開始就偏差了。在智度論六曰：

「因緣生法，是名空相，亦名假名，亦說中道。」

這是在說，宇宙中所呈現的法，皆為緣起（因緣所成），因此沒有不變的實質本體能夠永久，所以說是「空相」。現象是空相，全是因為構成的現象與質體，有形的與無形的，皆是變化不已的，而這也名之為「空相」。這個空相可以說就如其名，就是他的名稱，也可以說藉借為用之明。

因為，因緣所生的法，是不偏不倚的，不偏於空，也不偏於有，非空非有，亦空亦有，不落二邊，圓融無礙，是空有不二的謂之「中道」。甚麼是「非空非有，亦空亦有，不落二邊」？諸位想一想，因緣所生之萬物，雖是無自性，雖是「無常」，雖是「壞礙」，這是「空」的部分。但是生成之後則不能完全說是沒有，雖是「無常」，雖是「壞礙」，但確實還是「有」，在當下還是存在。這就是「空有不二」的道理，故謂之「中道」。佛法從法相及法性上去探究，是極為深奧的哲學。

12.2 什麼是「諸法空相」?

　　正所謂「諸法空相 」，觀諸整個世界，甚至到遙遠的宇宙盡頭，對這句都是可以確立不移的，我每次讀到這裏，總是要讚嘆一下，真是偉大的一句話。尤其是「空相」這兩個字，由於諸法的空相，這世間才有新生，才有千變與萬化。所以，這個世界才是萬千的，才是萬化的。我常喜歡將：

　　「空相」看成是「舞台」，而「諸法」則是舞台上的一切道具與人生。

　　諸位必然可以看得出來，這麼一來，可就有好戲可以看了。有着無限

大的空舞台，可以容納所有一切的演出，可以包容得下一切萬物。而「諸法」則是舞台上的一切道具與人生。有着萬億的生命可以在這無窮的舞台上，在這上面盡情演出，那麼這個舞台豈不是就熱鬧非凡了。每一個人都可以在舞台上扮演一種角色，扮演自己的本份，扮演自己的想像，盡情盡性的演出。這就是「諸法空相」的真實意義。當然，最後我還是要提一下，人生總有落幕的時候，畢竟還是空。這時，該換別人上場了。

在談到「諸法空相」的時候，我們經常會聯想「五蘊皆空」，它們同樣都是四個字一句話，同樣的都是在談「空」。但是，這兩個層級是有差別的。「諸法空相」涵蓋了整個宇宙與人世間，所以說「諸法」是萬法的意思。而「五蘊皆空」則單純的對象指的人而已，所以是用來「度一切苦厄」的。我們犯不著去度「火星」上面的苦厄。但「諸法空相」卻依然是適用於「火星」或宇宙萬事萬物上面。

12.3「自性」還是「無自性」？

「五蘊皆空」談的是「無自性」。當然，在了解「無自性」之前得要先能夠知道什麼是「自性」？「自性」是佛教專用名詞，指的是：

「諸法各自有其不改變不生滅的自性，故一切現象的本體或一切心相的性體，叫做自性。」又言：

「自性本有，無為常住；唯能生他，非從他生。」

這兩句話，的確是說得非常的好，但希望不要只把它用在口頭禪上。「自性」與「無自性」的問題是一個通天與通佛的問題。

現在，我們再來與「自性」比對一下，看看什麼是「無自性」，所謂「無自性」就是：

「諸法為因緣生，無一定之自性也。」

而在唯識論九曰：「一切法皆

無自性。」在這樣的對比之下，可以相當清楚的看得出來，它們之間又極為密切的相關與連繫。重點是「自性」當然是有的，因為它是一切現象的本體或一切心相的性體，這是一切的最根本的啊！而在定義中的「諸法各自有其不改變，不生滅的自性。」就我看來，這真是睿智到了極點。

我不想再用各式各樣的艱深辭彙來解釋這個現象。我直接的使用我們日常生活中的「水」來說明這一切「自性」與「無自性」的事實。「水」其實是宇宙中非常奇特的一種物質，它是由一兩個氫原子與一個氧原子結合而成的。在化學式中我們常把它寫成「H2O (H-O-H)」，事實上，「H-O-H」並不是它真正的結構狀態，真正的結構狀態是像一個金字塔的型狀，氧原子(O) 位於金字塔的頂端，而兩個氫原子(H) 位於金字塔的下端，這中間的夾角是 104.45 度，這真是奇妙的不得了。先不要說我們地球上有多少水，或是人體所需要的水。我要說的是每個家庭不可或缺的「微波爐（Microwave Oven）」，正因為水分子的結構不是平行的，而是有 104.45 度的夾角，這就構成了電偶極（Dipole）的現象，這個含有電極性分子，其電偶極在微波高頻 2.45 Ghz 電場的振盪下，開始隨同電場的方向做高速的反覆振盪，並使氫的分子鏈斷裂，因而產生高溫。微波爐利用高功率的微波對食物中的水分子加熱，是一種高效率的家用器材。水是良好的吸熱物質，當被加熱的時候，水的氫分子鏈也會斷裂，故而水溫會上升。有人誤解為微波爐使用的頻率為水分子的共振頻率而加熱，這是不對的。至於以水做為燃料，則是人類的終極能源之一。以氫做燃料是效率最高的元素，就「比熱容量（Specific Heat Capacity . J/Kg‧k）」而言，氫氣高達

14,000，汽油是 2,200 ，乙醇（酒精）是 2,460。然而，這一切最大的好處則是氫的燃燒就是「純水」，也就是人類現在全世界最缺乏的水啊！ 以後諸位如果看到有人喝排氣管流出來的水，不要覺得好笑，因為，那才真正的是「純水」。

水的特性是諸法的一種，它所具備的特性不會因人因事，或是看對象而改變，這是諸法各自有其不改變不生滅的自性。水將它燒開了就變成了水蒸氣，它還是水。電解水還原成「氫氣」與「氧氣」，但它們的結合又會再次的回到了水。它具有不改變，也不生、不滅的自性。那麼，如何又是：「自性本有，無為常住；唯能生他，非從他生。」在我國戰國時期的老子說得好：「上善若水」。它屈居下位而不爭，由於它的自性與常住，所以，它養活了地球上一切的生命，一切的生命也賴以為生。

那麼，為甚麼卻又有「無自性」了呢？這是兩回事。這一點我們前面說的很多了，「五蘊」而成的一切，都是因緣聚合而成，這種因緣聚合而成之體，是無常的，是會不斷的「壞礙」的。因緣相聚而成，因緣相離則散，這還談甚麼自性呢？當然「五蘊」皆是因緣而成，自是無自性。

12.4 真空妙有的真相

由以上可知，諸法是以空為性的，萬法各有但其性，但為空。所以，「空相」則是指一切諸法，皆為因緣所生，因緣聚則生，因緣散則滅。故而宇宙中並沒有永遠固定不變的實性。更因為其無實性，則也必然沒有一定之「相」，故其相為「空」，所以稱之為「空相」。

許多人見佛家多是在談「空」，便以為「空」是在否定一切存在，這當然是一種極為普遍的誤解。他們其實不知道這「空」的背後所依存的是

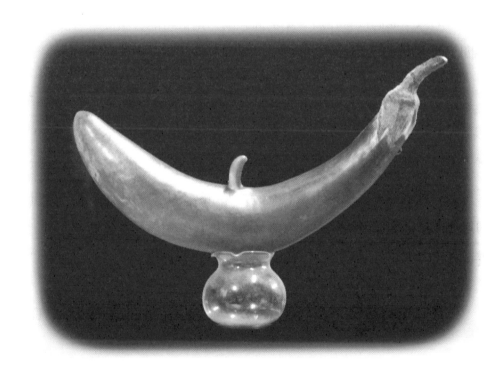

「因緣論」。佛家要否定的只是虛無的妄心所生的「妄相」，並不否定一切事物現象。這些「妄相」是會害人的。而事實上，我們絕大部分的苦難與對於生命錯誤的認知，也多是來自這個「妄相」。

「妄相」有了該怎麼辦？那就必須進入較高階的「真空妙有」的境界來解決了。這四個字「真空妙有」也不是可以按照這個字面上可以隨意解釋的。所以，若從在字面上來看，「真空妙有」這四個字是有矛盾的。既然是「真空」，如何又是「妙有」？這不是矛盾是什麼？是實不然，這是「真空妙有」是佛教的專門語詞，不是可以隨便解釋的。

什麼是「真空」？這個「真空」的意義，不是《物理學》上面所說的「真空」，這一點諸位一定要先知道的。許多古人的注疏或是對《物理學》不熟習的人，他們沒有在這一點上面強調，則很可能會讓後學者浪費許多時間，而終生不得其解。事實上，在佛學上「真空」講的是：

「真如之理性，離一切迷情所見之空相，故云 『真空』。」

甚麼是「真如」？「真」是真實不虛，「如」是如常不變，結合「真實不虛與如常不變」這兩個意義，就是「真如」。所以，「真空」並不是真正的空無所有，它是「如實不虛」與「如常不變」的理性，看到這世間的無常、無定、無所依的瞬息萬變，故其相為「空」，這就是「真空」真實意義的所在。

那麼，為甚麼又常說：「真空妙有」呢？這四個字有矛盾嗎？其實，

這四個字是很有意思的，如果諸位還在懷疑「妙有」這兩的字的意義。我直接的問諸位好了：「也許諸位現在擁『有』許多金錢或是名車或是房地產等的。但是，我問諸位，當諸位有一天過世的時候，你擁有什麼？」不都是一場空嗎？這就是「妙有」。在表面好像是有，但實際上，即使是握拳的時候，也還是「空」。這就是「真空妙有」的意義所在。說到這裏，相信諸位就可以了解這「真空妙有」的最後則是歸向，則是歸到了更高階的「諸法空相」上面。所以我說「真空妙有」就是：

「真如空相，妙有無住」

所以，在本章的最後，我要寫的一句箴言是：

「不要總是想自己要怎樣？要如何？而是要常常想到，自己可不可以，不要如何！不要怎樣！」

13 不生不滅

13.1 科學的素養

經曰：「不生不滅，不垢不淨，不增不滅。」

佛教是所有宗教中，唯一「無神論」的宗教。因為，它講的是一個「理」字。的確，而這個地球上也唯有人類是講理的。要解釋「不生不滅，不垢不淨，不增不滅」這一句話，僅能就字面上的字義來解釋是不夠的，尤其是對於近代知識分子，是缺乏證據與說服力的。對於這一段的解說與注疏及相關典籍，也多是因循故人的說詞，認為這世界上沒有一個永恆不變的實體生起，所以，也就沒有一個真實的實體的毀滅，所以是不生不滅。實在說，都看不懂究竟是在說甚麼？我們的出生明明是有一個真實的實體，雖是瞬息萬變的，但我也會逝去啊！難道硬要說如果我沒有「生」，所以就沒有「滅」的老套，那倒要問，大家現在不都還是活著的嗎？如何能說「不生」而又「不滅」呢？

宇宙中沒有「永恆」，而生命有實體卻是不變的事實，哪怕是

一兆億分之一秒的存在，也是存在。不能說宇宙中沒有永恆，所以就沒有實體的存在。「永恆」並不能與「實體」畫上等號，這是犯了基本知識與邏輯上的錯誤，也是一種屬於因襲八股在文字上的遊辭，讓人看不懂。事實上，有一個很重要的觀念大家必須要能認知的，那就是佛經裏面的一些重要辭彙，有非常多是後人自己加上去的。諸位如果翻開各種的佛學辭彙或是佛學辭典，簡單一點的都有一萬個辭彙。諸位想一想，佛陀的時代，根本就沒有文字，如何可能會有一萬多個辭彙流傳下來？我們中國的文字一般人能認識三千個字就不錯了，能認識五千個字就是高水準了，目前在臺灣發行的國語辭典共計 13,757 字，而資策會在 1985 年左右發佈的電腦所用的中文字碼（中國字編碼系統，Big-5 碼），一共是 13,461 個。事實上，這一萬多個字裏面，絕大部分是認不得的，更不要說去用它了。那麼要問，在佛陀的時代又如何會有一萬多個辭彙？所以說，這麼多的佛學辭彙絕大部分都是後人自以為是的加上去的。事實考證，許多的佛經是後代的人們自行竄改編寫的，雕版印刷在唐朝時就有了，擴於五代，而興於宋。佛教獨能興盛，故而自行雕刻一本經書印刷而販售，是極有利可圖的。身為近代知識分子，希望也能多留意，不是隨便拿起一本經書就可以讀的。

13.2 不生不滅，不增不減的解諦

經曰：「不生不滅，不垢不淨，不增不減。」能夠講出這句話 12 個字的人，實際上是超越了世界頂級的諾貝爾獎的，我講的是「超越」，而不是得諾貝爾獎而已，因為，這句話實在是太偉大了。只是我們絕大部分的後代子孫不爭氣，講不出一個所以然來，只能在「文字相」上面滑來滑去、撥來弄去的，最多也只是依照字面上的文字表述一番，而其實是不知所云的。

我之所以說這 12 個字實在是太偉大了，是有一連串的事實依據與根據的。首先，我們整體的深入談談這 12 個字「不生不滅，不垢不淨，不增不減。」這四個字的真實意義。絕大部分後人的注疏都說：「這世界上沒有一個永恆不變的實體生起，所以，也就沒有一個真實的實體的毀滅。既然是沒有生，也就是不生。然而沒有生的問題，當然也就沒有滅，故為不滅，所以是不生不滅。」這是甚麼話？我剛才說了，實在看不懂它究竟是在說甚麼？它究竟是甚麼意思？所以我說，這是在文字相裡面打轉，沒有真正的內涵，所以看不出它到底在說甚麼？

剛剛我說了，這是超越諾貝爾獎的了不起，現在就讓我們來看一看「不生不滅」的這個偉大的思維，它至少包含了宇宙中最偉大的三個基本定律。

所謂「定律（Laws）」這兩個字是指：「宇宙中不變的事實與真相，並經由歸納而整理出正確的結論。它是對事實的一種表達形式，並經由大量具體的數據與事實加以證明而成的事實結論。」

這「不生不滅」是至目前為止，人類所知宇宙中最嚴謹，也是最基本在運行的定律，在這宇宙中沒有任何的事與物可以違反這個定律，它才是宇宙的大神，任何違反這個定律的必至毀滅。現在，就讓我們來看一看幾個「不生不滅」的定律，這種「不生不滅」的定律在科學上又稱之「守恆定律（Law Of Conservation）」。

13.3 質量守恆定律
（Law Of Conservation Of Mass）

在這「不生不滅」的定律中，首先登場的是「質量守恆定律」，這是在說：

「宇宙中任何具有質量的物質，它的總質量是不會改變的，物質在經由任何的物理與化學反應下，其反應前後的質量是守恆的。」

這也就是說，物質的質量既不會增加也不會減少，只會由一種形式轉化為另一種形式。也就是說，物質的質量是不會憑空消失，也不會無中生有的。這也正是說明了人類，在生前的質量與死後的質量是必然相等的。有人或說，人類死亡之後的重量會減輕，而減輕的重量就是靈魂所佔有的重量。具有這種想法的人，不是知識分子應有的認知。靈魂如果有重量，那就是「物

質」，任何的物質都受「萬有引力」的作用，它哪裡也去不了，只會往下掉。諸位請注意，我們如果談的是物質，就不可以使用「重量（Weight）」這兩個字。所謂「重量（Weight）」就是具有「重力加速度 G（Acceleration Of Gravity）」值的量，在地球上各地的 G 值都不同。而質量（Mass）則是不含重力加速度 G 值的。去掉 G 值才是質量。論「黃金」不可以說重量，在地球上各地的 G 值都不同，所以重量也不同。但是，質量則是唯一的。

所以，在這「不生不滅」的定律中，它最容易被說到的守恆定律是「質量守恆定律（Law Of Conservation Of Mass）」，它是宇宙普遍存在的基本定律。

1. 科學上對於「物質」的定義是相當明確的，也就是說它必須符合佔有「時間」、「空間」和「質量」的東西才能稱為「物質」。

2. 許多人常常將「質量」與「重量」混淆了，總以為「質量」就是「重量」。事實上，在科學上，這兩個名詞是不相同的。由下列的數學定律可知：

$$W = mg$$

式中的 W 是重量（Weight），m 是質量（Mass），g 是地球的重力加速度（Earth's Gravitational Field Strength），其值 $g = 9.81 \text{ m/s}^2$。

重量是直接受地球重力加速度的因素所影響。而質量則全然不受地球

413

重力加速度的影響。諸位也許會問，它們之間有甚麼差別嗎？當然是有，而且是計較得很。舉例而言，我們戴在手上的金戒指，它必須在天秤上所秤出來的才是質量，而不是重量。剛才說過「質量守恆定律」，具有質量的東西到任何地方，其質量都不會改變。但是「重量」則受 G 值的影響。這個基本觀念是很重要的。

您手上的金戒指如果在天秤上所秤量出來的質量是 100 公克，則不論它到任何的地方，它的質量都不會改變。任何的金飾店，在秤金戒指的時候，一定是用天秤或是相同原理的結構儀器來秤的，因為天秤的兩端的平衡則可以抵銷地球重力加速度。所以，您手上的金戒指不論到任何地方它的質量都不會改變。您在臺北稱的是 100 公克，則到美國的紐約也是 100 公克，到南極或北極也還是 100 公克，絲毫都不會差，這就是質量的意義。否則在臺北秤的是 100 公克，到了美國的紐約只剩下 90 公克，那就天下大亂了啦。

但是，如果講的是「重量」，那就大大的不同了，它是受到地球重力加速度 G 值的影響，而地球的重力加速度並不均勻，因為地球雖然號稱為一個圓球體，但是它並不是一個符合理想的幾何球體的圓球，而且各地的地質密度也不相同。結論是，一個物質在地球各地不同的位置上，它的重量是不相同的。我們常說，你這個戒指有多重啊！這指的是重量了，這是不對的。您到金飾店購買金飾，他們所使用的絕對不會是普遍在菜市場中所使用的彈簧秤，因為，彈簧秤無法抵消地球重力加速，所以他秤出來的是重量，那就是詐欺了。古人就已經很了解這一點，所以他們使用的是「天

秤」。近代電子儀器發達，對於精密的質量之量測，可以輕易的以數位化而達到小數點以下 9 位數。

如果我們在略微說得深一點，所有的一切物質在化學反應之中，因為並沒有原子數量上的變化，而只是相互的轉移與變遷，所以質量總是守恆的。這宇宙的現象萬萬千，就「質量」的本身而言，還有許多不同的質量名稱，如在量子化階段的「量子質量」，或在接近光速飛行時的相對性質量。但是，這在常態中我們是可以不必去計量的。根據化學中的《原子說》，化學反應只是物質中原子的重新排列，所以反應之前與反應之後的原子種類及數目是不變的，也就是說，每個原子有其固定的原子序與質量，所以反應前後的總質量不變。在化學反應裡面，物質的「元素」其數量，無論是在反應前或反應後都是一樣。再說得略微詳細一點，在化學反應中的「質量守恆」。事實上，在一般的化學反應，所謂一般的化學反應就是不要涉及到原子和分裂或融合的現象。所以，在一般的化學反應過程中，它甚至是包含了「原子守恆」、「電荷守恆」與「元素守恆」等等。而這些守恆定律也都完全的符合「不生不滅，不垢不淨，不增不減」這 12 個字的定義，這真是不可思議。

現在，就讓我們略微的談一點「原子守恆」定律。它是在說，在一個系統的化學反應中，參與各項反應的原子既不能獨自生成也不會湮滅，所以是「不生不滅」。既然是所有電子是「不生不滅」，所以當然也就是「不增不減」了，既是「不增不減」當然也就不會有所謂的「不垢不淨」的問題了。因為「垢」是加上去的，而「淨」則是清減下來的。同樣的，在任

何的反應中，任何參與反應裏的「電荷」同樣的不能獨自生成與湮滅，這就是「電荷守恆」，這還是遵守著這「六不」的道理。另外值得一提的是，帶正電的粒子接觸到帶負電的粒子，由於這兩個粒子帶有相同的電量，而極性相反，則這種的接觸現象會使得兩個粒子變成為電「中性」。這個電「中性」並不代表它們不存在了，當它們再度分開的時候，則又會成為各自所具有本來的極性。

　　各位您看看，這個《心經》裏的「不生不滅，不垢不淨，不增不減」的思維，可以帶出宇宙中如此一連串的宇宙大自然的「定律(Laws)」出來，您說它偉大不偉大？事實上，這豈止是偉大，簡直是不可思議，再看看下列的其他不可思議。

13.4 能量守恆定律
(The Law Of Conservation Of Energy)

　　除了「質量守恆定律」之外，宇宙中還有另一個更重要的守恆定律，那就是，它是在說：

　　「一個系統中的總能量 E 不能自生，也不會自滅。雖然能量的形式可以相互轉變，但其總和則是守恆的。」

　　事實上，質量守恆定律也稱之為「質能轉換公式」或「質能方程式」：

$$E = MC^2$$

　　這是一個驚天動地的公式，是在闡述「能量（E）」與「質量（M）」之間的相互關係。為甚麼它會是如此的驚天動地呢？因為它直接的告訴我們，「能量」與「質量」之間是可以直接相等的。也就是說，「物質」與「能量」之間是彼此相通的，它們是可以相互轉換的，物質可以轉化為能量，而同樣的，能量也可以轉化為物質。物質是可以看得到的，可以摸得到的，竟然可以在瞬間消失而轉化為不可見的能量。同樣的，那些看不到的能量，竟然可以又在瞬間轉換回來，成為可見的物質，這在當時，的確是嚇壞了許多的人。公式中的 C 是代表光速，它是一個定數（真空中的光速約等於

30 萬公里 / 秒 ）。

　　我們絕大部分的人所修習的《物理學（Physics）》多是牛頓的《古典物理學（Classical Physics）》，牛頓認為「時間」與「空間」都是「絕對」的，也就是說，在地球上的任何地方的一秒鐘都是等同的，沒有說哪裡的一秒鐘特別長，或是哪裡的一秒鐘特別短。地球上如果真有「時間」長短的這種現象，我們跑到時間特別長的地方去住，那壽命豈不是也相對的變長了，那還真是不錯的呢。當然，在地球上是不可能的。同樣的，在地球上的空間也是不會隨著不同的地方而改變。

　　1905 年的《狹義相對論（Special Relativity）》是由愛因斯坦等人所創立新的「時空理論」，上面公式中的 E 則是代表物體總能量，質量包括靜止質量和運動質量，只有當物體靜止時，它才是物體的靜止質量，這也是為什麼物體的質量又被稱為靜止質量。這也表明了物體的總質量是與靜止質量不同的。在上述的公式中，表明了物體在靜止時仍然有能量的，而這卻是違反牛頓定律的，因為在牛頓的系統中，靜止的物體是沒有能量的。但是，我們不能說這是牛頓的錯，因為在那個還不能脫離地球的時代裏，是無法認知在光速下的時間與空間的變異，所以說，牛頓的運動定律只是相對論定律中的一種特例狀態而已，並不能說牛頓的運動定律都是錯的。至少，它在地球上還是蠻好用的。而這個公式也間接的導致了人類進入了原子能的時代，因為，一點點的質量，乘上了光速的平方，也就是（300,000,000M/Sec 的平方），那所產生的能量就大到不可思議了。這也是為甚麼核能電廠所產生的電能，直到現在還是世界上最廉價的電能。而核

子航空母艦的航程所標示的數值是「無限」，它可以隨時跑到世界上任何一個地方。至於人類所關心的核安問題，那則是另外的一個議題了。

我們談了這麼許多的物理定律，從早期的古典物理定律到相對論的各項定律，不論如何的變化，其實若是看穿了，也就是在這「不生不滅，不垢不淨、不增不減」的「六不」裏面。但是，話又說回來，人家憑著這「六不」可以進步到現代化的時代，而飛天入地。我們不可以還在這「六不」上面耍文字技巧，撥弄來，撥弄去的自以為了不起。

剛剛談的是宇宙中「不生不滅，不增不減」的真實道理，我想另外提出來的四個字，那就是「不垢不淨」這四個字，另加以說明。

13.5 不垢不淨

　　剛剛講了許多「六不」的道理，現在我們另外特別提出來談談「不垢不淨」對於人的一些道理。它是介於「不生不滅，不增不減」這之間的一句話，它上承「不生不滅」，下接「不增不減」。這是一句具有極為宏觀視界的一句話，也是可以放諸整個宇宙皆準的道理。然而，卻在這漫長的遠古歷史之中，有著許多因時代的落後與自私的無知，而做了許多錯誤的比喻語說詞，致使也因而誤導了無以計數可憐的眾生，而終至誤解一生，難以自拔。

　　「八正道」在佛學的實踐立論中，具有極為重大的義意，因為這是釋迦牟尼佛在尼連禪河旁的菩提樹下，證得十二因緣生觀時，同時證得的真理之後所說的第一句話。在《過去現在因果經》中記載：

　　「爾時如來，心自思惟，八正聖道，是三世諸佛之所履行，趣涅槃路，我今已踐，智慧通達，無所窒礙。」

　　這是多麼重要的一段話，因為它可以讓我們智慧通達、無所窒礙，更重要的是，它是通往「涅槃」之路啊！各位說說看，學佛還有甚麼比這個重要的呢？

　　可惜的是有許多的不識之士，捨此「正道」而不由，偏偏另立別道，

而有甚麼「不淨觀」之說詞，各位看看他們的所謂「不淨觀」究竟是甚麼？那就是：（一）種子不淨（父母的精血不淨）。（二）住處不淨（胎中母體體內不淨）。（三）自身不淨（身體的內部不淨）。（四）自相不淨（身體的外部不淨）。（五）究竟不淨（死後枯骨不淨）。真不知道這是甚麼立論，對照這「不生不滅，不垢不淨、不增不減」真諦思維，只能說：

「這大自然中沒有不淨的事與物，只有『不淨』的心」。

「八正聖道」又稱為「八正道」，也有名為「八聖道」的，它是通往佛家最高的「涅槃」之路，是那八條路呢？一、「正見」：心存正確的知見。二、「正思維」：建立正確的思考方式。三、「正語」：使用正確適當的言語。四、「正業」：行使正當的心性與行為業力。五、「正命」：做正當的事情，「命」是事情的意思。六、「正精進」：以正確的方式努力精進向上。七、「正念」：正確的思維與觀念。八、「正定」：以正確方式禪定。

諸位看看，這是多麼了不起的見知！佛門弟子經由此八法，可以不依偏邪而行，故名為之「正」。又由於它是能通往涅槃之路，故名為「道」。這也是最能代表佛教的實踐的精神與法門，身心皆繫念正道，不起邪念，這才是真正的八種通往涅槃之正確方法與途徑。所以，我總覺得這「八正道」才是我們每一個人都應該一生誦讀依循的，哪裡還有甚麼比它更偉大的思想？它所有的一切都是「正面」的，這是在告訴我們，世間的一切都必須以「正面」的思維，「正面」的實踐乃至於「正面」的精進，唯有如此，才會有「正面」的人生。

13.6 貫通宇宙的八正道

　　這「八正道」的氣勢宏偉，自古貫今，卻也能夠橫跨宇宙，這不是說說而已。讓我們略微的深入的提一下，在「量子力學（Quantum Mechanics）」中，人類發現了另一個守恆定律，那就是「重子數守恆定律（Conservation Of Baryon Numbers）」。

　　「重子（Baryon）」這一名詞是指由三個「夸克（Quark）」（註：宇宙中有反物質，故亦可由三個反夸克組成反重子）組成的「複合粒子（Composite Particles）」。「重子」它不是單一的粒子，而是一組粒子的代表。值得注意的是，因為重子屬於複合粒子，所以不是「基本粒子（Elementary

Particle）」。最常見的「重子」有組成日常物質原子核的「質子（Protons）」和「中子（Neutrons）」，合稱為核子（Nuclear）。

為什麼會提到這一段呢？這宇宙中的量子世界裏，有一個現象讓人見了會嚇一大跳。上一段提了，「重子」它不是單一的粒子，而是一組粒子所組成的，這其中最有名的就是「中子」與「質子」了，其他六個一般極為少見，就不列了。但這八個「重子」因具有相同的「自旋量子數（Spin Quantum Number【註：每一個基本粒子都會有自旋（Spin）的現象，宇宙中沒有停止的東西。】）」，顯示它們之間有某種特殊的相互作用現象存在。若將這些相關之作用相互的連結起來，正好就形成了一個「八正道圖案（Eightfold Way Patterns）」，八個重子中的六個重子會形成完全對稱的六角形，而其餘的兩個則駐守在中央的位置。這個「八正道圖案」是一個物理學的名稱，而與佛學卻冥冥之中相互的動應著，這種與宇宙大自然神奇相應的現象，也著實的令人嚇了一跳，這在前面的章節中談過，諸位可以回過頭去再複習一下。

本章箴言：「不生不滅，不垢不淨，不增不減」的十二個字的諦義，遍含宇宙的守恆定律，從巨觀而至微觀。它不但是宇宙所共同遵守的定律，也是大自然的鐵律，宇宙是如此，大自然是如此。當然，我們身為宇宙自然其中的一分子，不論是身心內外亦當如是，能與大自然相應與相合，才是真正的佛道，也才是真正的生命之道。

14

空中無色

14.1 破五蘊之相

經曰：「是故空中無色，無受想行識。」

　　「是故」這兩個字是承接上一句的六不，也就是「不生不滅，不垢不淨，不增不減」這句話，而下接「空中無色，無受想行識」此語。這「空中無色」不但是破除了「生、滅、垢、淨、增、減」的執著。如今則是進一步的再破除五蘊中屬於「色相」的「色蘊」，以及屬於「心相」的「受想行識」這四蘊，合起來就是「五蘊」了。這是真正的進入了「無我」的境界。這個手法其實是驚天動地的，前面還在講「五蘊皆空」，而現在則連「五蘊」都破除之。故在「空」的真諦中，先破五蘊中的「色」蘊。人之所以會有五蘊，那是我們每一個人都會執著於「我執」，執著於「我相」，終身難以棄離，故連「五蘊」都把它破了。

　　凡為「我相」則不出「色相」與「心相」這兩種。迷於「色相」則必會落入身與物的執迷，並執迷於四大之空相以為實我，而當面對萬相於景的時候，也就身不由己的迷失了自己，終身而不能自拔。相對的

迷於「心相」，則執著於緣影虛幻，終日奔波追逐，一生不得其閒。

「受想行識」則是屬於「心相」。迷於「心相」所受的苦難要比迷於「色相」的苦難大得多。所謂：「人者心之器」，人類是一種屬於心性的動物，是我們的心識在掌控著我們的一切。那麼，迷於「心相」的時候該如何才能解脫呢？答案就在這「受想行識」的這四蘊上面。痛苦是來自於我們的心，而非事情的本質，也只有破除受想行識這四蘊，才是解脫與破除「心相」的真正大道。

年輕的時候，對於一切都是好奇的，喜歡一切新鮮的事情，對於未來充滿著憧憬，故而對於物慾的需求較大，這是可以理解的。一個大學剛畢業的學生，一離開學校就要面對生活的壓力，不但是自己要生活，接著要結婚，生小孩，養育下一代。我們實在是沒有理由要他們完全放棄一切的物慾。他需要有房子可以居住，他需要有家具可以居家，當然，他還需要衣食住行。如果要他們放棄這一切，甚至是看淡這一切，那是在踩別人高蹺，在旁邊唱高調，自己吃飽了不知窮人飢。

但這豈不是與破「五蘊」與破「色相」的說法相互矛盾了嗎？不！一點也不！我們不是神仙，不是生活在雲端，也不是不食人間煙火。年輕人能夠創業，能夠提升經濟能力，絕對是好事。不要說是個人了，一個國家也是如同此理，經濟落後的國家，人民受苦受難那是必然的。把經濟放在一旁而高談闊論的談破「五蘊」與破「色相」，那還是在耍別人，在旁邊唱高調而不切實際。

　　破「五蘊」與破「色相」要的是什麼？這一定有重大的意義與目的，那就是「無我」。所有的事情，如果把「我」這個情節放了進去，原本很簡單的事情，就會變得複雜起來了。諸位不信，可以實驗一下，那就是凡是做事的時候，都加上一個「我」字試試看。我要這樣！ 我要那樣！ 我不要這樣！ 我不要那樣！這是我的！我說這樣！大家都給我過來！ 相信不要太久，周圍的人都會變成為是你的對手了，原本可以順利的，也變得不順利了，這就是「我」的麻煩，而且是立即可見的。所以，要懂得把自己隱藏起來，變得「無我」，則事情往往反而會變得多有助益，也就是得道多助的意思。

14.2 長壽也是一種苦難

　　長壽是人人所希求的，但事實上也未必盡然。每個禮拜的週末或週日的下午都會登山，到相思樹下，我們稱之為「相思台」的地方休息。就在仲夏的一個週末，我與子卿及鄰居來到了這個「相思台」，坐下來休息。注意到了鄰座的一位老先生，在很認真的看一本書。我很好奇的過去，問道：「老先生，您在看甚麼書啊？」他抬起頭來看著我說道：「在看《心經》！」

　　「我可以看一下嗎？」我問道，他說：「好啊！」於是接過他遞給我的書。一邊翻閱著書，也就聊了起來。於是又進一步的問道：

　　「老先生您今年高壽啊？」「九十一歲了，我是上海復旦大學畢業的。」「那您讀《心經》很久了嗎？」「是啊！大學的時候就開始

讀《心經》了。」於是我們兩人也就聊了起來，相互的請教了姓名，是位
李老先生，談話非常的愉快。但是，這時候我發現有一位中年人也過來，
坐在他旁邊。那位中年人看我在注意他，於是說道：「我是他兒子，他是
我父親。」於是，李先生也就加進來一起聊了起來。當太陽逐漸西下，天
也快黑了。於是他們準備告辭，車子就停在旁邊，李先生請他父親先上車，
待他父親坐好了之後，他特意的跑過來講了幾句話道：

「你是這兩年來第一位跟他老人家講話的人，平常沒有人會主動的找
九十歲的老人講話，而他也不會找年輕人講話，但是，能跟他年紀相接近
而又能相談的人實在不多。」「還有一件事值得一提的，那就是『長壽是
一種苦難，而如果身體又不好，那就是災難。』謝謝你陪我父親聊天，再
會！」

我坐在椅子上，許久沒有言語，直到子卿提醒我，該離開了，才醒來
似的徐步下山，久久不能釋懷。

15

無眼耳鼻舌身意

15.1 六根與六塵

經曰：「無眼耳鼻舌身意。無色聲香味觸法。」

這是佛陀直接的在破除十二入。「入」這個字就是「涉入」的意思。這意謂著「六根」與「六塵」交叉互相的涉入我們的生命之中，故名「十二入」。近來也多有將它稱為「十二處」的。「處」是出生之意，也就是說，未來則會進一步的結合「六根」與「六塵」而得以再出生另外更高階的「六識」。所以，這「六根」與「六塵」與「六識」千萬不可以弄混了。至於「六識」的問題，將會在下一個章節裏表述。這「六根」與「六塵」分別是：

六根：眼根、耳根、鼻根、舌根、身根、意根。

六塵：色塵、聲塵、香塵、味塵、觸塵、法塵。

　　這真是很有趣的，諸位當會很明顯的發現，它們完全是相互因應與相互對應而且是相依的。所謂「根」的意思就是「能生」的意思。這有如草木之有根，於是才能生長出枝幹、綠葉與果實等。有「六根」則能生「六塵」。例如「眼根」則能生「色塵」，「耳根」則能生「聲塵」，「鼻根」則能生「香塵」等等。所以「六根」又稱之為「內六處」，因為它緣自於我們人體的內部而發。而「六塵」又稱之為「外六處」，因為它緣自於外界。合這有「六根」與「六塵」故又名之為「十二處」。

15.2 破「六根」再破「六塵」

在《心經》裏，佛陀不是在教我們認識這「六根」與「六塵」的問題，而最重要的分別是這兩句話的第一個字，也就是「無」這個字。第一句話的：「無眼耳鼻舌身意」，以「無」置開首是直接的破除了「六根」的假相。再以：「無色聲香味觸法」，更進一步的再破除了「六塵」的塵幻。

對於這幾句話的感受，只能用驚天動地來形容。

這空中「無色、受、想、行、識」是直接的破除了「五蘊」，而五蘊本皆為空。並於破除「五蘊」之後再破「眼、耳、鼻、舌、身、意」這「六根」，這「六根」是我們身體的自我作用，不是根本，也不是究竟，

畢竟還是空。然而，這還沒有完，在破除了「六根」之後，再進一步的更又破除了「色、聲、香、味、觸、法」這「六塵」。既然「六根」之不在，又何來「六塵」

之所有？

　　觀自在菩薩，以其般若的正智，照見五蘊皆空。五蘊皆空之後則才能顯示我們的真如自性。「真」是真實的意思，「如」是如常之義。真實於一切法，常如於其自性，所以稱之為「真如」。「真如」也就是前面所說的不變、不異，不生、不滅，不增、不減，不垢、不淨的法界真實本來面目，也是一切眾生的自性清淨心，故亦稱「佛性」。

　　在真如實性之中既然無色、無受、無想、無行、無識等五蘊，則又從何而來的「六根」？既無「六根」則又從何而來的「六塵」？當然也就沒有這「十二處」之所在。所以，佛陀在破除了「五蘊」之後，並不以此為究竟，而是再更進一步的破除了「六根」的「眼根、耳根、鼻根、舌根、身根、意根。」這「六根」。這人世間，有太多的人沉迷於這「六根」，有人愛於美色，無所不用其極，甚至是不愛江山愛美人。有人意欲吃盡天下美食，上窮碧落下黃泉，沒有他不吃的。世間之人，諸如此類者比比皆是，終身愛慾與縱慾而不自拔，而這一類的人們，充其量他也只是個一個器物而已，孔子說：「君子不器」，就是這個道理。因為，這樣的行為必然會降低人類的真正意義與價值，這也是為甚麼佛陀要破「六根」的道理。

　　「塵」其實就是「染污」的意思。而「六塵」就是六種能夠染污我們身心的事物，這「六塵」是「色塵、聲塵、香塵、味塵、觸塵、法塵」合稱為「十二處」的，這其實是不得了的。

15.3「無」的哲學

　　中國字裏面最有學問的兩個字就是「空」與「無」這兩個字了。「空」的問題幾乎是講了這整本的書，在此就先不再提它。如果「空」不是「沒有」，那麼，「無」這個字，就一定是「沒有」了吧！不！「無」這個字在佛學上的用法仍然不完全是「沒有」的意思。

　　就以本章中這《心經》裏的「無眼耳鼻舌身意。無色聲香味觸法。」這句話來說好了。如果這個「無」是「沒有」的話，那這整句話就成了：「沒有眼睛、沒有耳朵、沒有鼻子、沒有舌頭、沒有感觸、沒有意識。所以當然也就沒有物色、沒有聲音、沒有氣味、沒有口味、沒有感覺、沒有法境。」，如果真是這樣解釋，那倒要好好的問一問，這句話究竟是在講什麼？上蒼明明賦予我們人體的是有「眼、耳、鼻、舌、身、意」，而在這個作用之下，也明明的有對應的「色、聲、香、味、觸、法」的這些作用。若硬是要把這些都說成是沒有，那豈不是睜眼說瞎話？

　　也許有人會說，這個「無」不是「沒有」，而是「不要」把它放在心上而已。其實，這還是一種自欺欺人的說法，這根本是做不到的。試問，明明有一朵很漂亮的玫瑰花在那裏，我們如何假裝看不到？又如何「不要」把那朵玫瑰花放在心上？那麼，難到《心經》要教我們的是「視而不見，

聽而不聞。」等等的這些工夫嗎？否則為什麼要說「無色、受、想、行、識」這樣的話呢？

　　剛剛我說了，這個「無」也不是「沒有」，而是「超越」的意思。「色、受、想、行、識」不是沒有，而是要超越它。同樣的「色、聲、香、味、觸、法」也同樣的不是沒有，而是要我們同樣的要去超越它。只有超越這一切，才不會被這一切所執著所奴役，也才可以做自己的主人。因此，能盡力於超越這「六根」與「六塵」，才是這一切的主宰，也才能得一切的「自在」。這諸位也正就是觀自在菩薩了。

15.4 六塵緣影

　　常聽人們說起這人世間的紅塵萬丈，是如何！又如何的！既然說到了這紅塵萬丈，我倒要問一問：「什麼是紅塵萬丈？」紅塵萬丈不在別處，就在這「六塵」裏面，就在這色、聲、香、味、觸、法裏面。詩云：

　　「紅塵萬丈醉裏夢，柳腰聲歌舞空中。」

　　這燈紅酒綠，人車喧囂，油頭粉面，胭脂紅綠。燈紅酒綠，人車喧囂，沒有什麼天大的禍害，燈紅酒綠的時間很短，可以喝幾杯不醉，就豪氣萬千得稱英雄。果真如此，百杯、千杯如何？一整車的酒如何？酒國裏沒有英雄，重點是酒後的日子該要如何去過呢？在這一切的背後那一連串渾渾噩噩的日子該如何去過？那才是真正的糟蹋了生命，可惜了。

　　南宋的愛國詩人辛棄疾的〈青玉案〉：

　　「眾裡尋他千百度，驀然回首，那人卻在燈火闌珊處。」

這是很有意境的一首詞，許多人都認為是辛棄疾 (1140-1207) 在尋求愛人，但卻找不到他的愛人究竟在哪裡，驀然回首，卻在燈火微明而暗之

處，看到了他的愛人。這種說法是一般世俗對於男女愛情的夢想與追尋的一種幻想的說法。事實不然，辛棄疾不是風花雪月這一類的詩人，他本身的特質則是與上一代的岳飛相近，岳飛逝世的時候他才出生，而他也同樣是一位文武兼備的英雄人物。他曾手持一把名為龍泉的寶劍，闖進了叛軍張安國的軍營中，生擒張安國，並押解張安國回到建康問斬。所以，在他的詞中多表現了積極主張抗金和收復中原的愛國熱忱。他的作品廣闊而風格多樣，並多以豪放為主，是南宋詞壇最傑出的代表作家之一。

事實上，這首詞講的就是他自己。國家在與金兵及內亂之中而戰禍連連，民不聊生。雖然，在這亂世之中，他自己也遭受到迫害，但是，還是在千方百度的在尋求他那顆深心的究竟？卻在他內心的掙扎之中，驀然的發現，他的那顆赤膽忠心，在看不到光明的遠景中卻依舊存在。

16

無眼界乃至無意識界

16.1 前言

經曰：「無眼界，乃至無意識界。」

這「無眼界，乃至無意識界」是一句約略的話。「乃至」是這一句約略的話的中繼詞。也就是說，它從「六根」的「眼界」開始至「意界」。再接著的是「六塵」的「色界」而至「法界」。最後則是到了「六識」的「眼識界」而終至「意識界」。這總共結合了「六根」、「六塵」與「六識」，故總共是十八界。分別如下：

一、眼界：能見之根，名為眼界。

二、耳界：能聞之根，名為耳界。

三、鼻界：能嗅之根，名為鼻界。

四、舌界：能嚐味之根，名為舌界。

五、身界：能覺觸之根，名為身界。

六、意界：能覺知之根，名為意界。

七、色界：眼所見一切色境，名為色界。

八、聲界：耳所聞一切音聲，名為聲界。

九、香界：鼻所嗅一切香氣，名為香界。

十、味界：舌所嚐一切諸味，名為味界。

十一、觸界：身所觸覺冷暖細滑等觸，名為觸界。

十二、法界：意所知之一切諸法，名為法界。

十三、眼識界：眼根而能見色之識，名眼識界。

十四、耳識界：耳根能聞諸聲之識，名耳識界。

十五、鼻識界：鼻根能嗅諸香之識，名鼻識界。

十六、舌識界：舌根能嚐諸味之識，名舌識界。

十七、身識界：身根能覺諸觸之識，名身識界。

十八、意識界：意根而能分別一切法相之識，名意識界。

這「六根」對應著「六塵」，而再經由「六塵」對應到「六識」故而總共為「十八界」。絕大部分的人，出生到老死，都深埋在這十八界中，也在這十八界中翻滾，永遠都脫離不了。甚至，他們也不知道，人類的精神領域是可以昇華的。吃喝玩樂也許對我們的身體可以感覺短暫的愉悅，但是，那些人相對的在沒有吃喝玩樂的時候，就如同槁木一般。身體的欲求是可以藉助於精神的昇華而跨越到更高的層次。

16.2 什麼是「六識」

　　在談「六識」之前，先要知道「識」是什麼？所謂：「識者心之別名。」也就是說，「識」也就是「心」的同義字，另一個不同的說法。唯識論一曰：「識謂了別。」這意思是說，我們的「心」在面對於各種環境而可以了然與區別。而「六識」則分別為眼識、耳識、鼻識、舌識、身識、意識。這看起來都很熟習了，但是，這一切是有次第的。這一切的作用，最先是有「六根」的「眼、耳、鼻、舌、身、意」，「根」為能生之意思。次為對應的「六塵」之「色、聲、香、味、觸、法」，也有稱為「六境」的。為什麼說它是「塵」呢？以其能染污我們的情識，所以稱之為「塵」。最後則由這「六塵」會進一步的對應而產生這「六識」，也就是「眼識、耳識、

鼻識、舌識、身識、意識」。

　　但是，佛教畢竟是以「空」為其教義之根本基石。豈能讓這包含人體與生命自我意識的這十八界，產生的迷離幻界而迷幻了人生？於是，佛陀再將這十八界全部予以破除之。所以，在這十八界的每一界中，都加了一個「無」字。故為「無眼界，無耳界，無鼻界……而至，無意識界。」這是將這十八界做了全面性的破除。這種先破「五蘊」，再破除「六根」，然後再更進一步的破除了「六塵」，最後連最重要的「六識」都把它徹底的破除了。這真是「震驚上帝」與「嚇死鬼神」的思維與舉動，他進行了全面性的否決了這一切的自性。當然，也只有佛陀看穿了宇宙人生的這一切現象，故而也只有他才有此智慧、能力與魄力。

　　明朝末年有一位學問家瞿汝稷先生，在他所著的《水月齋指月錄》中記錄有一位洞山良玠禪師，他在童年時就出家立志學佛，在寺中，師父教他唸《心經》。當教到了「無眼、耳、鼻、舌、身、意。無、色、聲、香、味、觸、法。無眼界，乃至無意識界。」時，他問師父說：

　　「師父！我可不可以問一個問題？」

　　師父說當然可以，你說。於是他問道：

　　「我們身上明明都有眼睛、耳朵、鼻子、舌頭、身體……，也看得到，聽得到，聞得到。但是，為什麼經上都說它們是『無』呢？是『沒有』呢？為甚麼要把明明是有的東西說成沒有呢？」

　　可惜他師父只知道教學生誦經，並在字面上做初略的解釋，不求甚解，

故而他師父一時愣住了，說道：

「你不同於粥飯僧，你是禪宗的根器，到南方去參禪吧！」

於是洞山良价禪師離開了他的師父，在外地雲遊了很長的一段時間，後來也成了禪宗的一位大師。事實上，同樣的是這個問題，一直延續到今天還在發生著，甚至還可能更差，原因是現在年輕的一代，他們所讀的古文與相關的國文程度，比起上一代的人來說，要差得多了。

16.3 什麼是無眼界

　　洞山良玠禪師問得好，我們身上明明都有眼睛、耳朵、鼻子、舌頭、身體……，也看得到，聽得到，聞得到。但是，為什麼經上都說它們是「無」呢？的確是如此。依照字面上的意義，我們當然是將「無」解釋做是「沒有」的意思。事實上，在一般的用法上「無」也確實是「沒有」的意思。例如，身無分文、榜上無名、一無所有、一無所求、一望無際等等等，這些「無」字，當然都是「沒有」的意思。「身無分文」說的就是身上一毛錢都沒有。「榜上無名」是說這榜單上就是沒有你的名字。你不能硬說那些都是假的。所以說，這個「無」字的用法，「幾乎」就是等於是「沒有」的意思並不為過。

　　但是，對於經書上面所用的這個「無」字， 就要特別小心注意了。在這裏的「無」字，是不可以當作「沒有」來解釋的。否則那就沒有意義了。從「無眼界」而至「無意識界」，一連串的十八個「無」。如果這些「無」都是沒有的話，那「無眼界」豈不是成了「無能見之根」。那有甚麼意義可言？明明是有眼睛，是可以看東西的，失去了眼睛是生命中重大的缺陷。而現在卻又要說「沒有眼睛」。那究竟是「有」眼睛好？還是「沒有」眼睛好？

　　現在有趣的問題來了，依「眼界」的定義是：「能見之根，名為眼界。」這個「根」字，就是「本根」的意思。也就是說，用來看東西的「本根」那個東西，就是眼睛。那就以現在所說的「無眼界」而言，若解釋為無眼睛可看，那一個人好端端的，豈不是殘廢了。這個「無眼界」中的「界」字是「界限」的意思，也就是區隔、隔別之義。它是跟其它的「耳、鼻、舌、身、意」彼此都是相互有界限的，而不可以跨越。這「六根」、「六塵」與「六識」合而稱之，是為「十八界」。也是說「十八界」中，各有別體，各有作用，也是各有區隔的，不可以混淆相待之。

　　我常說，中國字常是一字數意的。「無眼界」不是沒有眼睛而看不到世界，也不是故意裝做看不見的樣子。許多人為了免於煩惱，將所看到不法或是不正義的事就假裝看不到，或視而不見，而也把這種現象界是為「無眼界」，這都是不正確的解說。記住，人類有眼睛是幸福的。但是，也不要忘記了，這世界上的一切都是相對的。事實上，可能很少人會想到，我們眼睛所看到的這一切，也相對的是我們生命之中，許多苦厄與災難的來

源。但是，怎麼會是這樣說呢？

是的，我們都相信「眼見為真」，那麼，諸位以為魔術是如何的？你所見到的魔術現象看起來全都是真的。但事實上，他們卻全都是假的。「無眼界」當然不是沒有眼睛，更不是故意裝做看不見的樣子。這個「無眼界」這其中的「無」字，包含有三層的意義：

（一）不執著於所見

不要固執或執著於你所見到的一切。也就是說，你所見到的事情，未必就是它的真相。這句話如果用在戰爭上是最恰當的了。在戰爭中所有的一切都必須欺敵，讓敵人所看到的一切都是蓄意的假象。當然，俗語常說：「商場如戰場」，這句話如果用在商場上，在某些狀況下，相信也是適用的。

這個「不執著於所見」，如果是用在我們對於其他人的「觀感」上面，那就是特別需要注意的事了。所謂「觀感」其中就有一個「觀」字。我們每一個人，對於其他的人都會有「觀感」，這個「觀感」直接就會影響我們對「那個」人的印象與感覺。也就是說，如果我們對於「那個」人的觀感不好，當然，我們的態度就會不好。相反的，如果我們對於「那個」人的觀感很好，那甚麼事就都好談了。這些狀況，都是我們透過「眼界」給我們的「觀感」所造成的。剛才我說了，我們眼睛所看到的這一切，所「觀感」的這一切，其實，相對的也可能是造成我們生命之中，許多苦厄與災

難的來源，因為很多人的眼睛只看到眼前的現在，而看不到未來的苦厄或災難，眼界使我們偏執，也喪失了公正與客觀的認知。

（二）不貪愛於所見

我們的眼睛貪愛美色，這可能是大家都有過的經驗。眼睛喜歡看美好的東西。然而，這個世界上屬於美好的東西那是數也數不完，而且是每個人都不一定相同。許多的男人喜歡名貴的手錶，為甚麼呢？不是為了在乎時間的精準，而是為了要讓別人可以「看到」自己的身價。同樣的，一些女士們也喜歡名牌皮包，甚至是每次出門都要攜帶不同的名牌皮包，這種同樣是為了要提升自我身價的心態，就不一一的去提它了。自古以來，因美色而招引的禍害與災難，相信諸位有可以說得出一卡車也裝不完的故事。

（三）超越於眼界

「超越」這兩個字，才是「無」真正的精髓之所在。否則單獨的加上「無」這個字，它的意義實在很難能給人甚麼多大的智慧。但是，《心經》唯一要傳給人們的不就是「智慧」嗎？《心經》總共才兩百六十個字，每一個字都用得非常嚴謹，而每一個字也都用得非常有智慧。如何卻要在這裏說一些無意義的話呢？這當然是不可能的。《心經》字字珠璣，每一個字都是寶，豈有贅字之理？可惜人們多不能了解此中深意，而多只用功在口誦的工夫上面。口誦也是很好的，但那不是《心經》的本意，若是諸位

能夠在義理上面多下點工夫，那人生的智慧與境界，必然也會跟著而會另有不同與超越的層面。

「超越」這兩個字該怎麼講呢？其實不難，「超越」與「跨越」是完全不同的。我們坐飛機可以「跨越」整個太平洋，由亞洲而「跨越」到了美洲。問題是，在這整個的過程中，被包裹在飛機的座艙之中，什麼也看不到，甚麼也見識不到。能夠坐在靠窗的還幸運一點，偶爾可以看到無盡的海水，與偶而飄過的白雲。但其實由亞洲飛越太平洋到美洲的班機，很多時候是在夜間飛行的，因為方便於到了對方是白天的時候。而不是夜晚落地，否則，那很多人就不知道該往何處去了。

這意思是說，雖然走了一萬多公里的路，但其實是沒有知覺的。對於「人生」而言，卻不可以是如此。因為，目的地並不是生命唯一的目標。我們的生命不是為了甚麼目標而生或是而活的。生命就是一整個過程。也就是說，我們的生命是包含從出生到死亡的整個過程，而不是為了單一的目標而活。所以，生命的重點是在於生命的整個「過程」。在飛機上飛越杭州西湖，看到的只是一小潭池水，一瞬間就過去了，其他什麼也沒有看到。但西湖美景真的只是一小潭池水嗎？當然不是。整個杭州西湖可以一輩子看不厭，而你卻只看了不到十秒鐘，就以為那是杭州西湖了。所以說，這是「跨越」而過，而不是「超越」。

「超越」的本身就必須對事物的主體非常的了然於心，否則，你就根本不知道你在「超」甚麼？「越」甚麼？若是你想超越某一個人，當然就

必須對於你想超越的人的每一個細節都要曉得清清楚楚才有可能。這正如賽車一般，若是你想超越現在的冠軍選手，那你就得充分的下工夫了解對方，不但是要了解對方使用車子的每一個細部。更重要的是要去了解對手這個人，他的生活習慣、習性、各種細節，甚至於要比他自己還了解他自己才行。因為，唯有如此才能找到他的缺點，因而擊敗他。所以，「超越」的本質是具有極高度的智慧的。而「無眼界」的真諦就是要我們能夠「超越」以肉眼所看到的一切，而上升到用「心」去看這世界上的一切。

16.4 見山不是山

在禪門中有一個很有名的公案，唐朝時代的青原惟信禪師曾對門人說：

「老僧三十年前未曾參禪時，見山是山，見水是水。後來參禪悟道，見山不是山，見水不是水。而今得個休歇處，依然見山是山，見水是水。」

人生的過程如登高樓，盛唐時期有名的詩人王之渙曾寫一首詩：

「白日依山盡，黃河入海流。欲窮千里目，更上一層樓。」

這首詩的意境與青原惟信禪師的話有異曲同工之妙。人生的過程中，如果想在心智上有所成長，則必然會經歷到有三個不同的階段時期：

1. 群體階段：這個階段是自兒童時期開始而後是青少年期、少年期，甚至可以延伸到成年期。這個時期的人類是無法單獨生活或是存活的，需要仰賴家人或群體的庇護與供給一切生活上的必需。但這還不是最重要的，其他的動物也是如此。然而，最重的是人類屬於靈性動物，人類的知識與智能必須是完全的仰賴上一代或其他人的供給與傳承。知識與智能的傳承使人類自小時候開始，就異於其他禽獸。所以，這個階段人類是必須在群體之中學習與成長的，也是生命的關鍵期。

2. 意識階段：在這個階段中，開始有了屬於自己的「自我意識」，這種「自我意識」的抬頭與覺醒，同時也開始進行思索與探索自我生命的意義，希望到各處去尋求不同層次的人生現象，並進而擴大自己的思維與視野。也因而對於外在的事物產生了許多的質疑與不同的看法。更為了要提升自己的層次與思維，故而對於日常習以為常的事物，希望能找出跨越或超越之道。所以，在這段時期裏，也特別對於特異的事情或鬼神之道或是天馬行空等等的事物，總是容易會去相信或是想去探討體驗。

3. 創造階段：在這個階段裏，由於人生的歷程與經驗都相當的豐富了，於是就會開始思考，經由個人獨特的經驗與認知以及累積多年的知識與智慧，開始希望能契入在創造這方面的領域上發揮。當然，想要發揮就必須再次的回到現實，所以，這一切仍就又回到了人間，又回到了「見山是山，見水是水」的世界。但是，

這時候，在境界上已經是完全的不一樣了。一個不會游泳的人與另一位會游泳的人相較，在外觀上是看不出來的。但是，當他們看到滔滔江水的時候，那種感覺就完全的不一樣的。在大陸我有過多次船渡黃河與長江的經驗，我每一次都好想跳下去好好的自自在在痛快的游泳一番，但我不會游泳的內人，則表示她不能理解如何能會想要到跳到黃河裏游泳的念頭，並表示了不同的看法。這種境界上的不同所帶來的思維上的不同，並不能代表甚麼？最後還是回到了我還是我，黃河還是黃河，一切都還是如常，又回到了看山還是山，看水是水的世界。但是，重要的是這並不表示一切都回到了原點。我剛才說過了，生命是一個過程，每一個人的生命過程與境界是可以有很大的不相同與差異的。

16.5 什麼是無意識界

　　眼為「六根」之先鋒。我們每天醒來的第一件事情，就是張開眼睛看東西，身上所有的器官開始去感覺四周的環境。不論是「六根」與「六塵」則均為離不開「六識」，因為無「識」則不顯。「識」是人對環境及自我的認知能力以及對外認知的程度。它也是人的主體，是人類思維與感覺的核心。意識的概念，是具有本體存在性的，也具有人在個體上的思維、感覺與能力之能力。

　　事實上，「意識」是生物的神經現象與生理功能的綜合現象，也是一種自我感覺和外部感覺的綜合體。那麼，是否自認為我是存在的，所以我才有意識的存在？而如果我沒有感覺的時候，那麼，我就沒有意識嗎？但由於我們人類意識的產生，是源自於神經系統與生理功能的綜合體，因此不論自身是否能夠感知，意識均是存在於體內的，最多只是它有沒有作用而已。但是，如何界定「意識」是否存在呢？在科學上仍多爭議。植物人就是一個最大的爭議點之一。事實上，「植物人」這三個字用得非常不好，我總覺得不可以使用具有羞辱或意識形態的字眼於「生病」者的身上，對於他們，我們了解得並不多，我們同樣的要尊敬他們。

　　「意識」是無形無色的，也是非心非物的。絕大部分的人認為「意識」

是屬於「純粹」精神領域的，這種看法是屬於自我主義式的「我執」的意識形態，是不對的。佛家認為一切皆為因緣而起，同樣的，「意識」亦無自性，它不能單獨的在人世間成立，而還是必須藉助於在人體才能顯現。

在科學上目前尚無法確切的對「意識」這兩個字定下確切的定義。然而，我們有幸的是，卻可以在這部千古的《心經》裏面找到答案。「意識」主要功能即是覺知，然後對於覺知的事物的思維、分析、歸納、記憶等等…都是「意識」的作用，所以它的涵蓋甚為廣泛。然而，「意識」的出現必須要有功能健全的眼、耳、鼻、舌、身、意這「六根」，去接觸相對應的色、聲、香、味、觸、法等「六塵」，也就是說，我們需藉「六根」與「六塵」相觸的因緣才能夠產生「意識」來，也就是所謂的「六識」了。

所以，佛陀說得很好，「無眼耳鼻舌身意，無色聲香味觸法，無眼界，乃至無意識界」。這個「無」字諸位就可以理解了，它當然不是「沒有」的意思。簡單的說，就是要我們這個「無」就是「捨棄」或是「不專執」的意思。他要我們不要專執於「眼、耳、鼻、舌、身、意」的作用。捨棄「色、聲、香、味、觸、法」的纏繞。最後再更進一步的在「超越」眼識、耳識、鼻識、舌識、身識、意識這六識。這是從破「六根」開始，再進一步的破「六塵」，而最後連這「六識」都破除了。也就是說，佛陀親手將這十八界均破除無餘，是真正而徹徹底底的「空」了。

佛陀親自在《心經》中將這十八界完全的破除無餘。這在一般人心中是無論如何都難以接受的，也是難以想像的。那是因為我們皆執色身為我，

所以有眼根、耳根等的這「六根」的見聞與覺知。更因為有能見即有所見，因之有相應的色塵、聲塵等的這「六塵」。故而根與塵相互對應，則有了眼識、耳識等這「六識」之所生。所以，這十八界是我們最容易執為「實我」，也是最容易執為「實有」之法。於是，在眼，總愛鮮明美麗；在耳，總愛聞是非善惡；在鼻，總愛嗅香惡臭；在舌，總愛嚐甜去苦；在意，總愛愛悅喜取等等，真的是沒完沒了，故而迷離執妄，被十八界終身所纏縛與困惑住了，永不得脫身，不但身心俱被塵勞緊緊的纏縛，非但日間未能安寧自在，就是在夜晚睡夢之中，也常是驚心動魄的苦於虛名幻利而煩惱無盡。

我常要問：「你為什麼要學佛？」這句話不是在老生常談，而是想要人們先了解自己，到底你需要什麼？想要甚麼？我們每個人先要了解自己，更重要的是要知道自己的「目標」是什麼？那才是最重要的了。目的之不同，則「結果」當然也會不一樣。若是把「目的」定錯了，則再怎麼修練，除了浪費了一生的時間之外，餘者皆為枉然。

為什麼要學佛的這個問題，最普遍也是最多的答案，就是想要「離苦」，尋求能夠得到「解脫」，去除生命中的「苦厄」。但若要問，該如何去做？如何去實踐？其實，能真正回答得出來的倒是不多。難道說每天唸一唸經，就能離苦？得到解脫？或是去除苦厄？若真是如此，那只能說是自我安慰與自我感覺良好。當然，這也沒有什麼不好。但是，我們每個人要做的是自己，做自己的佛，而不是不求甚解永遠的在虛幻的妄執中打轉。

為什麼學佛的人一定要把《心經》學好？因為這一切的答案就在《心經》裡面。佛陀在《心經》裡面的啟示是非常明確的。他先破除了我們最容易自我構築與專執的「色受想行識」的這「五蘊」。在除「五蘊」之後，並沒有結束。跟著再一連串的破除了「眼耳鼻舌身意」的這「六根」與「色聲香味觸法」的這「六塵」。這「五蘊」、「六根」與「六塵」還都是在以「我」為根植的範圍裡，也就是還在以「我」為主體的「我執」範疇之內，那還是不究竟的。而「識」則是脫離了人體的器官層面，而進入了屬心的階層。所謂：「人者心之器。」心才是我們真實的所在。所以，佛陀最後則是將「眼識、耳識、鼻識、舌識、身識、意識」這六識，再親手的將這總共的十八界均皆破除無餘，如此才能讓人們真正的得到解脫，而是根本而徹底的「空」了，這是「心經」的真諦所在。

16.6 坦山渡女

　　坦山和尚與小和尚在山間行走著，這時候來到了一條小河前，走到岸邊時，才發現唯一的一座小橋竟然被昨天的大雨沖走了，雖然河水尚淺，但是河中卻充滿著泥濘。正當他們要撩起褲管過河時，這時候他們看見在河岸邊上，站著一位穿著美麗衣裳的姑娘，正在發愁不知如何過河。

　　「我抱妳過去吧。」坦山和尚自告奮勇。

「謝謝您啊。」美麗的姑娘也很大方的答應了。

於是坦山和尚就抱著姑娘渡河而過。

過河後姑娘謝謝坦山和尚的幫助，彼此相互道別，分道而馳。

坦山和尚與小和尚則繼續上路。一路上小和尚欲言又止，這幕年輕的雲遊僧抱著妙齡姑娘的場景，使小和尚怎麼也無法平靜下來。直到晚上，要就寢的時候，小和尚再也忍不住了，於是問道：

「師父，我們出家人不是不可以親近女色嗎？而師父你不但是親近女色，而且還抱著姑娘過河，這不是違反了戒律嗎？」

坦山和尚說到：「啊！我有抱姑娘嗎？沒有啊！我沒有抱過姑娘！倒是你在抱著那位姑娘，而且，直到現在都還沒有放下！」

這種「無意識界」的表現，當然不是沒有意識，而是我所說的是一種「超越」的層級，在需要幫助別人的時候，在我們的眼中，對方只是一位需要幫助的人而已，而我們在心態上已經超越了原有的「意識形態」，不再有男女、老少、美醜等等的一般意識，故而得以「心無罣礙」，乃至生命更高的「無住」之境界，這才是真正的超越。

17

無無明亦無無明盡

17.1 宇宙與人生的無常

經曰：「無無明，亦無無明盡。
乃至無老死，亦無老死盡。」

　　這句話：「無無明，亦無無明盡。乃至無老死，亦無老死盡。」可以分兩個層面來談，第一個層面是它字面上的意義，即使是字面所表達的涵義，卻也是相當深奧而遠大的。所謂「無明」這兩個字，「明」就是光明。「無」是沒有。合起來講就是「沒有光明」，也就是「黑暗」的意思。那「無無明」就是否定中再加否定，則就是肯定的語氣了。因此「無無明」就是「沒有黑暗」的意思，這天地萬物的一切，都活躍在充滿著光明的世界裏，這世界是美好的。

　　但是，到了「亦無無明盡」這句話，卻是在告訴我們這種天地萬物充滿著光明的世界，卻是「無常」的。「盡」是盡頭的意思。那麼，「亦無無明盡」則是告訴我們「無無明」它不會永遠是這個樣子，也就是光明不會永遠是無盡的。這是在進一步以隱喻的方式，闡述這世間一切的現象是「因緣」的，緣聚則生，緣離則散。當然，這一切也是「無常」的。從這裏我們又看到了整個經句又回到了《心經》的主旨上面，那就是畢竟「空」。

接下來的是：「乃至無老死，亦無老死盡。」這重點就在「老死」這兩個字了。這「老死」可以說就是指我們每個人的諸衰變位故名為「老」，而身壞命終則名為「死」。所以「老死」就是諸衰立位而身壞命終。簡單的說，就是人在年老了之後就一定會因年老而死亡，沒有人可以例外。但事實上，「老死」這兩個字也未必都是指人的老死。天下萬事萬物皆然，所有一切的事與物都有「老死」的時候。諸位也許會認為事與物如何會有老死呢？如此，我倒要問，諸位認為地球會永遠的存在嗎？非也！ 地球同樣會有「老死」的時候。

地球的未來與太陽有着密切的關聯，太陽進行的是核融合反應，將氫融合為氦而產生核融合 (Nuclear Fusion) 反應，發出龐大的能量，提供整個太陽系能量的來源。由於太陽的核心每秒鐘會燃燒 6 億 2000 萬公噸的

氫 (H2)。而氫原子核聚合成氦 (Helium) 時，大約會有 0.7 % 的質量轉化成能量，所以太陽的質能轉換速率為每秒鐘 430 萬噸。也就是太陽每秒鐘會有 430 萬噸的質量消失而轉換成為能量，更確切的說，太陽每一秒鐘會減輕 430 萬噸的質量。如此下去，則太陽會因質量的減輕，而重力漸少，於是太陽將會開始逐漸的膨脹，而體積變大，在未來的 10 億年中，太陽的體積將增加 10%，在二億年之後，太陽膨脹變大的體積將會把地球表面的水分完全烤乾，所有的生物亦將滅絕，這就是地球「老死」的時候。而大約在 50 億年後，太陽將成為紅巨星。將整個太陽系吞沒。而太陽也將逐漸的「老死」，最後則成為「超新星 (Supernova)」而劇烈爆炸。「超新星」的死亡，它的殘骸則給宇宙帶來了新生的星球，新的誕生。我們的太陽、地球或是整個太陽系，也都是在其他「超新星」的死亡爆炸之後，重新凝聚而產生的。這個道理也就是佛所說的：「乃至無老死，亦無老死盡」，宇宙中任何的一切都會一直的會有新生，在新生的時期，談不上老死。然而也相對的，任何的新生也必然都會有逐漸老去而死亡的一天。這是必然的宿命，也是宇宙的宿命，我們每一個人也必然都是如此。諸位當知道，構成我們身體的每一種元素（Elements）與物質（Matter），都是前人留下來的。地球上的元素是固定的，也是不會增減的。我常說：

「我們現在所喝的每一口水，古人都曾經喝過！」

地球上的「水」是一個定值，不會增加，也不會減少，就是那麼多。有人看見一些湖泊逐漸的乾枯，就以為地球上的水減少了，實是不然。地球上的水已經存在了 46 億年。如果地球上的水若是會消失的話，哪怕只

要是一點點，46 億年下來就不得了。更確切的說，直接的影響就是地球運行的軌道。而地球的軌道如果有了變化，那就不是天災而已了，而是全面性的毀滅與滅亡。

「水」一直不斷的在地球上循環，這就是真真實實的在「輪迴」著。從我們每一個人的身體，當我們死亡的時候，再「輪迴」給其他的生物繼續使用。這其中，當然不限於是人類，地球上一切的生物在活著的時候，都需要依賴水而生存，但在死亡之後，把身上所有的水還回地球來，讓其他的所有的生物繼續使用，由新生而死亡，由死亡、再新生、再死亡…，而生命就是如此不斷的一直的在更替著循環著。這種「輪迴」屬於一切生命的體系，而不是只有人類而已，這種永世不斷的將一切物質一再的循環的使用著，這就是真正屬於大「輪迴」的真諦，而這也是千真萬確的，也就是佛陀所說的「無老死盡」的真諦所在。

17.2 十二因緣觀

　　第二個層面的意義這就要從「緣覺乘」談起，甚麼是「緣覺乘」？凡是以觀「十二因緣」而覺悟，依此理起修與悟道者之總稱是為「緣覺乘」。這「緣覺乘」中的「十二因緣」構成了一個循環的圓圈，自「無名」開始，而至「老死」，為一循環。分別是：

1. 無明：以貪、瞋、癡等為煩惱，故而昧於本性而不明。

2. 行：以身心行之造業，並還身受諸多之造作諸業。

3. 識：因業而有意與識，使生命得以入世於人間。

4. 名色：名即是心，色即是體。此時開始懂得心性與色體。

5. 六入：現稱之為六根。人體以眼耳鼻舌身意之六根為依。

6. 觸：人之漸長則開始進入內境與外境多方接觸。

7. 受：因六根、六塵開始作用而有諸多甘苦悅樂之感受。

8. 愛：對所生之境，生起愛慾之心思與情緒。

9. 取：此時之六根與六塵作用強烈，四方馳求，貪慾織盛。

10. 有：因貪慾之織盛，佔而為己。

11. 生：受五蘊之身，活躍於生活之世間。

12. 老死：以五蘊之身，則因緣離散則漸老終死。

　　十二因緣，就是構成我們生死輪迴的十二個要件。自「無明」開始而至「老死」一直的在人世間輪迴著，也是一般修「緣覺乘」者，在這十二因緣的因果與果報之中，世世代代的輪迴著。而這也是一般世人無可奈何的事，於是也只得在這種輪迴之中遞轉，而無法也無力脫離這種的輪迴命運但是，《心經》則是超越的。

17.3 破十二因緣

　　這「無無明，亦無無明盡，乃至無老死，亦無老死盡。」卻指出了所修持的十二因緣法都是「空」的，是了不可得，由諸法皆空，心性亦是不可著的。佛陀的目的為的是要進一步提升人們對於「空」的認知，故而再破除這十二因緣法。正如《金剛經》所說：「知我說法，如筏喻者。」「法」是一個渡河的船筏。當渡過生死苦海而到對岸後，就應捨去船筏。所以佛

陀更進一步的說：「法尚應捨，何況非法。」連佛法都不可以專執，必要時都必須要捨，更何況世間其他的一切？人世虛幻空相何可專執？

　　所以，從「無無明」直到「無老死盡」，這是在破除「緣覺乘」的。是具有無上智慧的，「乘」就是乘載，也是「法」的意思，乘載人們而可以使至佛果之地。事實上，我們並不能說「緣覺乘」就不好，所以佛陀要破除這個「緣覺

乘」。當知道，我們每一個人的契機與性根不同，許多人們是經由「緣覺乘」從十二因緣上而悟道的。但契機與性根較高者，則當要提升而更深入的領悟到這原本的「十二因緣法」也屬於「五蘊」總法的範圍，然而，五蘊既空，則十二因緣法也就在根本上不能著實。佛陀在世的時候，為「緣覺乘」開示了十二因緣法。緣覺聖人看見花開花落、日出月落、流水不回，就可以悟道，而懂得把握生命時光。因為花不常在，月不常圓而人不長壽，人生一切都短暫得很，也好不了多久，也留不住，一切也都不可得。故而就從因緣法而覺悟，而成為「緣覺」。

　　幾乎所有的人都想學佛成佛，這沒有甚麼不好。但事實上需要知道的是，並不是每一個人都能做到成佛的階段。這正如人世間有各種行業，有士農工商，各式各樣的人生與層次。並沒有說是「士」就是最好，也不是每一個人都適合讀書做研究，農工商一樣可以有大成就，這個世界上同樣的是少不了這些人。沒有誰是貴誰是賤。士大夫的觀念，不平等的認知，在佛陀的時候就一再否定了這種階級的觀念，也確實令人佩服。這世界上每個國家都有自認為是最好的大學，許多人都以能進入該大學為榮。但卻不能說如果進不了該大學，就差了人家一等。有些人專擅長於讀書，擅長於考試，在這個以考試定天下的制度裏，只要會考試就能出人頭地。但是，反過來說，會考試的人，卻未必擅長於考試以外的事物。相信我們都見過，有些名校出來的學生，他們甚至連做人都不懂。更糟的是，這類人自以為比他人優秀，也因而養成了過於自我的習性，而趨向自我性的自私與自利，反而少有體恤他人的心性。能夠進得了第一，這個機緣與契機固然是好，

但是，其他的也未必就差，這個世界是多元的，更不全然是屬於第一的，在第一之外的天空一樣是遼闊無比，一樣是自在無比，一樣是有無比的貢獻。因為，第一之後的數值更多也更大，那才是根本的所在，所以，我們不必去羨慕他們，各有各的人生，各有各的性向與成就，一點也不差。

　　成佛，並不一定非要經過小乘的羅漢或中乘的辟支佛。每個境界都可以成佛。我們只要了悟諸法空相皆不可得，我的這一切，其實都是我自己心性所顯現的，也是真性的作用，宇宙萬有但卻是空相，故而不著相，也不執取，不取法，能得自我的真性，則當下便成佛了。人人可以成佛。但不一定每一個人都一定要把佛修到手才滿意。這就犯了是「我執」的毛病，也是一種執障。如果我們是農夫，就不必一定要在田徑場上爭第一，而如果我們是漁夫，就不必一定要去攀登那世界的高峰與喜馬拉雅山。同樣的道理可以通用在這個世界上每一個人的身上。重要的是，要知道人各有長，不一定非要去學人家如何如何！能夠懂得自己的心性，了解相關的契機，安身立命於屬於自己最適當之處，那才是適才適所，才得自在。

17.4 莊子夢蝶

　　是個秋高氣爽的季節，望著深藍的天空，有一種置身靜篤而又虛幻的真實感覺。這麼好的日子，除了冥思之外，不適宜做任何的事情，甚至也不要想要去想事情。秋天是大自然返樸歸真的時候。這時候，莊子在躺椅上，看到了藍天上，一隻孤單的蝴蝶翩翩飛舞著，秋天也是個肅殺的季節，也是個無花的季節，為甚麼妳還在飛翔呢？看著！看著！ 他逐漸看到了自己華彩的衣服，是自己的翅膀正在追逐鶴立搖曳的孤單的花。蝶飛翩翩，他看到自己在自然的懷抱裡，落在花葉的溫馨中。

　　莊周沒有感覺自己是人，而是那隻栩栩的蝴蝶。因為，他看見了自己美麗的翅膀，如此輕盈的體態，更不可思議的是，我竟然可以隨著輕風隨意的飄盪來去，蝶飛翩翩，在大自然的懷抱中，在整個花朵的溫馨裏，生命竟是如此的美好奇妙。於是迎著那秋日最後的陽光，飛呀，飛呀，輕盈美麗的身軀體態！哪裏有甚麼塵世的俗慮？哪裏有甚麼苦惱與負擔？拋開這一切，如此輕盈的而美麗的身軀，沒有任何的負擔，如此的輕盈，我要邀遊整個世界，不管它歸來何時？然後好好的安息。等待著來年的春天。於是就落在花瓣裏，休息了，閉上了眼睛，睡了！睡了！

　　睡夢中，怎麼有一個莊周，臨窗而坐，正在午睡呢？這時候一陣寒風，莊周愕然覺醒，看到了深秋的園苑花葉寂寞，我在哪裡？我要尋找剛才那輕盈的而美麗的身軀，沒有塵世的俗慮與負擔，我愛那花中的夢。

　　莊周迷惘了，我究竟是誰啊？我不是蝴蝶嗎？我不是拋撇一切俗慮，一身的輕盈，翩翩飛舞在大自然的懷抱裡，怎麼我現在是臨窗的莊周呢？我是蝴蝶的那種感覺竟然是如此的真實呢！到底！到底！我究竟是蝴蝶？還是莊周呢？兩種感覺都是如此的真實，是蝴蝶癡迷了？還是莊周糊塗了？不知道究竟是莊周是蝴蝶呢？還是蝴蝶是莊周呢？

　　我是莊周，蝴蝶他是物，為什麼會有物我相宜？物我交融的時刻？為甚麼在那時，我竟然不知道我究竟是莊周還是蝴蝶呢？「物化」這個名詞很多人也許不懂，事實上，它其實是一種非常高的境界，這是人與自然的諧和諧交融，也是天人合一的境界。人類是大自然的產物，離開大自然的

生命，是不自然的。此時的莊周突然的解悟了，生命是屬於自然的，生命是屬於萬物的，而不在那狹隘的眼光中，更不是那封閉於軀殼內的固我與自我。

17.5 成佛的無求之道

　　學佛最要緊的是在於明理，如果只是燒香拜佛，求佛賜給我們這個，保佑我們那個，那就不是真正信佛，而是被神佛所迷困了。在《金剛經》最後要結束之前，佛陀說了最重要的一個四句偈：

　　「若以色見我。以音聲求我。是人行邪道。不能見如來。」

　　這是佛為了破除「無明」與「迷信」最佳的證諦。在這世上一般的人們，都充滿著希望，每天面對著佛恭恭敬敬、心無旁鶩而專執的膜拜，也無時無刻的不在口中或心中唸著佛號。那最大的心願就是能見到佛，唯一的乞求就是希望佛陀能聽到自己乞願，能夠賜福給我。

　　佛陀在《金剛經》的「法身非相」分第二十六中說得很清楚，簡直是在怕別人聽不懂，直接的在說白話文了。這四句偈是《金剛經》中最有名的，各位當要熟記熟唸才是。在「若以色見我」的這句話中，佛陀是在說，若是我佛弟子以「色相」來見我。「色相」這兩個字在一般的說法是指「色身之相貌，現於外而為可見者。」的意思。事實上，這樣的說法是不完整的。「色相」除了是指色身的外相之外，其實更廣泛的意義是指世間這一切的物質，顯現於外而可以眼見其形相者都是「色相」。所以，這裏的「色」是泛指世間一切的物質。

千里迢迢不畏風霜，終年不斷的趕到各廟地去燒香拜佛，這是想以色身見佛，以天天鮮果滿桌，香花盈案的擺在桌上供佛，也是在以色身見佛。事實上，在這些人的心目中，佛是存在於他們的幻相之中。甚至，是把佛想像成為具有「神格」的神。於是，就認為自己是在面對著的是一位無所不能的神。這都是在以色見我，是非常錯誤的。

　　「以音聲求我」一般人多以為平日多唸幾聲南無阿彌陀佛，平日多唸，沒事就唸，定然可以獲得保佑，這又是錯了。諸位要注意，「音聲」這兩個字是與「聲音」在意義上是不相同的。「音聲」的「音」在前面，「音」是指非人類的口語的響聲。如木魚、鐃、鈸、鼓等。鐃是有柄的銅丸鈴。鈸是如缽狀的銅器。這些都是在法會行常見的樂器，它們所發出來的聲響，謂之「音」。而「聲」則是專指人類在喉嚨上所發出的聲音，包含了唸經的聲音，唸南無阿彌陀佛的聲音等等。這「音聲」兩個字真是包羅了一切的聲響，真是用得很有學問，用得好極了。

　　去聽聽看，那些跪在地上拜佛的人，他們的口中唸唸有詞，但究竟講的是什麼？幾乎是千篇一律的都是在乞求，乞求佛陀菩薩賜給他們幸福，賜給他們這個、那個。事實上，這些都是背離了佛陀之所禁「若以色見我，以音聲求我」。所以，這四句偈中的第三句與第四句的內涵就說得很嚴重

也很嚴峻了：「是人行邪道，不能見如來。」那根本就不是佛教了，是人們在走「邪」道，「邪」是不正當而怪異的意思。「如來」本是佛的十號之一，但在這裏卻並不代表佛陀祂自己，佛陀總不能在這裏說是他自己，這個「如來」是「如諸佛在來」，「在」存在，「來」是來臨的意思。

所以，這整句話就是在說：

「如果人們，想以色身與身相來見我，或是以相關的物質、樂音或是聲音等事物來侍奉我或求我，這些都是不正當的邪道，這些人都絕不會與如來相應，也不會悟道與得道的。」

說得真好，真不愧是大乘法。信佛就是要信我們的自性佛，能夠放下一切，回過頭來要求的是我們自己，而不是去求佛，因為這一切的作為都是佛性的作用。我們應該通達這個佛性，不論是在事物上或是待人接物等，能夠利益眾生，都能夠不著相的去做，沒有私心，而盡己之所能而貢獻所能，為眾人之福祉而立身立命，則一切事情都會圓融，而恰到好處。目前的社會，有很多人是以迷信的方式在學佛與信佛，但卻不自知。他們迷於世間的色身與色相，而不知道世間諸法都是空相的道理，這一切是了不可得的。人們以迷信的方式，將這一切認為是可得的，也因而窮其一生，無止境的在追求著心中的迷妄。他們不明白佛法的真諦，而是以燒香求佛的方式，想要求得人天福報，想要心外求法，想要執妄為真。他們不知道，真正學佛的修行人，不是求佛，而是求自己，他們不知道自己就是佛，能懂得自求多福。這才是真智信、真學佛、真受用與真自在。

18

無苦集滅道

18.1 前言

經曰：「無苦集滅道。無智亦無得。」

　　在談整個問題之前，有一個會讓許多人迷失的問題，我先提出來，先讓諸位好好的想一想，沉澱一下，我再來解答這個一般較不易回答的問題，那就是「無智亦無得」這句話。這句話在實際上產生了一個重要而且很迷惑的問題，那就是「無智」；沒有智慧難道是好的嗎？而「智慧」難道是不好的嗎？人類之所以會有今日的文明昌盛，難道不是因為人類所具有高度的智慧的結果嗎？事實上，數千年來，人類的智慧並沒有更聰明，現代

人的聰明才智一點也不比古人高明，唯一不同的是現代人所使用的「工具」進步了。我們並沒有比古人跑得更快，也沒有跳得比古人高。是交通工具使我們可以更快的速度移動，我們住得舒服是藉助於房屋的結構與空調設備及家具等。但是，若是論及「心智」這方面，那古人可能就高於現代的人類了。因為，現代的人們多是整天忙於賺錢與工作以及那數不清的瑣碎事物。但古人可就清閒得多了，他們可以用一輩子的時間去思索我們自己的心，或是思考一件事情，一門學問。

18.2 認知的智慧

在談「無苦集滅道」之前，就必須要先知道「四聖諦」這個名詞。所謂「四聖諦」，就是四種「聖」者所見之「諦」理。「諦」是真實不虛之義，所以，這合起來就是四種聖者所見，真實不虛之諦理。「四諦」分別就是苦諦、集諦、滅諦、道諦這四種「法門」。佛陀最初在菩提樹下成道，講述大乘佛法的時候，為了怕根性不足的人聽不懂他所說的，於是佛陀就將他的門人區分開來，而有「聲聞」、「緣覺」、「菩薩」這三乘的人，也分別對這三種不同悟性與不同程度的人，做出不同的教學方法，他們也都

可以成佛，但是用得方法卻是不一樣。想想看，在兩千五百年前佛陀的時代就已經知道如何做分類教學了。但是，直到今天，我們還在不分程度與資質在做統一性的教學。於是，程度與資質高的人也上不去，興趣不同的人也下不來，這種一致性的教學，完全的抹殺了人們天生具有的各自不同的興

趣與資質，而強迫一致性的教學。這在兩千五百年前佛陀都不做了。

這「四聖諦」是經由聽聞佛說的四諦法音，而能悟道，證得阿羅漢果者，故稱為「聲聞」或「羅漢」，也是所謂的聲聞乘，或羅漢乘，是屬於辟支佛果的小乘聖人。一般或有人以為「小乘」比較不好，問他為甚麼不好？他說，因為有個「小」字。其實，這就是一種典型的「潛意識貪」。甚麼是「潛意識貪」？從字面上多少就可以體會一些。在表面上這個人一點也不愛財，一點也不貪求。但是，你卻未必看得穿他的內心世界，未必深知他的內心思想，許多時候，貪念是被理智壓了下來，而外人也無從感知。但是，在內心世界裏，他仍有「潛意識」的心性在。人類絕大部分的行為，事實上也都是由潛意識轉化而來的。

我剛剛說，許多人都有「潛意識」的貪，我說你學「小乘」比較好，他就認為「小乘」這兩個字比起「大乘」來，就矮了一截。人家是「大」，而我是「小」，不要，不要。事實上，這「小乘」、「中乘」與「大乘」並沒有相互比較性問題存在。

要知道，我們每一個人在能力上面，都有自己的特殊能力特質。就如舉重來說好了，有些人可以舉起 20 公斤重量的物質，有些人可以舉 50 公斤的重量，而有些選手級的人物，卻可以舉起 100 公斤的物體。早期我個人的辦公室在一棟單獨大樓的六樓，我之所以選在 6 樓，最主要每天可以藉助於上下樓梯可以順便做爬樓梯運動。即使每天至少來回兩次，就是四趟了。由於我的房間很大，早年還沒有分離式的冷氣機，所以用的是兩台

大型的窗型冷氣機。有一次，壞了一台冷氣機，當冷氣服務人員背著一台新的冷氣機由一樓上到六樓時，我簡直看得目瞪口呆。我青年的時候練過舉重，所以對於舉重並不陌生。但是，看到那位冷氣服務人員，背著 70 公斤重的大冷氣機，由一樓直上到六樓時，我在門口，不由自主的舉起右手來向他敬禮，我雖也是身強力壯，但是，我知道我辦不到。

就以我們日常的舉起重物為例，如果將它區分為三級，第一級是可以舉起 0 至 25 公斤的重物，例如是一包麵粉。第二級是可以舉重 26 至 50 公斤，例如是一包水泥。這第三級則是可以舉重 51 公斤以上重物。為甚麼要用這個例子，因為，這個例子非常的傳神。如果這第一級是屬於小乘，這第二級第是屬於中乘，而這第三級則是屬於大乘。那麼，請你自己去選，你應該是屬於哪一級層的呢？那這個問題就很清楚了。也就沒有甚麼大中小的問題了。學習佛理也就是這的道理，沒有甚麼大的好，小了不好。這一切的契機是在你自己。如果你只能舉起 20 公斤的物體（大多數人如此），那就不必去學舉 50 公斤以上重物的方法，你可以走文學、哲學與藝術的路。同樣的，若是你可以舉超過 50 公斤以上的重物，這世界上有許多是需要體力的工作是你可以勝任的。沒有甚麼大小的問題，也沒有甚麼高低的問題。這所有的一切，全部都只有一個答案，那就是你自己能勝任的是什麼？

18.3 四聖諦的道理

　　甚麼是佛教的現實觀及理想觀？那就是苦、集、滅、道的四諦教理，這是「世出世間」的根本觀。所謂「世出世間」是指「世間」和「出世間」。世間是眾生的世界，而出世間則是佛菩薩的世界。

　　四諦中的苦諦，為人生現實的價值觀；也就是說，人生現實的世界，具有「生、老、病、死」的四苦，這是大家都知道的，除此之外，還有另外四苦，那就是「愛別離苦、怨憎會苦、求不得苦、五陰熾盛苦」的四苦，合成為八苦。在這八苦的世界裡，我們如何才能心安樂悅的過日子？基於

生命本能上的需求，那就是要離苦得樂。但是，說得可是很容易，該如何著手呢？要如何離苦而去得樂呢？事實上，那就要先從自覺解脫開始做起。許多佛門弟子經常在唸道「空啊、空的。」你問他，你究竟想把身上或身外的甚麼東西「空」掉？我看有許多人是答不出來的。在《心經》中的第一句話就明確的指出了「五蘊皆空，度一切苦厄。」這就是一個最重要的起點。

在這裏我要特別提醒的是，我剛剛講的，在這八苦的世界裡，一般人多不了解這「五陰熾盛苦」。能夠興盛不是很好嗎？「五陰」就是「五蘊」，這「色、受、想、行、識」也許人們認為它是好的，尤其是在年輕的時代，如果沒有了這「色、受、想、行、識」的五蘊，那人生還有什麼味道？年輕人就是要有年輕人的不同表現，不要到了老年只剩下令人厭惡的「體味」，讓許多年輕不敢接近老年人。的確，很多老年人因為行動不便，不是經常清洗，也不是每天洗澡，所以有一種老人味道，這是要提醒許多年紀大一點的老人家，在可能的情況下，經常要注意自己的衛生，長者亦當慎之。

「五蘊皆空」並不是「五蘊」都不可以有，都不可以沾染。若是如此，那豈不就是活死人？與石頭何異？不！甚至還不如石頭，每一塊石頭的年齡小則幾千萬年，多者幾億年，人類哪裏有資格跟它們相比？這「五蘊皆空」是說「五蘊」不可依託、不可憑藉，不會長在，也無法久留，人世間的一切是無常的。在這裏我要特別提的一種苦，那就是「五陰熾盛苦」的苦。「五陰熾盛苦」是什麼意思？相信諸位一定聽說過許多自古以來太

多的愛得死去活來的戀愛故事，過分的激情愛戀並不是一件好事。我們常常會勸失戀的男女年輕人說：「天涯何處無芳草，何必單戀一枝花？」但是，局外人往往很清楚，但當事人卻沒有一個人聽得進去，一旦分離，或是不如意。每天要死要活的，就是一定要單戀那枝花或那枝草。怎麼說都沒用。這是「五陰熾盛」之苦，而且是苦的不得了。在生理學上與醫學上都認知人類其實就是荷爾蒙（Hormone）動物，人類的一生都在受荷爾蒙的作用。為甚麼說童年無邪，童年最真，那是因為人類在童年的時候，性荷爾蒙（Sex Hormonem）與生長荷爾蒙（Growth Hormone）尚未啟動，所以沒有性別的認知性與衝動性。荷爾蒙的過度興旺，絕對是病痛，而且是非常痛苦無比的。目前也有科學家在研究希望藉助於生長荷爾蒙，可以延緩老化，使人類得以延長壽命。其實，只是延長了壽命，而其他的器官衰竭了，那恐怕不但不是福氣，反而可能是禍害無比，不過那是另外的一個話題，不在此討論。

為了要探求這個苦果生起的根源，佛陀揭示了「苦」的真正原因，即是「不正確」的思想與行為。所謂「不正確」，不一定是「壞」的意思，但是這種「不正確」的行為所造成的結果，即是煩惱的「業」，這個「業」是為「苦」的原因。也就是說，凡是「不正確」的思想與行為，所得到的結果都必然是苦的。那麼，該如何能夠有「正確」的思想與行為而獲得愉悅的人生呢？這也正是佛陀所要教化我們的。

「集」就是招聚的意思，所以稱為「集諦」。「集諦」實是「苦諦」的原因，又稱之為「世間因」。「苦諦」則是「集諦」的果，故又稱之為「世

間果」，苦、集二諦彼此之間是有因果關係的，所以有人稱之為「俗諦因果」，也就是世間的因果。事實上，「苦諦」也可以說是唯心所造，由於心生萬物，人世間有各種的聲、色境緣的存在，在各個境緣上人們感受到了各種不同的外境，也因而產生了相關的外相意識，再由外相意識產生了愛憎取捨與各種的思維和念頭。故而「集諦」則是這些的各種心與境緣的集合，因而產生了煩惱惑業，而其結果當然也就是自作自受。

「滅諦」為「出世間」果。什麼是「出世間」呢？在人世間的一切生與死之法是為「世間」果。而進入不生不滅之涅槃之法則為「出世間」果。苦、集二諦是「世間」因果，而滅道二諦則是「出世間」因果。世間果要滅的是這個「苦」字，而希望能夠得到解脫。出世間滅是「寂滅」。所謂「寂滅」，「寂」是無為空寂安穩之義，「滅」是生死大患滅度也。它是萬象寂靜，而離一切諸相，其本體為寂靜而無任何的罣礙。「寂滅」的梵名就是「涅槃」，「涅槃」經四曰：「滅諸煩惱，名為涅槃。」「涅槃」一般人不容易理解其義，而「涅槃」的另一個名稱又稱之為「圓寂」，什麼是「圓寂」？「圓寂」既然是「涅槃」的同義字，故而其義是非常高遠的，而不是人死翹翹了稱之為圓寂，那只是對於年高德劭而望重的我佛弟子去世逝時的敬語，一般人不可以使用。而「圓寂」的意義則是：「德無不備稱之為圓，障無不盡名之為寂。」當一個人達到德無不備，而又障無不盡的境界，已是人世間的上上乘。

「道諦」是出世間因，而「滅諦」為「出世間」果。我要特別提醒諸位的是，佛陀在說「四聖諦」的時候，都是先說「果」，然後再說「因」，

這是一種單刀直入式的教學方式。先說結果，再說原因。在「苦、集、滅、道」中，「苦」是世間果；「集」是世間因；「滅」是出世間果；「道」則是出世間因。「因」是因緣，「果」是緣果。那麼佛陀為甚麼要這樣說呢？那是因為當我們知「苦」才會想到除「集」，得經「滅」之途，就會修「道」。也就是說，當我們感知痛苦的時候，就會想要去除造成痛苦的這個「集」因。而當我們想要寂滅而離一切相的時候，就要從修道著手。不執著、不貪取，則心和境不相結合，也就是不集，集因消除了，自然就沒有苦了。懂得修道，則自然而然的就能不著相，也就是到達了無住的境界。

「道諦」是可以達到涅槃之正道。「道」這個字就是「能通」的意思。為甚麼我們一般人叫「道路」？也就是讓人們能通行的路。小乘聲聞之人，若能依「戒、定、慧」的三無漏學去實踐，則仍能經由這個「道諦」而通達涅槃的境界。

18.4 無苦集滅道

　　這剛剛還在談要如何去實踐「四聖諦」，並經由這「四聖諦」通往寂靜涅槃之道。怎麼現在馬上一翻臉就說是「無苦集滅道」了呢？這是個大哉問，也曾是許多人不解的地方，究竟要聽哪一種的？佛陀要人們經由「苦集滅道」的「四聖諦」去做。怎麼現在這如此重要的《心經》裏面，卻又說「無苦集滅道」，那豈不是要人發瘋嗎？

　　的確。對於佛陀所說的佛法不熟的人，恐怕是很難啟齒而說得清楚的。其實，只要是真正明瞭《金剛經》的人，應該就可以深切的感知，這正就是佛陀對祂弟子們說法的風格與特質。怎麼說呢？我舉一些《金剛經》中佛陀所說為實例，為甚麼要用到《金剛經》來解說呢？那是因為《金剛經》中有五千兩百個字，許多的道理就說得較為清楚的。我們就引用其中的一些話，相信諸位就可以明白得多了。

　　在《金剛經》中，佛陀說了下列的一些話，諸位仔細的對比一下，就知道這其中的原委深意了：

　　「非法，非非法。」

　　「我相即是非相。」

　　「無法相，亦無非法相。」

　　「不應取法，不應取非法。」

「如來說一切諸相，即是非相。」

「所言一切法者，及非一切法。」

「若菩薩通達無我法者，如來說名真是菩薩。」

這一類的句子，在《金剛經》中相當的多。我們應該可以看得出來，在這些所有的句子中，前一句話都是用肯定的句語，然而，緊接在後面的那一句話，用的就是否定句了。在這裏面隱藏著真實而偉大的智慧。

我們就以這第一句來看好了：「非法，非非法。」這第一句的「非法」，說的是這個人世間甚至是整個宇宙，都沒有任何固定而不變的事物、現象與法則。而「非非法」則是更具有智慧的。如果這世界真的是完全都「永遠」沒有固定而不變的法則，那也就單純了。難的是，在變動中卻還存在著有「不變」，太陽每天都會從東方升上來，這是不變。但是，它每天升上來的時間，卻並不相同。這是好還是不好呢？事實上，這當然沒有甚麼好與不好的問題，大自然的運作，並不在意人類的想法或是意願。就以地球的本身來說，它不會在意於它的身上（地球），誰出生了或是有誰逝世了。當然它也不會在意這個地球上會不會有人類或其他的存在。但是，這整個地球的運行必然是有某些巨大的力量在運作，才能維持它的整體平衡與運轉。是的，那就是自然法則在支配這一切。而自然法則的運作則取決於它的物理條件，沒有什麼「法」與「不法」的問題。

懂得了上面所說的這些道理之後，再來談「無苦集滅道」的道理，那就會有感而不會偏離正軌了。聲聞緣覺的法門，以修身自利為宗旨。所以

屬於「聲聞」的小乘修的就是「四諦法」。我一再的說過，大乘、中乘與小乘並沒有任何什麼好壞或對錯的問題。許多人都認為大乘就是好的，而小乘就是不好。那就從一開始就走錯了。在臺灣曾經有一位高達 114 歲的人瑞，她是住在高山的同胞，當記者找到了她，並請教她的長壽之道，希望可以提供給其他的人們做為學習的對象。於是記者準備好了攝影、錄音與記事本，開始請教她是如何養生的？她說她從來就沒有想過什麼養生之道的。那記者接著就再進一步問她：「您平日喜歡吃什麼呢？或是有什麼嗜好嗎？」她說：「我只是喜歡抽菸、喝酒與吃檳榔。」結果，這則新聞在晚間電視新聞只播出了一次，而我也正好看到了。但是，也就只有這一次而已，從此之後就再也沒有她的新聞了。這說明了什麼？諸位應當都很清楚，抽菸、喝酒與吃檳榔對於身體絕對是有害的。平常人只要沾染其中一項都會受害，而她卻同時沾染了三項，也難怪所有的新聞媒體都不再播出，免得大家都來學，那就不好了。

我常常會問許多身邊的老人家的長壽之道，得到的答案只有一個，那就是：「長壽之道，就是無道。」那些長壽的老人家，他們每個人的習慣都不相同。各有各的長壽之道，這不就是「無道」嗎？我的一位外祖母，她活了 108 歲，就我仔細的觀察，她與常人的生活習性完全無異，唯一能說得出來的就是她笑口常開，比較不一樣的是她早上起來在吃早餐前，要喝一壺茉莉花香的花茶，這個實在是學不來的。

　　就跟長壽之道一樣，每個老人家都有他自己的一套，別人的長壽之道，未必就適合自己，如果硬要去學的話，則可能會要了自己的命。所以我也一再的強調，沒有甚麼大乘、小乘或是好與不好的問題，適合自己的才是最好。正如我問，甚麼才是你心中最好的事情？答案可能有千百個。但是，只有最可行的事，才是真正最好的事情。再好的事情如果不可行，也是枉然。

　　《心經》談的是大乘之道，所以若以「畢竟空」的基本宗旨而言，當然是連「五蘊」、「六根」、「六塵」、「六識」乃至於現在的「四聖諦」都要破除，這是天經地義，自然而當然的事了，否則佛教就談不上是空教了。也因此，佛陀在《心經》的大乘之道中，直接的說道：「無苦集滅道」這一句話。因緣所生之法，無有自性，真空之體相，是為「空相」。在這「諸法空相」的世間諸法裏面，哪裏有甚麼「苦」可以「集」？又哪有甚麼「道」可以「滅」？這世間的所有一切是唯心。只有大乘之器，才可以學大乘之道。否則要是進一步的談到「無法相，亦無非法相。」以及「不應取法，不應取非法。」那就暈頭轉向，簡直不知道東西南北了。剛剛說了，萬法

唯心，「唯心」則是做甚麼？事實上，懂得「唯心」的道理，就能達「無我」之道。若再問「無我」之道則又如何？在《金剛經》裏說了：

「若菩薩通達無我法者，如來說名真是菩薩。」

所以說，若能懂得「無我」的這個道理，就是真菩薩了。

18.5「無智亦無得」是《心經》的真正精髓

　　《心經》的每一句話都說得好極了，都是精品。但是，沒有達到一定程度修為或程度的人，則是很難理解與通達這話中的道理。前面的一些經句也許都還容易讓人想像與思維。但是，講到了「無智亦無得」的這一句話，就有很多人實在是連想像都想不下去了。因為，「無智亦無得」這一句話是違反我們一般人之認知的。從小到大，幾乎所有的人與所有的書本都是在教導我們要能增長智慧，要有智慧，而智慧也是我們身為人類在生命上的最大的特徵。

　　如果《心經》所說的「無智亦無得」，就是不要智慧，而沒有智慧當然也就無法開悟，開不了悟也就沒有更進一步的智慧可得。難道這就是「無智亦無得」嗎？我佛弟子每天都唸呀唸的，有些早晚課都要唸到《心經》的，而每天都會唸到「無智亦無得」這句話。既然無法開悟，又沒有

智慧可得，如此則問，我們唸經修佛是做什麼呢？又為甚麼呢？

佛陀說的這句話，它的層次的確是超出我們常人太多了。我剛剛說過了，《心經》中的每一句話都是聖品，而這句「無智亦無得」則是聖品中的聖品。它可以說就是《心經》在結束前的結論導語。我們應當知道，「有智」仍舊是屬於在小乘的階段裏。我一再得強調，小乘沒有甚麼不好，更沒有什麼對與不對的問題。大乘也不是每個人都要學得。正如我們的社會中，不！應該說是全世界的社會裏，並不每一個人都一定要讀到研究所的階段。相反的，許多有成就的人，他們都沒有讀到研究所。

「有智」是歸屬在小乘的階段。而《心經》則是屬於大乘的階段。小乘與大乘也沒有比較性的高低問題。我說一個實質的例子來說好了，諸位透過這個例子就可以明瞭我所說這段話的意義了。當我們在旅行途中，車子開在高速公路上，在車上的導遊告訴我們說，這一段高速公路十分平直，也十分的平坦，各位旅客在車上可以閉目好好的休息一下，等到下一站，可以有精神繼續的觀光，於是車上的旅客大家都閉上眼睛，開始愉快的小憩了。到了下一景點大家醒來，精神抖擻又開始旅遊觀光了。

旅遊結束後，有一位旅遊者跟他的同伴們說起，導遊在車上說的話並不全然是對的啊。同伴們說，導遊說得並沒有錯啊！高速公路上是很平直，也很平坦啊！那位旅者說，地球是圓的，不是平的。而如果北極是地球的正北方的話，則我們現在與赤道的水平面的夾角是 76 度。諸位如果還不了解的話，拿一個地球儀來，指出我們現在所在的地方，然後將一部玩具

小汽車放在上面，諸位就可以很清楚的知道，我們的車子是仰著開的。

　　導遊與旅者都沒有錯，「乘」本來就是載具的問題。在車上的導遊他說高速公路上是很平直也很平坦，沒有錯。他讓旅客們在車上愉快而安心的小憩。旅者也沒有錯，當我們離開這個地球，站在足夠高度的位置，不論是在衛星上，月球上，或是宇宙中，再回過頭來看地球，就可以深切的明白，原來地球真的不是無限平坦，而且，更奇的是，有一半的人是腳上頭下的倒掛著站在地上的耶！

　　這也正就是「小乘」與「大乘」的問題。「小乘」的載具在車上，在車上的導遊告訴大家，高速公路上十分平直與平坦，旅們客在車上可以愉快的小憩，旅途十分美好。而旅者說，地球是圓的，不是平的，我們與赤道的水平面的夾角是 76 度，更何況還有一半的人，是腳上頭下的倒掛著在生活的。這當然也沒錯。前者是入世的法門，而後者是出世的。所以說，沒有甚麼是好壞與對錯的問題，端看在哪一個立場看事情。有些人喜歡在車上平靜愉而歡喜的小憩。旅者就是要追根究柢，總要徹底而明白的弄清楚問題的識相。重點是，有的時候「問題」的本身未必就是「問題」。

　　整部《心經》的真諦就是建立在「空」這字上面，為什麼「空」可以度一切苦厄呢？「空」因為具有包融性、涵養性與化育性，以其能包融、涵養與化育故而能離苦。那麼，要如何去實踐這個「空」字呢？豈是說說而已，非也。以另一個不同的角度，也就是以「無」的思維來談《心經》關鍵的「無智亦無得」的思維。那麼，甚麼是「無智」？甚麼又是「無得」？

這就涉及到了《心經》的究竟與精髓，以「無」的思維來談《心經》那就是建立在四個「無」在上面，那就是「無我」、「無相」、「無法」、「無住」這八個字。

　　諸位想一想，這八個字：「無我」、「無相」、「無法」、「無住」是《心經》的最高境界了。而這八個字的意義所代表的不正就是「無智亦無得」這五個字嗎？只是一般不解的人，他不知道這個「無智亦無得」的背後就是這「四無智得」的「無我」、「無相」、「無法」與「無住」。我一再的說過，《心經》的每一個字都是驚天動地的。諸位真是不要小看這「無智亦無得」五個字，它就是成為菩薩、成佛的必經之路。而能夠達到這「四無智得」境界的，就是菩薩，就是佛。而這一句話「無智亦無得」的五個字，也是《心經》的心訣達到最高的頂峰與頂點。諸位其實應該常常的默唸這五個字，做為修身養性的最高心性之佛地。

18.6 心經的真諦

事實上,「空」的更深意義就是在「無智亦無得」這五個字上。那麼,「無智亦無得」究竟真諦是什麼?那就是在這「四無智得」:

「無我、無相、無法、無住。」

這八個字上面。

「無我」不能說完全沒有我,也不能完全的將自我排除於外。「我」還是在的。「我」當然是真實的,沒有「我」則連出去玩都沒有你的份。人生是無價的,諸位一定要記住,而人生的無價就不能沒有「自我」。然而,「無我」與「自我」並沒有任何的牴觸,而且是相輔相成的。「無我」

則是將「我」相融於萬物之中，也就是把「我」與宇宙萬物予以相併而相融，而不把「我」獨立於萬物之外，要以「我」與「自然」相和樂，則「自然」就會與「我」和樂。如此這才會有生命中最大的和樂與喜悅，這才是真正的「無我」。

「無相」：「相」的有形是指物體的「外形」，「相」的無形是指事物的「現象」。「無相」當然也是諸法悉空的意思。「諸法悉空」指的是宇宙中森羅萬象的一切事物，它們相互之間都有相互作用關係，「空」的本質是「無相」的，而《心經》是以「空」為其主體架構。這「諸法空相」就是直接的說明了這一切都是「無相」的。那麼甚麼是「無相」？於一切相，離一切相，即是「無相」，「萬般皆佛法，佛住無相中。」

就以「時間」來說好了，它是完全「無感」的。但是，時間是虛幻的嗎？這個「相」並不單指現在的所有事、物、心的「相」。佛陀說這句話的時候，其實它是包含著過去、現在與未來的一切。諸位對於「時間」的本質若能有更進一步的了解，才真正體悟出這句話的偉大。就以我們在天空中所看到的白雲為例好了，白雲如同是一團團白色的棉絮，輕飄飄的，隨風輕盈。但是，雲的本質是水，而且它一點也不輕，一場大雨由天上所下來的雨水，常是千百萬噸，這些水你能說它是輕嗎？雲是「無相」的，不但是它的外表無相，它的轉化也是無相。我從小就很喜歡看那高高青天上的絲絲飄著的雲絮，總感覺它變化萬端，也總覺得它很像是我們的人生未來，變化莫測而又神奇無比。這個世界上科學家可以根據各項定律，預測人類未來的種種，但是，卻沒有任何人可以預測我們現在所看到的雲，在未來會是什

麼樣子？雲是無相的，事實上，這宇宙中所有的一切都會變，都是「無相」的，只是時間的長短而已。

　　順便值得一提的，真正懂得「無相」的人，是不會太在意他的外貌的。也許您很滿意現在的外貌，但是，時間會改變它，而且是很快。當您的容貌不再的時候，也許，您就更能體會「無相」的偉大，以及它無所在，無所不在的大道理了。

　　「無法」不是「沒有法」。而是「非法，非非法」。這個「法」就是大自然的運行道理。您說它是有？還是沒有？有「一定」？還是「沒有一定」？這「法」是千變萬化的，豈可以有一法定天下的？雖然如此，但在「法無定法」之中，卻還是「有法」可以在某種程度上做為依循的。美國人的法律，我們在這裏可以不必去理它，但是，你若進入了美國境內，你就不能不理。大自然更是如此，在臺灣可以說是四季如春，但卻不可以認為全世界都是如此。所以說「非法，非非法」就是這個道理。宇宙中這一切事理的現象與運作，我們千萬不要死守在一個道理上面，它是千變萬化的，守在一個道理上面是絕對應付不過來的。

　　「無住」這兩個字是整個問題關鍵性的所在，它是《心經》骨髓裏的精髓。世人紛紛嚷嚷，爭權奪利，無一日而寧，這是舉世皆然，眾生如此，這種現象自古而然，而整個世界也都是如此。面對這些紛爭與貪婪陰影下的我們，必然都會遭遇到連帶性的災禍與苦難，如此，我們該怎麼辦？問題的答案就在「無住」這兩個字上面。《維摩經》曰：「從無住本立一切

法。」這是在說佛法遍及宇宙萬法，而萬法的真實本質是無自性的，無自性是因緣而起的，由於是因緣而起，故而萬法的本體是無所住著的，故而「無住」也就是涉及到了萬法之根本所在。「無住」更重要的是「心」的問題。「心無所住」則我們於身就不會有礙難，故而是流暢的。「無住」是積極的，是主動的，是修養生命的一種最高境界。當我們面對苦厄的時候，只要我們的心不以為苦，那麼，苦厄就不會存在。懂得「無住」的道理，則苦厄自然不能上身，更不能棲於心中，故而可以安然度之。世事本當「無住」於心，然而，專執的心使我們備受身心煎熬，永無止息也永無寧日。能深切的體認「無住」是萬法的根本，就是修行的根本所在。也唯有如此，才可以不必逃避苦厄，才可以坦然的面對一切，也才可以安度一切的苦厄。這正就是由「無住」所引申出來的「無智亦無得」的最高境界。信哉！信哉！

19

以無所得故

19.1 心經的宗旨

經曰：「以無所得故，菩提薩埵，依般若波羅蜜多故，心無罣礙。」

　　「以無所得故」這一句是承上啟下之詞。上文承「是故空中無色，無受想行識，無眼耳鼻舌身意，無色聲香味觸法，無眼界，乃至無意識界，無無明，亦無無明盡，乃至無老死，亦無老死盡。無苦集滅道，無智亦無得。」下文接「無罣礙故。無有恐怖。遠離顛倒夢想。究竟涅槃。三世諸佛，依般若波羅蜜多故，得阿耨多羅三藐三菩提。」所以，這句「以無所得故」就是明白的顯示了此經的宗旨，也是綜合上述所做的總結之句。至此，佛陀已經明白的表示了，所謂的五蘊、十八界、十二因緣、四諦法、智與得等等，都是一切本空，而實無所得。在這裏的「以」字是「因為」的意思。

而「故」這個字則仍然是用來承上而啟下，所以它是作「緣故」解。所以，這是在開始整理整個《心經》的架構，那麼，這整部《心經》究竟是以何為宗呢？答案就是「無所得」這三個字。

19.2 以無所得故

　　古德有這麼一首詩，它是這樣說的：「春有百花秋有月，夏有涼風冬有雪，若得無事掛心頭，便是人間好時節。」想想看，這是什麼樣的世界？這不就是仙界嗎？然而，這句詩正好就是《心經》中的「無智亦無得」這句話的真實寫照。這是回歸大自然，這不需要日夜的竭盡心力去設法或是用盡心思的想去佔有。只要回到我們自己的自性裏面，我們原本就是大自然的產物，我們的一切原本就是來自於、取自於大自然的。所以，能夠回到大自然的懷抱，回歸自然何需智謀？它本來就是日日是好日，時時是佳時。不要總想得到什麼？以無所得的心，讓這一切的所有，也讓明月與星光，都可以穿越而過，不要想留住什麼？不要想得到什麼？回到最純淨的自性裏面，就一定會知道，一切都不需要謀略也就是無智的。不需謀略也不需要智取，不強求與無所得的人生，才是真正的生命，才是真正的自我。

505

19.3 菩提薩埵不是神也不是仙

　　「菩提薩埵」是梵語（Bodhisattva）的音譯。「埵」這個字音為「朵（ㄉㄨㄛˇ）」。「菩提（Bodhi）」這兩個字的意譯為「覺」，也就是「覺悟」的意思。「薩埵（Sattva）」則是意譯為「有情」。合起來的意思就是「覺悟的有情者」。甚麼是「有情」？也就是人世間的芸芸眾生，有生命者之稱。而「覺悟的有情者」則簡稱為「覺有情」，也就是我們最常稱呼的「菩薩」這兩個字。「薩埵」本身有勇猛之義，故而「菩提薩埵」則是具有勇猛的精神求菩提者。更簡單的說，「菩提薩埵」也就是我們常說的「菩薩」。而「菩薩」也就是具有勇猛的求菩提精神之有情者。許多人誤將「菩薩」

神格化，那是完全離異佛陀的精神了。「菩薩」不在雲端，也不在天上，不在天涯海角，他就在人世間，就在你我左右的每一個角落，他可能是我們每一個人。但是，「菩薩」不但要能夠自覺，而且還要覺他、覺眾生，勇猛精進而永不懈怠。否則他也只是一個自了漢，那就意義不大了，當然就更不值得稱道了。

　　菩薩！菩薩！談到菩薩，天天都有人在拜菩薩、求菩薩，天天都有人在想要成為菩薩。而我佛弟子也經常以菩薩稱呼對方。彼此都很高興，這是很好的。身為菩薩能對於社會的導向與教化給予正面的影響，絕對是正確而深遠的。但是，菩薩！不是一句口頭禪，若人人都稱對方是菩薩，那麼，我則想要問，諸位您敢不敢自稱是菩薩，想必大家都不敢如此的僭越，中國人向來是謙虛的。其實啊！謙虛往往給人家的感覺是虛偽的。明明會的為甚麼硬要裝得像是不會的樣子？明明應該挺身而出的，卻總想謙讓給別人。身為公司的決策者，在面對競爭的時候是不可以謙虛的。身為國家的領導者，在面對國家利益與民眾福祉的時候更是謙虛不得的。事實上，若是每一個人都能以菩薩自居，那才是佛教真正的目地。諸位想想看，如果每一個人以菩薩自居，行為舉止也都是菩薩模樣，那麼這個社會不就是天堂嗎？不就是聖境嗎？

19.4 慈悲與愛及慈愛是不同的

　　談到菩薩，眾人皆曉，也是人人耳熟能詳的一句口頭禪：「菩薩是以慈悲為懷」。但是，若要問：「慈悲究竟是什麼？」在了解「慈悲」之前，首先，我們就要懂得如何區別「慈悲」與「愛」這之間有甚麼不同？尤其是，現在的社會上大家都在用「慈愛」這兩個字，即使是教科書上用的都是「慈愛」這兩個字。那麼究竟「慈悲」與「愛」及「慈愛」有甚麼不同呢？

事實上，這三者有着非常大的區別，是不可以混亂或相互交換使用的。佛教中的「慈悲」這兩個字其實真是用得好極了。什麼是「慈」？與樂曰「慈」。「與樂」就是給予別人喜樂，簡單的說，就是把喜悅快樂帶給別人。什麼是「悲」？拔苦曰「悲」。「拔苦」就是拔除別人的痛苦。簡單的說，就是讓痛苦的人得到解脫。在智度論二十七曰：「大慈與一切眾生樂，大悲拔一切眾生

苦」。把快樂帶給所有的人叫做「慈」，把一切眾生的痛苦拔除叫做「悲」，這樣的胸懷，這樣的期許，這樣的志向，諸位，您應該可以區別它與「愛」及「慈愛」之間的不同，「慈悲」的涵義則是更廣涵更深遠，您能不說它是更可敬與更偉大嗎？

菩薩因見眾生之苦厄而生大悲心，因大悲心而長年力行菩提，因長年力行菩提而成就佛道。許多人都錯以為「寬恕」就是慈悲的同義詞，甚至自己也就把「寬恕」奉行為慈悲，對於自己的日常生活與行為也都以寬恕做為慈悲的行為準則，這樣的想法其實是相當謬誤的。「慈悲」的定義我剛才在上面說了。「寬恕」最常見的就是姑息養奸。事實上，人類絕大部分的戰爭都跟姑息有關。譬如有人做了傷害他人的事，常會聽到另外有些人就會說道：「我們要有慈悲心啊！請你寬恕他吧！」一般人，想一想也對，要學菩薩慈悲寬大，於是就不計較了。這真是對慈悲嚴重的扭曲與污辱，如何能將姑息縱容等同於慈悲呢？

可能有更多的人認為「慈悲」就是「愛」，但是這之間還是有著相當大的差異性的。要知道，「愛」這個字的主體意識裡面含有「喜」的重要成分在裡面，其次則是含有「感情」的次要成分在內。所以，常說「喜愛」就是這個意思。相對的，不喜的我們就不太會去愛，對於有感情的人，就會自然而然的寬鬆一些。我們在電視上常看到一些苦難的人或是不幸的受害者，也就是看一看罷了，在電視上看到了，當時也許有感，但是一兩天後也就忘得一乾二盡了。因為，那些對我們並沒有感情。

　　戀愛中男女之間的「愛情」是自私的，它絕對容不下第三者，如果出現了第三者那就是「劈腿」，那就是不忠。夫妻之間的「愛」同樣是自私的，它同樣是容不下第三者的，如果有第三者的出現，那還是劈腿，還是不忠。即使是父母的愛，同樣的是以「私我」為基本出發點的。這些各種不同條件的「愛」並沒有什麼不對。而這些以「私我」為基本出發點的「愛」也沒有什麼不對，這種以「私我」為基本出發點就是「生物的本質」，也是生物的「本性」。如果地球上所有的生物都沒有這種「私我」的本質與本性，那地球上所有的生物都不會存在的，也早就絕種滅絕了。染色體（Chromosome）決定著一切生物的遺傳，而染色體內則是又由攜帶有遺傳信息在內的「基因（Gene）」所組成，「基因」決定著生物中所有生成的一切，所以有一句話說：「基因所不存在的事情，人類是永遠不會發生的。」但是，基因卻有一個最重要特質，那就是全然的「自我」。這是當然的事，因為它掌管的就是遺傳的事，而所要遺傳的當然就是自己的基因。

19.5 細說菩薩

大家天天都在談菩薩，人人也都以菩薩相稱道。那麼，在佛教正式的經典中，到底有幾位菩薩？或是有哪些菩薩呢？在佛教中有名的是「八大菩薩」，至於是哪八大菩薩呢？綜覽相關各經典，各自的說法並不全然相同。如今則取其常見的八大菩薩經典分別有：

1. 般若理趣經

金剛手菩薩摩訶薩，觀自在菩薩摩訶薩，虛空藏菩薩摩訶薩，金剛拳菩薩摩訶薩，文殊師利菩薩摩訶薩，纔發心轉法輪菩薩摩訶薩，虛空庫菩薩摩訶薩，摧一切魔菩薩摩訶薩。

2. 曼荼羅經

觀自在菩薩，慈氏菩薩，虛空藏菩薩，普賢菩薩，金剛手菩薩，曼殊室利菩薩，除蓋障菩薩，地藏菩薩。

3. 藥師經曰

有八大菩薩：其名曰文殊師利菩薩，觀世音菩薩，得大勢至菩薩，無盡意菩薩，寶檀華菩薩，藥王菩薩，藥上菩薩，彌勒菩薩。

4. 玄奘譯之藥師經

　　妙吉祥菩薩摩訶薩，聖觀自在菩薩摩訶薩，慈氏菩薩摩訶薩，虛空藏菩薩摩訶薩，普賢菩薩摩訶薩，金剛手菩薩摩訶薩，除蓋障菩薩摩訶薩，地藏菩薩摩訶薩。

5. 八大菩薩曼荼羅經

　　文殊菩薩，普賢菩薩，觀世音菩薩，彌勒菩薩，地藏王菩薩，虛空藏菩薩，金剛手菩薩，除蓋障菩薩。

目前在我國民間流傳的菩薩，則多是依據這《八大菩薩曼荼羅經》中，各菩薩名號做為佛教造像者的依據，這也是大家比較熟習的，雖不能說皆能夠相同，但亦不至於相差太遠。下一節，將會進一步的略為詳細的談一談「八大菩薩曼荼羅經」的各大菩薩各相關知名號及其意義。

19.6 進一步的談談菩薩

在《八大菩薩曼荼羅經》中，總共羅列了八位菩薩，這其中有些是大家都耳熟能詳的，有些則是不為眾人所熟習的。事實上，這八位菩薩有一個專屬的名號，稱為「八大菩薩」。現在就讓我們進一步的談一談，究竟這「八大菩薩」[1] 是甚麼身分地位？

1. 文殊菩薩：（梵文：मञ्जुश्री Mañjuśr）他是「四大菩薩」之一，所謂「四大菩薩」又稱為「法華四大菩薩」，分別是文殊、觀音、普賢、彌勒。文殊菩薩是釋迦牟尼佛的左脅侍菩薩。脅這個字所表示的胸部兩側，由腋下至肋骨盡處的部位。也就是側或旁邊的意思。他也是聰明智慧的代表。因德才超群，故居菩薩之首，稱為法王子。文殊菩薩的名字意譯為「妙吉祥（Mañju）」的意思。所以，「文殊」在意義上

又可以說是美妙、雅緻、可愛，吉祥、美觀、莊嚴，的統稱。他的稱號有文殊師利菩薩、曼殊室利菩薩與妙吉祥菩薩等，是令人尊崇的大菩薩。事實上，菩薩並不是神或是仙，他是擬人化的一個表徵，當我們在拜文殊菩薩的時候，要想到的是「人啊！ 是必須要有智慧的。」所以，他是「智慧」的德行與表徵。

2. 普賢菩薩：（梵文：समन्तभद्र Samantabhadra）。他是釋迦牟尼佛右脅侍。他也是漢傳佛教四大菩薩之一。是象徵理德、行德的菩薩。他與文殊菩薩的智德、正德是相互對應的，他們分別是是娑婆世界釋迦牟尼佛的右、左脅侍，與釋尊合稱稱為「釋迦三尊」。而他在人世間則是一種「品德」的德行之表徵。

3. 觀世音菩薩（梵文：अवलोकितेश्वर Avalokiteśvara）： 他是「阿彌陀佛」的左脅侍，這一點請特別需要注意的，他不是釋迦牟尼佛的脅侍，而是阿彌陀佛的左脅侍。是在人間以大慈大悲，千手千眼不遺餘力的救渡苦難眾生而聞名。也是西方極樂世界教主阿彌陀佛座下的上座首席菩薩，與大勢至菩薩一起，分別為阿彌陀佛的左、右脅侍菩薩，並稱「西方三聖」，同時亦為四大菩薩之一。觀世音菩薩是民間最知名的與崇拜的菩薩，其圖像與造像也最為常見。但是，因各地區之分佈而種類繁多，變化也極大。由於觀世音菩薩的慈悲廣大，世人眾生無論遭遇何種災難，若一心稱唸觀世音菩薩聖號，菩薩即時尋聲赴感，使之離苦得樂，故人稱「大慈大悲觀世音菩薩」，為佛教中知名度最高的大菩薩，有「家家

阿彌陀，戶戶觀世音」的讚譽。常有人問，觀世音菩薩究竟是男人還是女人？其實，這一點都不重要，他的格局駕於性別之上，他可以是男人，也可以是女人，他不受性別的牽制與拘束。那麼，他為什麼要打扮的如此華麗呢？那是因為他要走入人世間，而不是高高的在雲端。當然，大家應該也都知道，觀世音菩薩在人間則是「慈悲」的德行之表徵，當您在拜觀世音菩薩的時候，就應該要想到「慈悲」這兩個字。

4. 彌勒菩薩（梵文：मैत्रेय Maitreya）：是釋迦牟尼佛的繼任者，將在未來娑婆世界降生成佛，成為娑婆世界的下一尊佛，彌勒菩薩的降世，在佛教各派別的經典中均有描述，故彌勒菩薩成為佛教徒的被救渡的寄託。五代後梁時期被塑成笑容可掬的大肚比丘。此後彌勒菩薩的塑像就經常被塑成和藹慈祥、滿面笑容、豁達大度、坦胸露腹的慈愛形像，常被稱為笑佛、歡喜佛、大肚彌勒佛。著名楹聯：「大肚能容容天下難容之事，開口便笑笑世上可笑之人」，便把菩薩的寬廣胸懷和樂觀態度描繪得維妙維肖、淋漓盡致。彌勒菩薩在人間則是「能容」的表徵，當您在拜彌勒菩薩的時候，您就應該要想到「肚大能容」這幾個字，讓生命充滿著歡笑，它是「肚大能容」德行之表徵。

5. 地藏王菩薩：（梵文：क्षितिगर्भ Ksitigarbha）。因其「安忍不動如大地，靜慮深密如秘藏」，故名「地藏」。為佛教四大菩薩之一，與觀世音菩薩、文殊菩薩、普賢菩薩一起，而深受世人敬仰。以

其在於「地獄不空、誓不成佛」故被尊稱為大願地藏王菩薩。地藏王菩薩有甚麼德行呢？地藏王菩薩的德行可大了，他是在告訴我們：「要多學習大地啊，大地的德行是成長萬物，化育萬物」，這樣的德性可真是不得了的偉大啊。

6. 虛空藏菩薩：虛空藏菩薩摩訶薩（梵文：आकाशगर्भ बोधिसित्त्व महासत्त्व Ākāśagarbha Bodhisattva Mahāsattva），Ākāśa 虛空、蒼穹的意思，Garbha 是蘊藏、亦譯虛空藏，密號如意金剛、庫藏金剛等。一般人對他比較不熟習，但是，他在含意上是非常好的，他出世而開闊、凌駕群雄、心包太虛、光照萬宇、威力無窮，如虛空浩瀚無垠。他與代表大地的地藏王菩薩是相呼應的。一般人對於菩薩的觀念都是溫柔和順的樣子，但事實並不都是如此，菩薩一樣是可以威武而雄壯無比的。虛空藏菩薩的造像是相當威武雄壯的。由於其智慧廣大深遠如虛空，威武而避邪，能滿足信眾求智慧與避邪願望。他常被塑化成右手握有散發火焰的寶劍，左手持上有滿願的如意珠，頭戴五佛冠之形像。它代表的是「威武與開闊」的德行。

7. 金剛手菩薩：又稱金剛薩埵（Vajrasattva），通常身現一手持鈴，一手持金剛杵之相，象徵「堅固不壞之菩提心」。他與觀世音菩薩、文殊菩薩，合稱三族性尊，密宗以他為最初的起源。經書所載金剛薩埵是具有大神通的，他可以號令諸天神將與夜叉以降服妖魔，甚至能以威力護持修行者，所以，他有護法神之稱，象徵知識與威力。在《理趣釋金剛薩埵初集會品》中對於「金剛薩埵」

有詳細的描述：「首戴五佛寶冠，熙怡微笑。左手作金剛幔印者，為降伏左道左行之有情，令其歸順。右手抽擲五智金剛杵作勇進勢者。」所以，他是在告訴我們「知識是威力無比的」。

8. 除蓋障菩薩摩訶薩：（梵名：Sarvanivāraṇa-Viṣkambhin Bodhisattva Mahāsattva）密教胎藏界壇城（曼荼羅）除蓋障院之主尊，密號為「離惱金剛」。這位大菩薩以消除五種障礙而著稱。這五種障礙都是人們常常容易觸犯，而有礙身心的，故稱為五種障礙，分別是：貪慾、瞋恚、睡眠、掉悔、懷疑。這五種障礙能覆蓋人們光明的心性，而使人難以入定靜。不能定靜則智慧不開，沒有智慧則難辨對錯真偽，不知真假對錯則愚昧無知，故而易於造作惡業，而墮無量苦之中。他是在告訴我們：「排除心障」才能使我們具有光明的心性。

19.7 非菩薩非非菩薩

　　佛教不是神教，也就是說，在整個佛教系統之中，沒有任何的神格的人物存在，或是任何人物的神格化之存在。可能有許多人並沒有意識到這一點，或是某種的錯覺，而錯把佛陀當作是一位「神」，或是具有「神格」的人物。對於知識分子而言，那是一種非常錯誤的認知，問題是，如果在一開始的時候在認知上就出錯了，那往後的行程就不可收拾了。錯誤的認知與偏執將會影響一個人所有的思維與心性，簡單的說，必然會深切的影響一個人的一生及其周邊的一切。

　　而如果佛教不是神教，也沒有任何的神格存在，或是任何人物的神格化之存在。那麼，到了這裏，諸位一定會接著要問一個關鍵性的問題：

　　「既然佛教不是神教，那麼為甚麼大家在進入佛寺之後，都要去磕頭燒香與膜

拜那些佛像呢？」

這問題問得真好，但是，「真能」的回答這問題的人並不多，那是因為，敢於觸碰這個問題的人很少，而真又敢說於實話的人就更不多見。即使是知識分子，多半也會顧左右而言它。真要探討這個問題，那麼，我就要再問諸位一個更關鍵性的問題了，那就是，諸位放眼看一看，先想一想下面的這個問題：

「自古而今，哪家的佛寺不是金碧輝煌呢？」

佛家是以「空」為其立教之鴻基，即是以「空」為其基本教義。那麼要問，那來的那麼多金碧與輝煌啊？

我曾在特地的參訪了位於我國河南省開封市的「大相國寺」，它是中國漢傳佛教十大名寺之一，原是戰國四公子之一的魏信陵君故邸。當我進入寺中的時候，正值寺中舉辦祭典，只見萬頭鑽動，民眾所捐的金銀紙幣與供奉之多，疊集在地上如山一般，看來一百個「金爐」也燒不完，於是寺裏就將它全部都堆在大廳前的廣場上，一把火，燒得比屋頂還要高，熊熊的烈火，又怕失控，於是啟動了消防系統，用大的消防水龍頭才把火焰控制住，剩下的是烏黑而滾滾的濃煙，久久不散。真不知道從甚麼時候起，佛教也燒起紙錢來了？漢傳佛教是我國最早的佛教，如今弄成這個樣子，比過年還熱鬧，人人爭先恐後。在當時我心裏一直的在想、也在問，怎麼會把佛教弄成這個樣子呢？唯一可以解釋的，那就是大家都把佛陀與菩薩都當成了「神」在膜拜，而每一個人也都在為自己祈求「神明」的保佑與

賜福。懂得這大多數人的這種私我功利與仰望神明的想法。那麼，仰望、膜拜、供奉與金碧輝煌等其他的問題，也就都迎刃而解了。

　　真正的「菩薩」不是神，也不是仙。他沒有超能力，也不住在天上，他就在人間。那麼再追根究柢的問，如果菩薩就在人間，那麼是在人間的哪裡呢？事實上，「菩薩」只是一種「德行」的表徵，而不可以真的把他看成是神明。

　　為什麼「菩薩」只是一種「德行」的表徵呢？是的，就拿實際的例子來說好了。若問什麼是「觀世音菩薩」？那就是慈悲啊！他就是「慈悲」的一種表徵，這是在告訴我們，人人對於萬事萬物都要有慈悲之心啊！那麼，什麼是「文殊菩薩」呢？文殊菩薩代表的是「智慧」，那是在告訴世人，身為萬物之靈的人類，必須要有「智慧」啊！要有「智慧」才能解決事情與問題啊！什麼是「地藏王菩薩」呢？地藏王菩薩是在告訴我們，要多學習「大地」的德行啊！大地有什麼德行呢？當然，大地是一切德行之母，大地生成萬物，養育萬物，化育萬物，這樣的德行，可比天地。什麼又是「普賢菩薩」呢？那是在告訴我們，身為人類社會的一份子，一定要有品德啊！不可以去做敗壞品德的事，甚至心性衰壞都不可以，這也是人之所以為人的所在啊！所以說，所有的菩薩都一定有他的特殊德行之代表，所以也就是種種德行的表徵，這才是佛教中各個菩薩真正所代表的精髓所在。如果不知道這一點，而以神格的方式或地位在膜拜乞求菩薩得保佑與賜福，那就不是知識分子所當為的了。

19.8 是真菩薩

中國陝西省寶雞市扶風縣法門鎮的「法門寺」，這個寺在我國佛教的歷史上可是大大的有名，它自古即有「關中塔廟始祖之稱」。始建於東漢末年恆靈年間，距今約有 1900 年的歷史。最重要的是法門寺原名阿育王寺，釋迦牟尼佛滅度後，遺體火化結成舍利。公元前三世紀，阿育王統一印度後，為弘揚佛法，將佛陀的舍利，分送世界各大國建塔供奉，而漢朝在當時國強民豐，故亦得釋迦牟尼佛之佛指舍利，供奉於「法門寺」。在唐代 200 多年間，先後有唐高宗、唐武后、唐中宗、唐肅宗、唐德宗、

唐憲宗、唐懿宗和唐僖宗八位皇帝親自迎送該佛指舍利。皇帝頂禮膜拜，全國震動。其後因興起的三武滅佛又稱三武之禍，指的是北魏太武帝滅佛（408-452, 44 歲）、北周武帝滅佛（543-578, 35 歲）與唐武宗滅佛（814-846, 33 歲），自此之後，佛指舍利即不知所終，人們再也找不到那珍貴無比的佛指舍利了。

在文化大革命期間，紅衛兵以破四舊之名，破壞了整個的殿堂與佛像。當時寺中之住持「良卿法師」誓死保護佛院地宮，而不惜自焚於「真身寶塔」前，他用自己的生命捍衛塔下的佛教珍寶。在 1981 年 8 月 24 日的一場大雷雨中，突然遭到天火雷擊，寶塔以非常整齊的方式，如刀切一般的字頂部一切而下，左半邊屹立不動，而右半邊則完全倒塌，這真是不可思議的奇蹟。1986 年決定全部重建，而在隔年重修寶塔底部的時候，適逢四月初八佛誕日，發現有神秘的地宮，打開地宮後，發現了在沉寂一千多年後的寶龕以及佛祖真身指骨舍利及兩千五百件大唐時期之國寶重器。這些地宮內出土的稀世珍寶，對於中國的宗教史與古代史等方面的研究上，都具有無可比擬的重要價值。

19.9 《心經》是心無罣礙

那麼,「依般若波羅蜜多故」這個「依」是憑依或是遵循的意思。當然,也可以解釋為皈依的意思。在這裏要稍微提一下的是「皈依」這兩個字,它是有特殊意義的,不可以隨便使用在其他地方,它是代表「歸信佛教」的意思。所以,它與「歸依」這兩個字的意義是完全不同的,所以,不可以混淆使用。

整部《心經》所要給我們的究竟是什麼?事實上,就是在「心無罣礙」

的這四個字上，也就是這整部《心經》的關鍵點所在。「罣」是牽絆與懸掛。「罣礙」：就是牽絆而且窒礙不通的意思。這個「不通」不是事情上的窒礙不通，不是指工作上的窒礙難行，更不是指這個世界上人類的所作所為是違反天然而窒礙我們的生活。它只單純的講一件東西，那就是我們的「心」，為甚麼叫做《心經》？有人說它是代表「首要」的意思。其實，更重要的是在談我們的「心」，畢竟，「心」是代表我們生命中的一切。失去了「心」可以說是若不是死亡就是接近於或是等同於死亡。

20

無有恐怖

20.1 恐怖的根源

經曰「無罣礙故。無有恐怖。遠離顛倒夢想。
究竟涅槃。」

　　大多數的人們，在他的一生中相信或多或少都經歷過「恐怖」的這件事情。「恐怖」與「害怕」這是兩個不同的名詞，而其內涵也並不完全相同。「害怕」是心中畏怯、懼怕與不安，這是身為動物隨時都具有的本能，也都會有的現象。這世界上從來不會有人敢說自己從來就不知道有「害怕」的這件事情。身為全世界拳擊冠軍的拳王，他害怕失去他的寶座。即使是武功蓋世統一中國的秦始皇，他也害怕別人會去刺殺他，更害怕自己活得不夠長久，結果還是只活了 49 歲就病死了。害怕也是一種情緒，它可能隨時都會發生，我們過馬路時會害怕周圍來往的車輛，下雨天會害怕身上漂亮的衣服淋溼了等等。

　　但是，「恐怖」就要嚴重得多了，它是指人類在面對現實的或想像中，自己極端厭惡之事物的發生，或是生命受到威脅引起的恐懼。

而使自己處於驚慌與緊急的狀態。伴隨「恐怖」而來的是心率改變、血壓升高、顫抖等等生理上的應急反應，有的時候，甚至發生心跳驟停而休克等更強烈的生理反應。所以，「恐怖」對人類而言，那是要比「害怕」要嚴重得多了。「恐怖」的種類不但繁多，而且在時間上也要持續得長久。在日常生活中，有許多的人非常害怕蟑螂，每次看到蟑螂在地上爬行，就嚇得尖叫奪門而出。我常會想，這麼大的一個人，怎麼會害怕這麼小又不會傷人的小東西。不過，這是屬於個人心裏認知方面的事，是無法做評論的。這種害怕會因為因素的消失而減滅，當蟑螂被其他人的拖鞋打死了，或是它是跑掉了，這種害怕的情緒也就跟著消失了。「恐怖」的問題就不是如此單純了，例如自身或親朋好友所遭遇到的「恐怖」不幸事情，往往會在自己的心裏留下終生不可磨滅的恐懼與陰影。

那麼，若問「恐怖」的根源究竟是甚麼？可能每個人都有不同的經歷，而說法也各異。但是，若究其最終的根源，究竟是甚麼？可能很多人就說不上來了。然而，佛陀卻在兩千多年前就告訴我們了，那就是「罣礙」這兩個字，「罣礙」是一切「恐怖」的根源。所以，他說了我們內心之中，對於「恐怖」最根本的根源與解決之道，那就是：

「無罣礙故，無有恐怖。」

這句話看起來很稀鬆平常，故而容易被人們所忽略。但是，諸位必須知道，這句話才是真正的生命重點之所在。諸位再想一想，當我們的生命中出現有「恐怖」的感覺時，那才是生命最大夢魘的開始，而這種「恐怖」感覺的延伸，也將是令人痛不欲生的。

20.2 生命真正睿智的所在

　　「空」是什麼？「空」的本質就是「無我」、「無相」、「無法」、「無住」這八個字。這在前面我常說，「無我」不是沒有我，或是以為我只是今生來投胎的，來做一點自認為是好事的（其實未必是好事，世事是相對的），以便於下輩子投胎再做人，而不是投胎為恐龍、鯨魚、獅子、老虎等的。我始終覺得萬分的奇怪，這個世界上難道只有豬牛馬這幾樣動物嗎？怎麼從來沒人說要投胎去做一隻大象、獅子、老虎、飛鷹、海豚，或是烏龜的？烏龜也很自在啊！而且還可以活一兩百年以上的壽命。問一問那些想投胎的人，他們可知道這個世界上總共有多少動物呢？為什麼非要選擇豬牛馬不可呢？如果想要投胎的話，是誰再決定投入哪一種動物呢？是「閻羅王」嗎？若講到「閻羅王」，他其實不是來自於佛教，而是源自於印度教的神祇「閻摩」。謂他是陰間地獄的主宰者，凡人死後都要去他那裏報到，至於憑什麼？就沒有人追究了。閻羅王有一本「生死簿」，傳說上面記錄著每一個人的壽命長短，當某人生命已盡的時候，就有無常鬼或者牛頭馬面，把人的魂魄押解到陰曹地府去受審。人生前行事的善事則會升到天堂成為神仙，或轉世有一個幸福的來世。生前行兇作惡的人，會下地獄接受各種懲罰，或投胎為畜生。這是一般民間信仰，即使是古代的知識分子們都不相信，至於近代的知識分子就更不會有人當真了。

諸位應該知道。現今的地球上有七十億的人口，平均每一年有一億的人口去世，這些去世的人若是彼此首腳相連的話，長度可以環繞地球達四圈之多。每一年有如此眾多的人去世，而一個人的一生是如此的多事而複雜，善惡絕非一言可盡。事實上，善惡原本就是難分難解的。許多人以為吃素當然是善事，若問他什麼原因？都說是為了不要殺生。如果是為了「殺生」這個原因，那可能就有大問題了。他們將「殺生」這兩個字「自以為是」的下了定義，而且，定義得甚為粗糙幼稚。試問，植物不是生物嗎？植物不但是生物，而且請記住，「植物是真正的大地之母」。它養育了地球上一切的生命系統，所有的生物不論是直接或間接，都必須依靠這位母親的養活，當然連我們人類所呼吸的空氣都是它們所給的。那麼，殺食植物豈不也是殺生嗎？豈不是在傷害這大地之母嗎？若是說吃素是免於殺生，這通嗎？殺害有恩者，殺害大地之母，沒有罪嗎？

　　這個世界究竟有沒有一門學問，可以讓人類免於「恐怖」的？如果有一門學問真的可以讓人類免於「恐怖」的煎熬，那才是人間真正的聖品。答案是：有的，那就是諸位現在手中的這本「心經」，而關鍵的字語就是：「無罣礙故，無有恐怖。」的這句話。人們為甚麼會有「恐怖」，那是因為我們的中心有「罣礙」的關係。那麼甚麼是「罣礙」？「罣」是牽絆、阻礙或是懸掛之義，「礙」妨害、阻止語不通。所以，「罣礙」是用來專指我們的，也就是我們的心中有所牽掛或是阻礙不通的意思。

　　有情生命因為對於「我」及「有」這兩者的認知不足，因而總是在對於我的一切中努力，就是為了必須要有所得的心態下生活。而社會上從小

529

學開始，不！有些時候甚至是從幼稚園開始，就如此的教育著我們的下一代。就從日常生活之中，教育著所有的人們，讀書是為了升學，而升學則是為了我們所訂定的生命目標，那就是財富與地位的執著。也由於這種執著的關係，必然對於人生的一切都會產生極為強烈的排斥感與佔有慾，而這種強烈的佔有慾所伴同的必然是強烈的排他心性，而這種強烈的排他心性也必然在其他的人們的身心之中存在著。至此，諸位必然可以想見，這種強烈的排他心性普遍的存在於每一個的身心之中，隨之而來的相互對抗與迫害則是必然的結果，也是可以想見的必然遭遇。自從有人類以來這種事情就存在，諸位可以在中外的歷史中找到無數的事實與事蹟。只不過是，隨著人類文明的進步，這種「自我執著」與「排他性」的現象，也同樣的是一日千里的快速被擴散了，而在可預見的未來，也幾乎沒有人可以倖免，這真是現代人類的大不幸。

有一句俗語，對於人生的得失與罣礙說得非常的貼切，那就是：「無欲則剛」的這句話。不論一個人有多麼的英勇，多麼的偉大，但只要他還有欲望，他就一定有弱點，就一定會屈服於欲望之下，也就必然會有罣礙的存在。那麼，是不是要我們每個人，都不可以心存欲望，只要心中沒有欲望，如此一來豈不是就沒有罣礙了嗎？那豈不是就是天下太平了嗎？大家都很快樂了嗎？若是如此，則我要問諸位一句話：「責任與榮譽是不是也是每一個人生命中一種強烈的人生欲望？」我們可以拋棄應該擔當的「責任」而不顧嗎？我們可以不計家人的生活嗎？我們可以不必負擔教育子女的責任嗎？我們可以不顧個人的名節與榮譽嗎？當然，絕對不可以如

此。只要是人都一定有責任要擔當，都要有自己的榮譽感，只知道顧念自己而不知盡責，那是自私的。

如果我們再說仔細與深入一點，「希望」的本質也就是一種「欲望」，身為人類的一份子，總不能說連任何的「希望」都沒有了。如果一個人內心之中對於自己的生命，若是連一絲的「希望」都不存在，那就是槁木死灰。我要強調的是，我們每一個人的生命都是活在「希望」之中的。「希望」的本質當然也是一種「欲望」。

那麼，生活與生命的道理說到這裡，似乎就有些矛盾出現了，又要擔當「責任」，又不可以沒有「榮譽」，又要真實的活在「希望」之中。那麼說來，這些「責任」、「榮譽」、「希望」不都是「欲望」嗎？那我們的生命在這裡面豈不是沒完沒了了嗎？那豈不是生命到處都會碰到「罣礙」嗎？

人類是活在「希望」之中的，沒有希望的人生是行屍走肉。我們每一個人每一天都活在希望之中，「希望」是生命中的最美，每天都有希望，則每天都會活得最美。「希望」是不是一種「欲望」？毫無疑問，它當然是的。那麼，也許有人又會說了，人生一旦有了「欲望」，於是就有所求，有求於自身之外，就不會事事順利，當然也就免不了有「罣礙」。這是一般正常的推理與道理，當然是沒有錯。但是，這也正就是我們為甚麼要學佛，要學《心經》的真正道理所在。不學你就過不了這一關，過不了這一關當然在生命的過程中就會有「罣礙」，甚至會產生嚴重性的「罣礙」，

有了這種「罣礙」當然跟著而來的就會有「恐怖」。這種「罣礙」與「恐怖」
經常會伴隨著許多人，而且終其一生都受到困擾。

20.3 無住也就是沒有罣礙

　　說起來豈不是我們每個人都不可以心存任何的欲望與希望了嗎？當然不是。雖然，絕大多數的人在產生「欲望」與「希望」的時候，常會伴隨著「罣礙」的產生。但是，我要強調的一點，也希望大家都能正確的認知的一點，那就是：

　　「欲望」與「希望」對於「罣礙」而言，並沒有必然性的對應或對價關係。

　　如果諸位還不能體悟我的這句話的話，那麼，我就進一步的再問諸位一句話：「你希望明天還活著嗎？」除了少數因特殊事故的人之外，一般的人想要明天還活著，這不也是「希望」嗎？尤其對年輕的人而言，不管有沒有期待明天的到來，那不是天經地義的事嗎？難道也會有絲毫的「罣礙」嗎？

　　再問一遍，「空」的真正本質究竟是什麼？諸位一定要知道，它的關鍵點就在於「無住」這兩個字。事情來了，有人以為「無住」就是凡事就是視而不見，不管它，不理它，凡事都馬馬虎虎不「上」心，都不在意。如果這樣想，那就不是差到十萬八千里了，而是差到十八萬九千里去了。如果凡事都可以不理它，都可以馬馬虎虎不「上」心，都可以不在意。固然，也許可以在一時之間感覺到沒事。但是，真正的大事情卻會發生在後面的日子。諸位如果不信，那你開車出去試試看，如果你可以不理別人，可以馬馬虎虎不上心的開車，可以不在意的開車，那可以肯定的是，大麻煩已在後面等著你。

　　佛教不是用來逃避或是躲避任何所該面對之災難的，許多人在生命的逆境中才會想到要唸佛唸經，這是逃避式的，也是淺層的。真正的佛教徒當面對苦厄或恐怖的時候，他們是絕不逃避的。而是以「無所罣礙」的心理，更勇敢的面對事情，更有擔當的面對事情，讓任何事情都不產生「罣礙」。沒有了「罣礙」，事情反而可以更加順暢通達，更是處於「無有恐怖」的心理層面上來對應事情。諸位當可以理解，當一個人內心中「無所罣礙」而又「無有恐怖」的時候，他可以坦然的面對所當面臨的這一切，也由於它自身的「無所罣礙」而內心中又「無有恐怖」，正因為是如此，他不但可以坦然的面對所當面臨的這切，而且由於沒有「罣礙」，所以他是流暢的，順利的。更由於他的內心「無有恐怖」，故而面臨危難的時候，就不會慌亂，更不會舉止失措。也正因為如此，他可以面對天下而無憾事。所以，這就是菩薩，就是佛的境界。

「無住」不是說我們自己由於怕被外界的事物纏繞或留住,而要去躲避它們,更不是要我們去逃避它們。它講的是我們的「心」,而是「無住於心」。正如《金剛經》所說的:「菩薩於法,應無所住。」「住」是什麼?留住了不動就是「住」。我們的一生當然要做很多事情,要面對很多事情,如果將每一件事情都留「住」在心裏面,每一個恩恩怨怨也都記「住」在心裡,看來,這個人非發瘋不可。所以,這個「無住於心」就非常重要了。我們為什麼可以自在無比,因為他「無住於心」。我們為什麼可以沒有「罣礙」,還是因為他「無住於心」。當然,心中沒有「罣礙」自然就不會有「恐怖」。在《金剛經》裡又說了:「應生無所住心」就是這個道理,所以,這「無住於心」,也就是「心無罣礙」這才是我們生命中真正無比的睿智所在。

20.4 遠離顛倒夢想

　　什麼叫做「顛倒夢想」？簡單的說，所謂「顛倒夢想」就是我們心存錯誤而不正知的想法，也就是與真理或事實不符合的想法。最常用的一句話就是「妄想」這兩個字。但是，在這裏我要很慎重的提出一些較為確切的說明。「妄想」一詞原是源自於梵語（Vikalpa）的意譯，它是在說我們的內心中有着虛妄顛倒之心，在心中具有強烈的分別心與偏執心，故而無法對事物進行客觀而確切的了解，並因而產生了謬誤的認知與心性。

　　許多人可能有一種錯誤的認知，以為「妄想」就是等同於夢想、想像甚至是幻想。事實上，這樣的想法是非常錯誤的。夢想、想像甚至是幻想

都不是壞事，身為萬物之靈，身為最高智能的物種，我們當然有夢想、有希望。德國哲學家尼采（Wilhelm Nietzsche，1844-1900）曾經說過：「人類因夢想而偉大。」人類有夢想是當然的，而那些真正有夢想的人，也才是使得人類的文明是如此的燦爛輝煌。所以，怎麼能說夢想是壞事呢？它不但不是壞事，相反的，它才是人類文明的創造者。科學家夢想著人類可以在陸地上舒適的旅行，所以發明了各式各樣的車子，想要在茫茫的大海中安渡重洋，所以創造了各種舒適的輪船，人類想要在天上快速而舒適的飛翔，所以發明了飛機。幾乎可以說，近代人類所有的生活與文明都是由於許多人夢想家而來的，所以說，人類沒有夢想就沒有現代的文明。

但是「妄想」是全然不同於夢想的，因為它是虛擬的，是不正當的。我們人類可以無中生有，那是發明，那是正面的。但是，如果將虛擬與無中生有用在負面，那就是「妄想」了。明明別人沒有想要對付你，而自己卻時時刻刻的以為他人想要害自己。明明對方所講的話並沒有惡意，但是自己卻將對方的話一直的往壞處想，而且還一直的記住在心頭上，於是久而久之，就越想越壞，心中也就被自己的這些惡意的妄想所填滿，而終其一生都在惡質的思維之中存活，這就是「妄想」。

「妄想」使我們生活在自己所編織的偏頗的意識形態的世界之中，而無法正確的認識宇宙與人生的真實層面。他也使得我們在人生旅途上疲於奔命，也給人生帶來種種不必要的煩惱，進而導致人生的各種災難與患慮。那麼要如何遠離顛倒夢想，也就是遠離「妄想」呢？那這部《心經》正就是它的答案。

20.5 人不可以沒有思想

　　人不可以有「妄想」，但是卻不可以沒有「思想」。「妄想」絕不等同於「思想」。諸位近代的讀書之知識分子，應當能有開闊的心胸，可以思維更多更廣泛的知識、範圍及領域，而不要一味的拘謹在片面而膚淺的說詞與文字上面，而成為一個「字面漢」。所謂「字面漢」就是只看經書的字面意義，而不去了解，也不求甚解。

　　剛剛我說了，「妄想」絕不等同於「思想」。由於許多的經譯注疏把一個人的「思想」都包含在「妄想」裏面，致使千千萬萬的人們，在面臨「妄想」這個字的時候，甚至連「思想」都沒有了，有些甚至於認為「思想」是一種罪惡，那就錯得太離譜了。只要是人，就一定會有思想存在，就一定會有希望存在，當然，也就一定在

心裏會有着一些或是許多的夢想。這些不但不是壞事，而是身為動物界智能最高等的人類的必然現象與表徵。如果任何一門學問或是宗教，它教導的是要抹煞人們的思想、希望與夢想，那它如果不是邪教，就是心懷不軌或是愚不可及，相信屬於近代的知識分子是可以警覺並認清這一點的。

「妄想」與思想、希望及夢想最大的差異，是在於「妄想」存在著「非份之想」。請注意，這「非份之想」四個字很重要。甚麼是「非份之想」？那就是不合於本份的想法，非本份所應有的想法，不是正當的想法。簡單的說，超過了自己的本份那就是一種侵略的性質，具有侵略的性質當然是不可以的，或是具有不是正當的想法，而這些想法才是「妄想」，否則都不可以說它是「妄想」。即使是我們在面對風花雪月的時候，每一個人都會有所感觸的，如果一個人在面對風光明媚的山川秀麗的時候而「無感」，那可以肯定的是這個人必然只是一個「槁木漢」，是個槁木死灰的漢子而已，談不上是一個真正具有靈性的人。

事實上，「遠離顛倒夢想」就是遠離「妄想」，「妄想」的這種非份之想是所有災禍的根由，因為它是侵略性的。任何具有侵略性的心性都會給自己帶來無比的災難與禍害。甚麼是「非份之想」？我們看到別人有錢，就會妒忌他，就會希望他倒楣，甚至希望能夠想法子將對方的錢弄過來給自己用。看到別人的妻子美麗漂亮，於是就千方百計得想法子要把她騙過來。翻開古今中外的歷史看一看，為了爭奪美麗的女人所發動的侵略與戰爭，那簡直是多到不可勝數。「妄想」最容易讓人喪心病狂，而在一個人在喪心病狂的狀況下，那是任何的事情都可能發生的，而災難也會隨知而

降臨，這不是宿命之論，而是必然的結果。

「顛倒夢想」這四個字用得非常的好，可惜真能解悟的人不多。甚至有相當多的注疏把它著力在「夢想」的這兩個字上面。甚至認為人如果有「夢想」是有罪的。如果有這樣想法的人，那才是真正的有罪的人。為甚麼說「顛倒夢想」這四個字用得非常好呢？「夢想」諸位想想看，「夢想」原是很好的事，但如果將「夢想」顛倒過來，那就是非份之想，而非份之想就是「妄想」了。所以說，能夠「遠離顛倒夢想」就是遠離「妄想」，就是遠離非份之想，就是遠離災難禍害，那當然就是無比的福慧雙全。

人不可以有「妄想」，但是卻不可以沒有思想與理想。從剛才上面的道理，相信諸位一定可以了解我所說的這句話的意義，它們之間是完全沒有衝突的。佛教需要發揚光大，需要淵遠流長，但也正因為如此，才更需要有理想、有思想與有抱負的知識分子，為佛教的淵遠流長與發揚光大留下一番作為。

20.6 究竟涅槃

「涅槃（Nirvāṇa）」是佛教的專門術語。事實上，這個術語最早源自於婆羅門教，後被佛教接受，由於自古以來歷代的文風不同，所翻譯的名稱有滅度、寂滅、解脫、無為、自在、安樂、圓寂等等。「滅度」這兩個字曾經被廣泛的使用着，「滅」是「去除煩惱」，「度」了脫生死的意思。所以，「滅度」的意思就是要我們在修佛的過程中，能夠達到「去除煩惱，了脫生死」。若要說「去除煩惱」大家都還可以理解，但若要說到「了脫生死」那對許多人來說，就比較不容易理解了。其實說到「了脫生死」還真是人生之中最重大的大事。

諸位試想，天底下還有什麼事情能比生死之事還要

541

大的？所以說「了脫生死」還真是最高層次的一個問題。也因此是許多佛教徒們追求的最終目標。但是，「了脫生死」那麼人就不會死亡了嗎？當然不是，這「了脫生死」這四個字不是在說修神練仙，如果想要修仙練神那是妖魔鬼怪。事實上，它所修持的是一種內心的心理狀態。有一句話相信諸位一定可以想得通的，那就是：

「天天在怕死的人，會死一百次。而不怕死的人只死一次。」

我們要修的，就是這個道理，而這也正是「了脫生死」這四個字的真實意義。

「涅槃」還有一個意義是「寂滅」。「寂」是在理性上的「寂靜」。它不是物相的，一般我們常會在許多美好的地方說「這裡好寂靜啊！」但在這裡不是這個意思，所以說它不是物相上的寂靜。那麼，甚麼是理性上的「寂靜」呢？理性上的「寂靜」是指在道理上層面，而這裏所謂的「道理」當然就是心理層面的了。不管外界是不是寂靜，但是，我們的內心深層卻是安祥寂靜的。諸位想想看，這天底下還有什麼能比內心深層的安祥寂靜還要美好的呢？

「寂滅」去除煩惱，度脫生死的意思。在這裡我們看到了這個「度脫生死」，相信諸位應當可以了解它說的也正就是「了脫生死」同一個意義。「寂滅」、「涅槃」都沒有離開世間，它們都是在當今於世間的生死心性與體性中可以證得。能夠證得「寂靜」的心性自體，則在心理上自然可以度脫生死而安祥寂靜與美好無比。

在這裡有一點值得一提的，唐朝的玄奘法師則將「涅槃」譯為「圓寂」。這個譯義是比較更能表達得完善些。因為，不論是「滅度」或是「寂滅」，在含意裏它的本身就受到文字上的圍限，而難以周全。「圓寂」的意義非常的好，什麼是「圓」？大家都知道圓圓滿滿的意思。「圓」就是有這個意思。但在佛教裏面則更進一步在理智上指出，能夠俱足一切福德智慧謂之「圓」。所以，我們常說佛教是智慧的宗教，它追尋的是真理，講求的是智慧，根據的是道理，佛教是真正屬於智慧的宗教。「圓寂」中的「寂」是永離一切生死煩惱的意思。所以「圓寂」這兩個字的真實意義就是：

「能夠俱足一切福德智慧而永離一切生死煩惱。」

諸位想想，這個世界上還有什麼事情，或是什麼境界能夠超越上面所說的這句話之含意的？一般不懂「圓寂」真實道理的人，總以為「圓寂」或「涅槃」就是死翹翹的代名詞，相信諸位當可以想見，那實在是錯得太遠了。至於僧人在逝世的時候，也多稱之為「圓寂」，這是拿來讚嘆該僧人的修行功圓德滿的一種表示，而一般沒有在這方面能夠俱足一切福德智慧而永離一切生死煩惱的人，是不能稱之為「圓寂」或「涅槃」的。

21

三世諸佛

21.1 跨越時空

經曰：「三世諸佛。依般若波羅蜜多故。
　　　得阿耨多羅三藐三菩提。」

什麼是「世」？「世」在古代是一個時間的單位。在晉朝時期的大文學家陶淵明所寫的「桃花源記」，其中有一段曰：

「問今是何世，乃不知有漢，無論魏、晉。」

這個「世」在古代可以是朝代或是時期的意思。「三世」則是指過去世、現在世與未來世。有相當多的一般人將這個「世」翻譯成為「人世」的意思，這樣的意境是過於偏頗，也是過於狹隘。事實上，如果用的「前世」、「今世」、「來世」，當然也會誤導大眾，以為每一個人還有什麼「前世」的存在，也還期待著「來世」還會回到人世間。這種的思維，對於知識不足的普羅大眾而言，尚還可以以勸善為名勉強說得過去。對於近代知識分子而言，如果還再相信鱷魚、鯨魚、獅子、老虎、大象前世的人之投胎，那倒要問怎麼就是沒有人說他是獅子的投胎？當然啦！古代的帝王都說他們是「龍」種的投胎，那是專制的圖騰，為什麼現在沒有人還會如此的說法與想法呢？人類的信仰，絕大部分都是做為專制圖騰下的芻狗與供品。

三世諸佛在時間與空間的範圍上，包含了過去、現在、未來的諸佛。「佛」是梵語佛陀耶，簡稱佛，譯名「覺者」。覺是覺悟，也就是能察覺而領悟者。佛陀以內在深自的智慧，觀察萬有，得知緣起性空的道理，而這個道理也就是大地眾生所都皆具，而且是原本就存在的，能夠深自體悟其中原理，了解人類的本性，故知每一個人都有佛性，每一個人都可以成佛。都能夠自覺而覺他，自利而利他，讓每一個人都可以福慧俱足，都可以覺行圓滿。所以，「佛陀」是一位大覺大悟而又能夠自覺覺他，覺行圓滿的「覺」者。佛教不像其他的宗教具有強烈的獨佔性，佛陀沒有任何的神或仙可以賞賜福祉給人們，我們每一個人都要努力，每一個人都要自求多福，每一個人都要修持福慧雙全，使之俱足，在身心上也都要覺行圓滿，而每一個人也都成佛，這種的理性思維，絕對是這個世界上其他任何宗教所沒有的，而這才是人類心目中真正的極樂世界的所在。這真是何其寬闊而無比偉大的思想與胸懷啊！

　　什麼是「佛」？剛才說了，「佛」就是一位大覺大悟而又能夠自覺覺他，覺行圓滿與福慧具足覺行圓滿的「覺」者。請注意，在這裡用的是「者」這個字，「者」這個字在狹義上是用來代表「人」的意思，但在廣義上則是包含所有生命體，甚至是可以包含一切相關的「事與物」。為甚麼不把「佛」譯為「覺人」，而是譯成為「覺者」呢？因為如果僅是定義在「人」的範圍，那就太狹小了。「者」的範圍要廣大得多，它不但是包含了「人」，甚至是人以外，凡有知覺與生命，所有法界中的一切，不論他們的高、低。生命在本質上本來就無貴賤之分，故經曰：「凡有心者，皆當作佛」。凡

是有心識活動的一切，不管是高低貴賤，也無論是出生在任何時代，包含現在、過去與未來，只要能大覺大悟而又能夠自覺覺他，覺行圓滿與福慧俱足覺行圓滿的，所有的這些都是佛。所以說，「佛」絕不是僅有一位而已，任何時代，任何地方都可以有佛，現在有現在佛，過去有過去佛，未來同樣還是有佛，所以說：「三世諸佛」是跨越了古今與未來，而可以成佛的，也並不僅限於人而已，也不限於時間與空間。這樣的思維，可以說是在人類文明的歷史上，是空前的，也是無可比擬的。

21.2 成佛的依據

人人都想成佛，想要成「佛」想來必須要有什麼必然的依據？如果把這句話來問那些一心想要修佛的人：

「多年的學佛，想要成佛，那麼『你』真實不虛的依據是什麼？」

整個事情的道理是相當清楚的，要學人家就必須先要知道，如何學才能學得「像」，學得「是」，學得「成」。「像」、「是」、「成」這三個字個在必須正確的依序而進才可以。

首先從「像」開始，「像」是從外觀先切入，先講求「類比」。就如同軍隊一般，先有標準的基本訓練，甚至連動作、制服等等都要求一致。其次則是「是」，這個「是」為「是與非」的意思，這個時候最重要的是

確立自己的方向「是」正確的才可以。所謂失之毫釐，差之千里，神與魔的差異也僅在毫釐之間。最後的「成」字就是成就的意思。由「像」而「是」，在經過多年的修為才能有所「成」。

人人想要成「佛」，那麼，諸位先說說看：「佛究竟是什麼樣子？」如果「佛」是什麼樣子都弄不清楚，那要怎麼學？學來學去不但不像佛，我看越來倒是越像猴子。這不是笑話，現今這社會上有太多的人在教佛，教人家如何學佛？教人家如何成佛？我仔細的看了幾十年，學成猴子與猩猩的倒是多得不得了，成佛的則是少見。

一些靈巧的人會說：

「佛無所不在，也沒有固定的長相。」

這種人其實只是巧舌善辯之士而已，未必真有實質的內含。正如這些人士所說的「佛」無所不在，也沒有固定的長相。那麼不妨再問他進步一點的一句話：

「既然佛是無所不在，那麼，為什麼你每次都要進佛寺拜佛像？」

「你走在馬路上，為什麼你不拜馬路？為什麼你不拜水溝？事實上，馬路與水溝比佛還偉大。一些不是佛教的國家，他們可能更進步，也很幸福，他們可以沒有『佛』，但不能沒有馬路，也不能沒有水溝。這些道理在光天化日之下都可以受到任何人驗證的。」

「既然佛是沒有固定長相的，那麼你為什麼不去拜曾經是世

界最高建築物的臺北 101 大廈？為什麼你不去拜石頭？為什麼你不去拜樹木？在地球上，只有樹木的德行可以比之於佛，因為，它是一切生物之母。」

　　這麼多年來，問過了很多的信徒，卻幾乎沒有人答得出來。有些人可能恥於靜默，總要說出一些一大堆的理由來，但也多是強詞奪理的多，虛心就理的少。

　　想要成佛當然是有依據的，正就是《心經》裏的這句話：「依般若波羅蜜多故。得阿耨多羅三藐三菩提。」雖然，「般若波羅蜜多」這幾個字說過很多次了。但是，我想可以再多說一些，讓諸位可以更多增加一些了解。首先我要提的，有些人始終會懷疑這「般若波羅蜜多」與「般若波羅蜜」是不是相同的？答案是肯定的。它是梵文（प्रज्ञापारमिताहृदयसूत्र Prajñāpāramitā Hṛdaya）翻譯過來的，是在闡述大乘佛教中「空」和「般若」思想的經典。「般若」譯為智慧，智慧是人類生命的最重要的特質，事實上，可以說我們的生命除了「智慧」之外，與地球其他的的動物並沒有太大的差異，除了智慧之外，就身體或其他的部分而言，人類甚至可以說比起其他的動物還差得遠。即使是猴子、猩猩，牠們在野地裏都可以自謀生存，而且好得很。身為人類，若是將身上的衣物脫除，將你放生在野地裏，不要多，一個禮拜不是凍死就是餓死，再不然就是受到感染而病死。不要看不起野狗，牠每天所吃的那些腐肉，你吃吃看，不要兩天就嗚呼了。

　　從一起頭的「般若」這兩個字就是以「智慧」做為開端，我們應該就可以領會得到，這《心經》所要教導人們的就是「智慧」這兩個字，而這

種「智慧」也正就是人類生命的最高層次。「波羅蜜多」則是譯為「度」或「到彼岸」。「度」是要到哪裡去呢？「到彼岸」又是到在哪裡的彼岸呢？這就是關鍵問題了。先說甚麼是「度」呢？然後才能知道要度到哪裏去？所謂「度」也就是同「渡」這個字。佛家將人世間生死的問題譬如是茫茫無邊的大海，而我們每一個人就在這無邊而波濤洶湧的大海之中，每一個人都希望找到可靠的岸邊，每一個人都希望能夠在這無邊無際的大海中找到方向。而這個「度」就在幫助我們，從這個茫茫無涯而又無邊無際的大海中找到方向，而平安的「度」到岸邊。所以，在梵語中「波羅蜜」就是譯為「度」的意思，「度」的是生死之海之行法也。

「到彼岸」是梵語「波羅蜜多」的意譯。到那裏的彼岸呢？這是在說能超越茫茫生死之海而到達「涅槃」之岸的「正道」。這個「正道」又稱之為「八正道」，分別是：一、正見：能正確的知見。二、正思惟：能正確的思想。三、正語：能正當的言語。四、正業：能正當的心行。五、正命：能正當的生活。六、正精進：能努力的進步。七、正念：能正確的思維。八、正定：能正確的禪定。人們若能依此八法而修行是為「正道」，而此八法最終能通達涅槃，故名為「八正道」。因此，《心經》上說「依般若波羅蜜多」，而這也正就是世人成佛的最重要的根據之所在。所以，下次若有人問你：

「世人憑甚麼可以成佛？」

那麼，就請你告訴他，是「依般若波羅蜜多故」。

21.3 佛的最高境界

「依般若波羅蜜多故」可以讓我們每一個人成佛。但是，成佛之後又如何呢？是不是就可以飛天入地，可以無所不為呢？可以成神成仙永不老死呢？當然不是，不要把民間的故事，或是《西遊記》，或是《封神榜》的那些神話故事來想像是「佛」。成「佛」之後，還是如同我們一般的人。佛教不是神教，如果把佛教當成了神教來膜拜，那肯定是邪教。是用來騙財、騙人與騙色的邪教，這一類的邪教在世俗之中是很常見的。唯一般對於「正信的佛教」若沒有正確的認知，是很難鑑別與脫身的。

剛剛說了，當一個人成「佛」之後，那又如何呢？成佛」之後，一個

人的內涵是會截然不同的。人類之所以會有差異，不是他的外貌，也不是他的長相，更不是他的財富。一個終身只知道追求金錢的人，他只是一部人形的機器而已，算不得是真正的人。人類最大的不同是在於他的心，也就是在於他的內涵。每一個人的內涵都會使得他與別人有所區別，並有所差異與不相同。那麼，成「佛」之後的差異在哪裡？那就是在「依般若波羅蜜多故」之後緊接著的那句話：「得阿耨多羅三藐三菩提」。

「得阿耨多羅三藐三菩提」這個「得」是得到的意思。「阿耨多羅三藐三菩提」這句話唸起來似乎是相當的繞口，事實上，多唸幾遍就不會覺得礙口了，相反的，反而會覺得相當的好唸而順口。「阿」是為「無」，「耨多羅」是為「上」，「阿耨多羅」的意譯就是「無上」，也就是說這天底下無與相比之大，所以稱之為「無上」。「三」譯之為「正」，「藐」是為「等」，「菩提」是「覺」的意思。所以，這「阿耨多羅三藐三菩提」正確的翻譯就是「無上正等正覺」的意思。「無上正等正覺」這六個字翻譯的是真是好。這六個字所代表的意思是：

「宇宙中至高無上，真正平等並能覺知一切真理的無上智慧，可以成就究竟圓滿的佛果。」

佛的智慧與佛果就是「無上正等正覺」這六個字。「無上」是代表最高的意思。所以，諸位能學到這部《心經》，能確切的體認這《心經》的精髓，可以說就是有大福報的人。這「正等」就是具有真正之正智的平等。佛陀在兩千五百多年前就提出了這個觀念，認為所有的人類都是因緣俱足的，都是平等的，這真是不可思議的偉大。雖然直到二十一世紀的今天，

這個世界上還是有許多的地方與國家不具備這個條件，但佛陀在兩千五百多年前，就提出了這個人類應該俱足的理想與觀念，誠然真是偉大。然而，這「正等」的一切，都必須在正道與正智的修持之下，才能夠得到「正等」的果實，它也不是天上隨意掉下來的。「正覺」就是正確的覺知。什麼是正確的覺知？這有兩層的意義，其一是真正的覺知領悟這些屬於生命的真實智慧。其二是覺知究竟圓滿的佛果。

這「無上正等正覺」的所有一切的指向都是自己，而不是任何具有神格的「神祇」。他更不是神教中所說的「萬能上帝」或「萬王之王」。對於所有的眾生而言，佛陀並不能改變眾生的業力或命運，他是在教化眾生必須自己努力與修持，才能改變自己的命運與未來。這在佛經中也有相當的比喻，佛陀的智慧與慈悲如太陽的陽光，它能一切平等無私的普照大地與一切眾生。但是，眾生的契機與因緣各不相同，也因而造就了無數無量各種的人類。而不是能夠真正的覺知與領悟生命的真實智慧與究竟圓滿的佛果，其差異也就在於「無上正等正覺」這六個字裏面。學佛是為了成佛，成佛在一般人看來是無比的。於是有人可能會問：「自古以來究竟有那些人成佛的呢？」除了我們所熟悉的釋迦牟尼佛、阿彌陀佛、藥師佛等等之外，是不是還有其他我們可以成就的「佛」呢？是的，就《大乘經》中所說，從過去、現在、未來之中，會有恆河沙數的諸佛存在。也許，你、我或是眾生之中就已經有佛的存在了。

21.4 成佛以後又如何呢？

　　絕大部分的人都會認為，能修到了「佛」的境界就是最高的境界，就是完美無缺了，就是最高的高高在上了。所以，成「佛」之後就沒事做了，只要教導別人就好了。諸位想想，「佛」不需要再精進嗎？有誰可以去教導「佛」嗎？有誰敢去告訴「佛」如何嗎？這三個問題自古以來似乎就沒有人敢去碰。若是竟然還有人改去碰「佛」，還敢進一步的想要去教「佛」如何、如何。那還得了？肯定會倒大楣的，會被天打雷劈的。

　　唐朝的韓愈所寫給皇上的《諫迎佛骨表》就是千年來活生生的例子。韓愈當時任刑部侍郎，在唐憲宗元和十四年（819 年）的正月，唐憲宗將釋迦牟尼佛的佛骨的指骨舍利迎入了宮中供養，在朝臣多方的逢迎上意，花費萬億，舉國若狂，甚有百姓燒指、灼背、刺身而供養者。韓愈身為刑部侍郎，因而諫阻天子迎佛骨，舉國耗費億萬銀錢，百姓更貧，故而上書《諫迎佛骨表》，舉例說明：

　　「唯梁武帝在位四十八年，前後三度捨身施佛，宗廟之祭，不牲宰，晝日一食，止於菜果，其後竟為侯景所兵逼，餓死台城，國亦尋滅。事佛求福，乃更得禍。由此觀之，佛不足信，亦可知矣。」

　　唐憲宗聞之大怒，將處以極刑，好友裴度、崔群極力救援，乃貶為潮

州刺史。事實上，唐憲宗李純也只活了 42 歲（778-820）。

在往潮州的路上，來到了陝西藍田的藍關時，時值寒冬大雪紛飛，韓愈見到他的姪孫韓湘子（據傳「韓湘子」是民間故事的「八仙」之一，拜呂洞賓為師學道，為八仙之一）。此時望天再三嗟嘆道：「吾為汝成此詩。」寫了一手也是古今聞名的七言絕句：

一封朝奏九重天，
夕貶潮陽路八千；
願為聖明除弊事，
肯將衰朽惜殘年！
雲橫秦嶺家何在？
雪擁藍關馬不前；
知汝此來應有意，
好收吾骨瘴江邊。

韓愈不是反對佛教，而是反對盲目地「迷信」佛教，他在潮州最好的朋友就是「潮州大顛和尚（732 年－824 年）」，並經常與僧人應對唱和。「潮州大顛和尚」為唐代廣東潮陽人，禪宗祖師，為石頭希遷法嗣。所謂「法嗣」就是繼承法系的人。韓愈也反對道教對於仙丹的迷信，並說食用丹藥因此「殺人不可計」，這是了不起的。丹藥多以水銀（汞）混合其他藥材而成，汞是重金屬，有毒，古人不知反而以為可以延壽成仙，結果真是殺人不可計。這其中最有名的當推秦始皇（前 259 年－前 210 年）了，它如此強壯的滅了六國，訪天下之丹藥，甚至遠達日本，結果他還只是活了 49 歲。古來皇帝少有長壽，相信此與服用丹藥是脫不了關係的。

　　這「阿耨多羅三藐三菩提」正如我國儒家經典《四書》之一的《大學》。一開始就說道：「大學之道，在明明德，在新民，在止於至善。」諸位理當看得出來，這「止於至善」的四個字，不正就是「阿耨多羅三藐三菩提」中的「無上正等正覺」嗎？這「止於至善」是永遠沒有盡頭的，好了還要更好，善了還要更善。所以說它是沒有盡頭的，時代會一直改變的。人類會一代一代的傳下去，每一個世代都會有缺失，也都必然要一直的有所改善。只要有人類的存在，就永遠有「善」需要努力，需要更善，這也正就是佛家所謂的「無上」的觀念。所以，這「無上正等正覺」中的「正等」、「正覺」也永遠是無止境的。好了還要更好，「正」了還要更加為「正」。任何一個高塔，如果任其棄置，久了必然就會傾斜，一定要時時刻刻的修正，時時刻刻的警惕，這才是真正的「無上正等正覺」的正知的所在。這六的字的「無上正等正覺」，真是令人無比的感佩，敬服。真是偉哉！大哉！

22

大神咒

22.1 甚麼是咒語？

經曰：「故知般若波羅密多。是大神咒。 是大明咒。是無上咒。是無等等咒。能除一切苦。真實不虛。」

　　上面所述的經曰它是一整句的，不能分開。所以，將這一段完整的列了出來，再逐步的來解說。在這一段中特別的談到了「咒」的問題。其實，整部《心經》到了上一章的「無上正等正覺」就應該可以完滿的結束了。諸位可以回過頭去看一看，在上一章裏說到了：「三世諸佛。依般若波羅密多故。得阿耨多羅三藐三菩提。」這已經是至善至美了，連三世諸佛，

過去、現在、未來佛，都得阿耨多羅三藐三菩提，就可以圓滿的結束了。

這一段為密說，即秘密分。佛經有顯分與密分之別。顯分可以言說，可以解釋，表明其意思與內涵。密分則不可解說。所以，「咒語」一般都不解釋的。但是咒語不說，不解釋那並不代表都是毫無意義或是一些聽不懂的話語，在「密教」中多有「咒語」。事實上，在其它的許多佛經裏面也都加的有「咒」這個部分。「密教」是大乘佛教的一個支派，四世紀時出現在印度，這一系的佛教，在修行方式上有很多不許公開的秘密傳授，充滿著一些較為神秘內容的特徵，因而又被稱為密教。而相對於密教，佛教中的大乘佛教等則被稱為顯教。密宗是通過佈施、菩提心、曼荼羅、真言、灌頂、手印、瑜伽等方便和道修得佛果的，故稱「方便乘」。

密咒為什麼稱為密，因它的奧義不是一般眾生的思維所能了解的。般若也正是這樣。此兩者許多的思維都是不可思議的，所以用咒來形容讚嘆般若。故云《心經》的深般若即是「大神咒」，因為具有無比神妙的功用。「大明咒」，則是具有大光明普照一切之意。是「無上咒」，則是讚嘆這是無以倫比的。「無等等咒」，則表示此心能等同一切等等諸法。所以，又謂「咒」與「般若」都是同等的，都能「度一切苦厄」而惠予眾生真實之利，故而「真實不虛」。

講到說「咒」最好是不翻譯，許多人以為「咒」是一種神祕而神聖的語言力量，這種神祕的力量可能是超出人類所能理解的範圍。不可以小看它，也不可以輕視它，更不可以侵犯它。事實上，那是一種傳聲繪影，

附會唱合的一種說法。「咒」並沒有那麼神奇，更談不上麼鬼神之道。佛教的本身就不是神教，它是排斥鬼神之說的。而如果將「咒」牽涉到了鬼神之論，那就不是正信的佛教，而是邪教了。佛陀在《金剛經》最後的結語前說了最重要的一句話：

「若以色見我，以音聲求我，是人行邪道，不能見如來。」

這是在告訴人們，絕對不可以把他（佛陀）當作神一般，也絕不可以用「音聲」來求他。「音聲」這兩個字用得好極了，它們分別代表不同的器物的共振。一般器物震動時所發出來的是「音」，而「聲」則是專指人類的發音謂之「聲」。所以，那些裝神弄鬼的都不是佛教，而是「邪」教。這在《金剛經》裏面說得非常透徹也非常明白。

「咒」之所以通常不翻譯，乃是因為它的本質是不易翻譯。這種現象在每一個國家的語言中都再所多有。我就舉我們中國的這個「心」字。請問諸位這個「心」字該如何翻譯？「心」字用在不同的地方，它所代表的意義就會完全的不同。醫生若說「心電圖」顯示的不太好，那只的是肉體的心臟問題。若有人說他的「心情」不好，那指的是情緒問題，若是說一個人的「心地」不好，那只的是品德的問題，在說下去就可以有上百種的用法。諸位說說看，那「心」這個字該如何解釋？「咒」這個字也同樣的是這個問題。無法一語貫之，故所以在原則上是不翻譯的。但是，不翻譯並不代表它是沒有意義的，在必要的時候，我們仍然是需要了解它的含意，而不想如鸚鵡一般只會呀呀的學語。

22.2 咒語是一種訊息

　　「般若波羅密多」在本書中已經講了很多次，故不再提論。現在就讓我們談一談甚麼是「大神咒」？諸位當知道，不論是在《金剛經》或是在《心經》裏面，都絕沒有提到任何絲毫有關鬼神的事。這也是為甚麼佛教不是神教的道理所在。「空」是教最重要的教理精髓，既然是「空」，哪裏還有甚麼鬼神可論的。在整部的《金剛經》五千兩百多個字裏面，從沒有出現這個「神」字，唯一的一個「神」字就出現在這《心經》裏面。但是，

《心經》裏面的這個「神」字，卻不是鬼神的意思，而是無比神奇、靈驗與玄妙及不平凡的意思。

「咒」這個字在中國古代是用來施法術，驅鬼除邪或治病的口訣。在梵文中則是一種以發音的偈語或咒語。許多人多以為「咒語」就是用來詛咒或是一些惡毒不吉利的話來影響人。這樣得認知是相當錯誤的，也許一般人就是受了「詛咒」這兩個字的影響而造成的印象。事實上，「咒」這個字的本身絕對沒有絲毫「使壞」的意思在裏面。

它是祈願時所唱誦的一種之祕密章句，也是一種早期不能以言語直接說明的一種特殊祕密語言。

上面對於「咒」所做的一些解釋，對於一些人來說可能還是不能十分的理解。其實，如果說得近代一點，也白話一點的說，古代的這種「咒」與近代「通訊（Communication）」上所使用的「通訊碼（Communication Code）」有著類似的功能。諸位知道，我們現在的人類在通訊上之所以如此的發達，可以立即的對全世界任何的一個地方講話、通訊或傳輸影像資料，所使用的都是各式各樣的「通訊碼（Communication Code）」在傳輸。這種通訊碼不能直接的收聽。就以無線電收音機來說好了。事實上，若是直接的收聽所傳過來的無線電波，我們也聽不到任何的聲音。就以調頻網（Frequency Modulation, FM）來說好了，全世界規定的頻率範圍是在88Mhz 到 108Mhz 之間。請注意，這個 M 代表的是百萬（Million）的意思。Hz(Herz) 代表的是頻率，每秒震動的次數。也就是說，如果有一個電台所

使用的 FM 頻道（Frequency Channel）是 108Mhz 這個頻道的話，那麼它所有的廣播節目都是以 108 百萬週次的無線電頻率在傳送。108 百萬週次的頻率是多少呢？就是以一億零八百萬週次的頻率在編碼與傳送。這 1 億 8 百萬週次的頻率究竟是有甚麼樣的一個觀念呢？就以人類的聽力而言，人類對於聲音的頻率範圍是介於 20Hz 到 20Khz 之間，也就是說，我們的聲音每秒震動的次數是介於每秒 20 週次到 2 萬週次之間。簡單的說，只要是超低於每秒 20 週次或是高於 2 萬週次的聲音，人類是絕對聽不到的。但是機器可以，諸位可以想見這每秒 1 億 8 百萬週次的頻率當然不是人類可以直接聽到的，那是給機器聽的，用來傳輸的。

這全世界規定的調頻電台的頻率範圍都是在 88Mhz 到 108Mhz 之間。在這範圍之外則是屬於政府、軍事及其它特殊的用途。現今人類的通訊可以說是無遠弗屆。近的是在一個國家內，略遠的則是地球上任何的一個地方，再遠的就是跨越星球的通訊了，我們可以對月球通訊，也可以對火星通訊。但是，無論如何，這些所有的通訊它的方式都是以「編碼（Encode）」的方式在傳輸，包含全世界現在正在使用的電腦（Computer）在內，也都統一的是以「ASCII（American Standard Code For Information Interchange）」編碼在運作。人類通訊中所使用的「編碼」方式，其實在某種層次上就如同是「咒」一般。人類通訊所有的編碼若未經過「解碼（Decode）」則是毫無意義的雜訊而已。而「咒」語之不能翻譯，也有着異曲同工之妙。

「咒」原作神咒、禁咒、密咒，這些咒語都是「真言」或是「總持」的意思。所謂「真言」就是對天地所講的話，這個話當然都是「真」的，

所以叫做「真言」。而「總持」就是持之以使善法不使散，而使惡法不使起。「咒」這個字最原始的意義與發音是「祝」字，係向神明禱告，欲袪除厄難、祈求利益時所誦唸之密語。「咒」這個字是一個古字，自古即有，從這個字的字形上，我們可以看得出來是一個人「跪」在地上的樣子，而上面有兩個「口」，為甚麼是兩個口字呢？那是代表在重複一直的在禱告。所以，對於咒語而言，總是一直的要反覆的唸誦，就是這個意思。古印度中即有咒術。但釋尊曾駁斥咒術，最多也只用到咒語而已。大乘教派之般若、法華、寶積、大集、金光明、楞伽等顯教經典，均有載錄咒文之陀羅尼品。「陀羅尼」的另一種譯文就是「咒」。密教則更加重視密咒，認為咒若誦讀觀想，即能獲得成佛等之利益。

對於「咒語」的產生，就古印度當時的人類而言，是相當自然的事情，我們實不必加以神秘的色彩來看它。在遠古時代，即使是在佛陀的時代，當時的印度也沒有文字的記載，即使到了後來人類開始有了文字的記述，但也是相當的粗糙有限，有許多的心意是難以用文字表達的。更何況說，即使有了文字，對同一個字而言，它的發音各地區也會有許多的差異。就以我們中國而言，同一個字在不同的地區，它的發音就差很多了。諸位再想想看，幾乎每一個省分都有他們自己獨特的鄉音。甚至於不要說是一個省了，即使是單以福建省的閩北與閩南之間的說話，那就有天地之差。閩南話在臺灣大概都能通曉，但是，若說是福州話，那外人幾乎就是聽天書了。基於這些理由，「咒語」的出現原是沒有什麼神秘性質的。有人將它與天地神明連想在一起，那是依存在神格上的。

22.3 般若波羅密多是大神咒

經曰：「故知般若波羅密多，是大神咒，是大明咒，是無上咒，是無等等咒。」

　　對於這一句話，我們應當連貫的就一次來解說。「般若波羅密多」，我們講的次數很多了，在此就不再多佔篇幅。甚麼是「大神咒」，這個「神」字全然無關於鬼神，而是極為玄妙與不平凡的意思。這是再進一步的說「般若波羅密多」的功用具有不可思議，它的功能與功德不是任何語言、數字或形容詞可以表達的。並由這裏我們可以回想在上面的章節裏得知，菩薩與諸佛皆依「般若波羅密多」而達到究竟涅槃。

　　為什麼用大神咒、大明咒、無上咒、無等等咒這幾個名詞呢？有人以為它是用來做為形容詞的。事實不然，在《心經》的兩百六十個字裏面，沒有任何一個字是做為形容詞用的，它一定都有所本。這些咒語的意義分別是：

　　「大神咒」：它特別指的是「心無罣礙」，「無有恐怖」這八個字。諸位想想看，能夠讓一個人的內心中得到「心無罣礙」而又「無有恐怖」，那不是「大神咒」是甚麼？有些人認為這「大神咒」是在描述《心經》的宏偉與神奇。這種說法固然也通，但是，對於後述的大明咒、無上咒、無

等等咒這些話就說不過去了。我說過，《心經》是完全不使用「形容詞」的，而是「一字一聖賢」，每一個字都有它不可取代的地位。否則又是大神咒，又是大明咒，又是無上咒與無等等咒等，這樣的形容詞就用得氾濫了。所以說，這其中每一種「咒」也都有它不可替代的功能。

「大明咒」：「明」是顯著的、光明的與聰慧的。它要教導我們的正就是「遠離顛倒夢想，究竟涅槃。」這十個字。能夠讓人們得到光明，而心中明明白白的，並能得到正確的明智。而能夠到達「究竟涅槃」這個境界，就如同是「神明」一般，所以這就是「大明咒」。

「無上咒」：能夠讓世人，甚至是三世諸佛都可以得到「阿耨多羅三藐三菩提」，也就是「無上正等正覺」的這種最高境界。而這個「無上正等正覺」的境界其實也就是佛了，當然沒有比這個還要更高的了，所以，這就是「無上咒」。

「無等等咒」：「等」這個字的意思是「相齊」、「相如」的意思。我們不可能將每一個實例都例舉出來，故所以用「等等」來代表其它所沒有提到得一切。能夠懂得「五蘊皆空」、「無眼耳鼻舌身意」、「無色聲香味觸法」、「無眼界，乃至無意識界」、「無無明。亦無無明盡」等等經中所說的其它這一切，都是無比神聖的，所以說它是「無等等咒」。

22.4 能除一切苦真實不虛

　　這一句話具有對應的作用，跟誰對應呢？由於現在進入了「咒」的部分，長篇大論的「咒」語並沒有太大的意義。所以，在《心經》中只是很簡短的用了幾句。雖然是很簡短，但在意義上卻十分的重大。因為它是與《心經》最前面的「五蘊皆空，度一切苦厄。」的這一句話是相互呼應的。而「度一切苦厄」不正就是《心經》最重要的目的嗎？所以，在「咒」這個部分就不再重複了，而直接的說「能除一切苦」。而後再次的重次的提醒人們，這是「真實不虛」的。就整個《心經》而言，這正個真是顧全得

很周到，顯宗也顧到了，密宗也顧到了。

　　《心經》的這個「心」字，其實也是一語雙關的。它是在說般若之心要，在此是心要或心髓之意，故題為《心經》。但是，它也是解決人們內心中最重要的一個問題，那就是「離苦」。要如何脫離內心中的「痛苦」，不是要去修理別人，也不是要去遠離其它一切的人事，最重要的是自己的「心」。所以說，《心經》其實它是一語雙關的。當然，也不要忘了《心經》只是一種簡稱，它的全名是《般若波羅密多心經》。

　　《心經》總共是兩百六十個字，非常的容易背頌，更由於它的文字典雅，語意深廣，真能體悟這兩百六十個字的意義，相信一定可以拓展不同的生命思維，而對事情與事物的見解也必然會與一般人不同。所以，我常希望能讓更多的人讀《心經》，更希望屬於近代的知識分子們，能真正的深入了解《心經》的廣大與真實內涵，相信，它必定能帶給我們更大的福祉，也讓：

　　我們的生命得以離苦 ！
　　讓我們的生命更豁達！
　　讓我們的生命更自在！

23
般若波羅蜜多咒

23.1 觀念的問題

經曰：「故説般若波羅蜜多咒。即説咒曰。揭諦。揭諦。波羅揭諦。波羅僧揭諦。菩提薩婆訶。」

「咒」語是不翻譯的，但它是自利利他的，也不離開眾生的。雖説「咒」語是不翻譯的，但還是可以解説的。否則，若是完全不知道該咒語的意義，而只是如鸚鵡一般的照著唱唸，那是沒有意義的。有人説，咒語本來就是照著唸就好了，不需要知道它的意義。這樣的説法其實還停留在

民智未開的時代裏，讓人們去做那些完全不知道意義的事，相信，以現代的知識分子而言，是不會有人如此去做的。許多遠古時代流傳下來的習俗或思維，經過了幾千年下來，許多已經完全不符合時代的意義與需求，這當然就要改。否則，一定還要保留遠古時代那些沒有意義的習俗與思維。那麼，我要問，為什麼你不去坐遠古時代的牛車或馬車上下班？人類在不斷的進步，時代不斷的在更新，任何一門學問都不能墨守成規，許多的觀念要精進，也要隨著時代進步。當然，任何事情都是兩方面的，有些不能更動，有些則須隨時代而變通。對於古人的文章經典，我們當然要尊重，那是古人的著作權，我們不可以動。但是，對於詮釋的問題則不然，則必須跟得上時代，在詮釋上則必須說得通，說得有理才可以。

對於「咒」語，科學家做過相當多的實驗，尤其是對於一些潛水夫進行各項心肺功能的實驗，目前閉氣潛水最高的紀錄是德國的一名潛水者，湯姆‧西塔斯 (Tom Sietas)，35 歲，他在海中潛水到深度 100 英呎的地方停留，水下閉氣長達 22 分 22 秒，打破水下閉氣時間最長的世界紀錄。這是一種極端的人體實驗，他必須克服三種一般人在心理上難以克服的障礙與恐懼。其一是對於停止呼吸的恐懼；其二是對於深海的恐懼；其三是對於水壓的恐懼。講到水壓，一般人大概不會有太大的觀念，海中 100 英呎的深度的相當於 4 個大氣壓力，4 個大氣壓力對於人體而言，是極端可怕的。沒有經過特殊的訓練，這種壓力會直接而立即的破壞人體的許多器官。相信許多人都經驗過，當我們進入一些較高的大樓中電梯的時候，當電梯啟動之後，我們常會感到耳朵中的耳膜會有點痛痛的。其實電梯大樓中電

梯的上下，氣壓的變化最多不會超過百分之一個大氣壓，許多人就感覺不適了。那麼，諸位不妨想想在很短的時間裏，增加 4 個大氣壓會是如何？這是破壞性的壓力。

什麼要講這一段呢？這對我個人而言，是一段特別深刻的記憶。我年輕的時候非常喜歡潛水，背上氧氣瓶在海裏那是天下最快樂的事。在海中身體沒有重量，那種奇異、特殊而又愉悅的感覺，不是語言可以描述的。記得有一次，我隨同伴在臺北的野柳外海潛水，才下到水深 33 英呎的深度，耳內一陣一陣的無比刺痛，直接貫穿腦子的感覺，於是我慢慢的減壓浮出水面，而面罩內整個都是鮮血，從鼻孔內流出來的。耳朵與鼻子是連通的，過很長的一段時間休養才逐漸的恢復。

是什麼原因呢？問題說起來其實也滿簡單，但也未必容易。潛水用的器瓶其實能說是氧氣瓶，氣瓶的壓力是 3000PSI（Pound Per Square Inch），簡單的說，氣瓶的壓力高達每一平方英吋 3000 磅的壓力。3000PSI 大概是一個甚麼樣的觀念呢？那就是等同於在一張郵票面積上，壓的有一輛半的自用汽車的重量。諸位可以想想，為了要對付深海的壓力，氣瓶內的壓力是多麼的大。但是我們人類的呼吸卻必須透過「調節器（Regulator）」，由於水深的不同，「調節器」會自動平衡所在位置深度的水壓，提供給人類呼吸之用。潛水的時候是絕對不可以使用耳塞的，在海水中由於壓力的劇烈變化，若是使用耳塞則必然會造成耳膜嚴重的破裂。順便再提的，潛水用的器瓶不是氧氣瓶，因為，如果使用氧氣瓶，則瓶內的氧氣融血率高，會大量的溶於血液之中，一旦浮出水面的時候，溶於血液之中的大量氧氣

會變成氣體，這些氣體會立即的阻斷血液的流動，血液一旦受阻而無法流動，當然就會造成立即的生命危險。

剛才說的是在深海中進行人體實驗，要克服的是深度、水壓及呼吸這三種的身體及心理障礙實驗。為什麼要這樣做？因為要證明的是，人類在心理上，究竟是不是可以影響我們的生理，甚至於是最不可思議的「心臟」問題。科學家對湯姆‧西塔斯先生斯做心性的實驗，究竟人類的思維或意志力是不是可以控制人類的心臟與心跳的問題。結果在實驗中，湯姆‧西塔斯卻可以讓他的心跳由 103 下，在思維或意志力的影響下，心跳快速的降到了每秒 32 下。由於心跳的降低，循環系統變慢，氧氣的消耗量自然減少，所以他可以閉氣的時間要比常人多得多。這個實驗的結論很有名，也肯定了人類，的確是可以經由思維與意志力，而影響人類生理現象與身體的運作。

於是，這整個問題就變得很有趣了，而且，也與我們所要談的問題內容有著相當的關聯性，而那些許多的不可思議，事實上，至此就可以理解得多了，但這卻是一般人所沒有想到或沒有體認到的。否則，《心經》中的「咒」語的這個部分，自古以來，絕大部分的注疏，都以「咒語是不可以翻譯也不可以解說」就一筆帶過去了，致使後人講經者與讀經者，至此也只能沿襲而過，也就不知其然，更不知其所以然了。事實上，咒語的確是有它的特殊功能，這在古代覺得難以想像，但在近代醫學及心理學的發展之下，我們發現，一個的心理狀態會直接與間接的影響著一個人的生命。

23.2 咒語不是特異功能

　　自古以來在民間就流傳著「咒」的迷信，而且僅是流傳而已，甚至還有許多人相信「咒」語的秘密功能。如今看來當然那也只是野史小說中的編纂的情節。相信近代的知識分子是不會相信那些「咒」語中匪夷所思的事情。這其中最有名的當屬滿清末年的「義和團」，他們號稱能畫符避鬼、念咒請甚等方法而「刀槍不入」。甚至連慈禧太后都相信了他們是具有刀槍不入的法力的。而於 1900 年 1 月 24 日，慈禧發佈維護義和團的詔令，

而開始扶清滅洋。同年 6 月 9 日八國聯軍以新式大砲與機關槍掃射進逼北京，至 8 月 14 日聯軍已基本佔領全城，8 月 15 日慈禧太后、光緒帝和親貴大臣倉皇離京。短短的兩個月，八國聯軍最後以不到 5 萬人的雜牌軍，卻打敗了號稱有百萬軍隊與百萬拳民的清廷。結果是簽訂了庚子賠款達四億五千萬銀兩，本息共計則達九億八千二百二十三萬銀兩。

本書在一開始的時候就強調，佛教絕對不是神教，佛教絕不拜祀鬼神，否則就是邪教了。那麼，「咒」語的部分又該如何解釋呢？事實上，「咒」語還是有它的實質功能的，但它絕對不是什麼不可思議的特異功能，更不是有甚麼神秘力量，這一點諸位一定要清楚的知道才好。

23.3 咒語的引領功能

　　我們一般學佛者，總是希望透過修習「般若」法門而成就「般若」，但是，這是要通過對於經教的聞思過程，先從文字般若著手，再經由「觀照般若」的體認，從而成就了「實相般若」。這是一種漫長的歲月，除了歲月之外，對於一些契機較為遲鈍的人而言，這是相當漫長而不易的，而且，一旦聞知有誤，那就會誤入歧途，不但成不了佛，成魔的倒是一缸子不少。

　　對於契機較為遲鈍的人而言，尤其是在古代，絕大部分的人是文盲，他完全不認識字，更不要說是佛經裏的道理了。而這些人同樣的會有苦厄，甚至說他們的苦厄甚至要比一般的人來得更多。因為他們是生活在社會底層的人們，而且確切的說，在古代的他們會是社會中絕大多數的人群。那麼，他們的苦厄該怎麼辦？要不要拯救這些人呢？當然是要，不但是要，而且還

應該是重點之所在。是不是文盲就修不成佛了呢？是不是就沒有希望了。這些絕大多數的窮苦與不識字的人們就應該要放棄了呢？當然不是。所以，這個時候就必須由另一條途徑而行，那就是通過誦「咒語」，能讓他們專心的誦咒，使心無旁鶩，而遠離妄想，使心靈進入禪定無我的狀態，從定中而有所感悟，進而引發般若。所以，「故說般若波羅蜜多咒」的這一句話是在告訴我們，「般若波羅蜜多」雖然是顯說般若，但也可以成為密說般若。根器較高的人，可以使用顯說般若。而另外無法閱讀或理解顯說般若的人，則可以進入密說般若，同樣可以讓他們能有信心，安心而能生慧根，滅除煩惱障礙，並認為誦持「咒」而得以生福，減滅罪業之障，這同樣的是功德無量。

23.4 進入咒語

在《心經》中的咒語非常的短，總共只有十八個字：

「揭諦揭諦，波羅揭諦，波羅僧揭諦，菩提薩婆訶。」

常有人說，「咒」是不翻譯，不解讀的。事實上，不翻譯是正確的，按照原始聲音的「咒」語，的確是應該保留，而「咒」也是五不翻中秘密不翻。但是，「不解讀」的說法那是毫無意義的。完全不懂「咒」語的意義，而只是跟著唸誦，那只能說是鸚鵡學語，絕非人類所應為。至少，必須經該「咒」語的實質涵意解讀出來，然後才可以知道它究竟是在唸的甚麼？

它的意義是甚麼？因為，身為人類畢竟不是鸚鵡。

「揭諦」是「渡」的意思；「波羅」是到彼岸；「僧」是眾人；「菩提」是覺悟；「薩婆訶」是快去成就之意。所以，它的意義是：

揭諦揭諦：渡過去，渡過去呀。

波羅揭諦：向彼岸渡過去。

波羅僧揭諦：大家來一同的向彼岸渡過去。

菩提薩婆訶：快快去成就菩提之道。

因此，這整十八個字的意義就是：

「渡過去，渡過去啊！ 向彼岸渡過去，大家來一同的向彼岸渡過去，快快去成就菩提之道啊 ！」

這些字語真是簡潔而有力，這裏的「彼岸」有三種相關的解釋，其一是現在所在的此岸是苦厄的，而彼岸則是可以脫離苦厄的，所以要渡到彼岸去。其二是由此岸渡到菩提之道的對岸。這的三種的解說則是層次最高的，此岸是指生滅之岸，而彼岸則是指不生不滅的涅槃之境。

23.5 咒語的身心效應

　　有人說「咒」語是非常注重發音的，一定要把發音唸正確才可以。這樣的想法是對於《文字學》及《語文學》沒有研究的人所講的。諸位應當可以想像得到，即使是在一個國家裏面，相同的字也會有不同的讀音或音調。在中國就可以很明顯的看得出來，北京話有北京口音、四川話有四川口音、廣東話有廣東口音。幾乎所有不同的地方都有它自己的口音。那麼請問，在秦朝的時候唸的是什麼口音？唐朝的時候又是什麼口音？即使是現在的香港，他們唸的又是什麼口音？在中國是如此，難道外國就是例外嗎？不然。即使以英語來說，諸位當知道，英國人的口音與美國人的口音，一聽就知道是不同的。即使是同一個字的音標，也有《韋氏音標(Wechsler Phonetic)》與《國際音標(The International Phonetic Alphabet, IPA》之差。那麼，古印度就沒有這個問題嗎？當然也是有的。所以，對於「咒」語是認為一定要把發音唸正

確才可以，那我倒想問一問，「咒」語在古代印度當地的發音是甚麼？恐怕沒有人可以考證得出來。有人說「咒」語是對於菩薩諸神所講的話，那又是將佛教妖魔化了，對於那樣的說法，就不必再談下去了。

「咒」語真正的用意是唸給自己聽的，而不是唸給其他人聽的，更不是用來交談的。那麼「咒」語唸給自己聽的有甚麼好處呢？有的。不但是有好處，而且利益甚大。其一是對於契機較淺鈍的人，尤其是在古代，不認識字當如何讀經？如何能有信心？如何能除身心苦厄？「咒」語是用唸的，不需要識字或學識，通過唸誦「咒語」，能讓他們的心有所專注，使心無旁鶩，並能遠離妄想，進而使心靈能夠進入禪定與無我的狀態，並因而從中感悟自性，安心而能生慧根，滅除煩惱障礙，這同樣的是功德無量。進而深入的能夠引發般若之智，一樣可以成佛。

其二是誦唸「咒」語有益健康的，這其實是古人埋藏在「咒」語裏的功德，也是大多數人所不知道的。所以，也請諸位夠多多學習下列的咒語呼吸法。在《心經》中這十八個字咒語是：

「揭諦揭諦，波羅揭諦，波羅僧揭諦，菩提薩婆訶。」

它的唸法是有絕竅的，不是可以亂唸的。最重要的是它必須配合自己的呼吸，用腹式呼吸與誦唸，正確的唸咒不但可以調息，而且可以調適身心，並進而引發身體的「諧振（Resonance）」現象，使身心獲得最大能量。

23.6 咒語的吐納工夫

　　《心經》的咒語總共是十八個字，這十八個字咒語的唸法是跟人體的呼吸「吐納」有着極為密切的關係。許多的老僧都特別得長壽，他們在打坐或入定的時候，心中顧念著的就全是自身的呼吸及吐納，事實上，人體的呼吸及吐納對於人體身心有着重大的影響，而且有著密切而不可區分的關係存在。

　　這《心經》十八個字咒語為了配合人體的呼吸及吐納，可以區分為兩種形式：1.「默唸法」2.「朗誦法」。茲分述如下：

　　1.「默唸法」：所謂默唸法是「不振動聲帶」的唸法。那要如何唸呢？它必須區分為四個階段：

　　　1. 揭諦揭諦：一開頭這四個字是以「吸氣」的方式進行。請注意，這是不出生聲音的默唸。但盡可能將吸氣的時間拉長，使用腹式呼吸的方式，也就是在吸氣的時候，用意念將空氣吸入小腹內，緩緩的配合「揭諦揭諦」這四個字吸氣，每一個字吸氣約四分之一的量，直到唸完，而氣吸滿為止，但要一次唸完、吸滿，不能中斷。然後停留三秒鐘的時間，才開始進行下一個階段。

2. 波羅揭諦：這時候開始進行緩緩的吐氣的動作，以「波羅揭諦」這四個字默念的方式，開始「吐氣」。同樣的，每一個字吐氣約四分之一的量，直到唸完，而氣吐光為止，但要仍是要一次唸完、吐光腹胸內的氣體，不能中斷。「吐氣」的時間盡量拉長，在吐完氣之後，再停留三秒鐘的時間，才開始再進行下一個階段。但是，在剛開始的時候，若是達不到上述的要求，可以量力而為，漸進式的，不要太強迫自己，練習久了自然會水到渠成。

3. 波羅僧揭諦：這個階段是以五個字為基礎，「波羅僧揭諦」這五個字是以「吸」氣方式進行，但盡可能將吸氣的時間拉長，使用腹式呼吸的方式，用意念將空氣緩緩的吸入小腹內，緩緩的配合「波羅僧揭諦」這五個字吸氣，每一個字吸氣約五分之一的量，直到唸完，而氣吸滿為止，由於是五個字得長度，時間上會較常，但仍不能中斷。吸滿後停留三秒鐘的時間，才開始進行下一個階段。同樣的在剛開始的時候，若是達不到上述的要求，可以量力而為，不要太強迫自己，練習久了自然會水到而渠成。一次唸完。

4. 菩提薩婆訶：這個階段是以「菩提薩婆訶」這五個字，回到「吐」氣的方式進行，吐氣的時間同樣是盡量拉長，緩緩的配合「菩提薩婆訶」這五個字吐氣，每一個字吐氣約五分之一的量，直到唸完，而氣吐完為止，再停留三秒鐘的時間。但這裏有一個重點，就是「訶」這個字。「訶」這個字是最容易引發氣管、肺部及腹部的共振（「諧振」）的一個字。有的時候，也可以發出混合的

「Hum……」這個音，在最後到了「M……」的時候，才將嘴巴閉上。

諸位可以發現，這咒語裏面安排得非常技巧，前面是四個字一組，總共是八個字，包含了吸氣四個字及吐氣四個字。而後面是十個字。包含了吸氣五個字及吐氣五個字。這是把呼吸的時間拉長了，是用腹式呼吸法，配合有長有短，以咒語的方式來練習腹式呼吸，呼吸如果順暢，則循環系統會變好，循環系統變好，則時間長了對於身體助益是極大的。

這第二種是「朗誦法」。是大聲的朗誦，這種的大聲朗誦方式與第一種的「默唸法」的呼吸方式是完全不同的。它的方式如下：

將咒語的這十八個字：

「揭諦揭諦，波羅揭諦，波羅僧揭諦，菩提薩婆訶。」

以「吐」氣的方式進行一次唸完，吐氣發音的時間盡量可能拉長，但重點還是放在這個「訶」字上面，將所有剩餘的氣，大聲的將「訶」字唸頌出來，直到將氣吐盡為止。然後再緩慢的吸入空氣，直到飽滿為止。然後再以「吐」氣的方式進行下一次的唸頌，這種「朗誦法」的好處是，它最容易全身性的共振（「諧振」）現象，唸久了甚至會滿身大汗。

「諧振」的現象一般人也稱之為「共振」，「諧振」是一個專有名詞，而「共振」則是較為通俗。這兩者講的是同一件事情，以英文而言（Resonance）就沒有爭議了。「諧振」的現象是宇宙中最偉大的現象之一，

也是宇宙本體存在的必要本質與特質，它是極為神奇的，但卻是普遍存在的現象。事實上，任何「物質」與「現象」之間，都必須在相互「依存」的情況下，才能產生諧振，奇特的是，也只有在諧振狀態下才會有穩定狀態存在。放諸整個巨觀宇宙的自然現象皆是如此，銀河星雲之間是如此，星系之間是如此，太陽系各星體的運行也是如此，乃至微觀世界的基本粒子之間的環繞更是如此。在日常生活之中，我們所使用的收音機、電視機等等所有的通訊用品，都是利用諧振的原理而製成的，經由「電子電路」的「調諧電路」與空間裡的電磁場相互諧振，才有現代的電磁通訊。在水晶的壓電效應下的諧振，人們才有現代的數位式手錶、電腦等等。這一切都是諧振的效應與現象，也就是一般人常用的所謂「感應」現象。

千年的「感應」人們多認為它是神話，不必認真去看待。事實不然，宇宙間的感應不是千年，也不是萬年、百萬年、千萬年，都不是。而是有數十億年之久了。也就是說，自宇宙誕生以來，自然界的「感應」現象就已經存在了。直到近代對於《量子力學》的反覆實驗與觀察，人們才發現了「基本粒子」之間，彼此都有著強烈的「相互感應」的現象，並在相互感應的同時，藉由「光子(Photon)」的交換能夠「即時的」探知對方與相互彼此之間的各種訊息，這種現象從宇宙誕生開始直到現在都還在進行著。

「咒」語在唸頌的過程中，就而久之就會有與身體「諧振」的現象，許多聲樂家他們的聲音特別宏亮，那是他們非常懂得聲音與身體的「諧振」技巧。而「咒」語在唸頌的過程中亦然，這是科學的自然現象，所以說，

這不是神話，而以為這是神話的人，是他們尚未「精進」，還有待努力。整部心經最後以「咒」的方式結束是非常有意思的，但可惜真能體會而深自感悟的人不多。所以，唸咒語的時候，一定要配合自身呼吸上的吐納工夫，如此最容易全身性的共振現象，甚至唸久了會通體舒暢，所以說它可以有益於身體健康，這是在科學上有根據的。希望諸位能在閱讀完本書之後，也能有所感悟，更相信必能有非常豐富的收穫。謝謝 ！

國家圖書館出版品預行編目資料

讀心經找回自己／張之嵐著.
－－第一版－－臺北市：知青頻道出版；
紅螞蟻圖書發行，2015.1
面 ； 公分－－（Focus；27）
ISBN 978-986-5699-49-9（平裝）

1.般若部 2.佛教修持

221.45   104000036

Focus 27

讀心經找回自己

作　　者／張之嵐
發 行 人／賴秀珍
總 編 輯／何南輝
校　　對／周英嬌、楊安妮、張之嵐
美術構成／Chris' office
封面設計／張一心
出　　版／知青頻道出版有限公司
發　　行／紅螞蟻圖書有限公司
地　　址／台北市內湖區舊宗路二段121巷19號（紅螞蟻資訊大樓）
網　　站／www.e-redant.com
郵撥帳號／1604621-1　紅螞蟻圖書有限公司
電　　話／(02)2795-3656（代表號）
傳　　真／(02)2795-4100
登 記 證／局版北市業字第796號
法律顧問／許晏賓律師
印 刷 廠／卡樂彩色製版印刷有限公司
出版日期／2015年 1 月　第一版第一刷
　　　　　2021年 8 月　　　第二刷（500本）

定價 399 元　　港幣 133 元

ISBN 978-986-5699-49-9　　　　　Printed in Taiwan